日本社会保障丛书

日本社会福利

沈 洁 编著

中国劳动社会保障出版社

图书在版编目(CIP)数据

日本社会福利 / 沈洁编著. --北京：中国劳动社会保障出版社，2021
(日本社会保障丛书 / 沈洁主编)
ISBN 978-7-5167-5079-7

I.①日… Ⅱ.①沈… Ⅲ.①社会保障制度-研究-日本 Ⅳ.①D731.37

中国版本图书馆 CIP 数据核字(2021)第 205438 号

中国劳动社会保障出版社出版发行
(北京市惠新东街 1 号 邮政编码：100029)
*
北京虎彩文化传播有限公司印刷装订 新华书店经销
787 毫米×1092 毫米 16 开本 18.25 印张 268 千字
2021 年 12 月第 1 版 2021 年 12 月第 1 次印刷
定价：78.00 元

读者服务部电话：(010) 64929211/84209101/64921644
营销中心电话：(010) 64962347
出版社网址：http://www.class.com.cn

版权专有 侵权必究

如有印装差错，请与本社联系调换：(010) 81211666
我社将与版权执法机关配合，大力打击盗印、销售和使用盗版图书活动，敬请广大读者协助举报，经查实将给予举报者奖励。
举报电话：(010) 64954652

日本社会保障丛书编委会

主　任　钟仁耀　沈　洁

委　员（按姓氏笔画排序）

　　　　于　洋　王　桥　王海燕　包　敏　朱　珉
　　　　刘晓梅　张继元　李莲花　焦培欣　蔡泽昊

中国社会保障学会简介

中国社会保障学会是经国务院批准，民政部登记，由我国从事社会保障和相关领域的专家、学者及有关单位自愿结成的全国性、学术性、非营利性社会团体。中国社会保障学会的宗旨是团结全国相关领域专家、学者与专业人士，为健全社会保障、提升人民福祉、促进社会和谐发展贡献力量。

中国社会保障学会的四大使命：

促进理论繁荣；

助力改革与制度建设；

推动学科发展与人才培养；

参与国际学术交流。

为完成上述使命，学会采取如下行动方式：

组织全国性和国际性会议；

出版刊物，建立宣传平台；

组织开展专题调研活动和培训活动；

与政府部门、立法机关和社会组织、高校或研究机构进行合作。

中国社会保障学会出版物有：会刊、学术集刊《社会保障研究》（CSSCI 源刊）、《中国社会保障发展报告》、《民生专报》（高端智库报告）等。

官方网站：www.caoss.org.cn

总　序

　　由沈洁教授牵头组织撰著的"日本社会保障丛书"即将由中国劳动社会保障出版社公开出版了，这是一项由多位留日华人学者共同完成的系统介绍、研究日本社会保障制度的重要成果。作为丛书的积极推动者，我对这一成果的问世表示由衷祝贺！

　　在中国社会保障改革与发展进程中，我一直主张"远学德国，近学日本"。原因是这两个国家分别是现代社会保障制度的起源国和亚洲最先建成完整社会保障体系的国家，不仅是在世界上有影响的工业强国，还是人均寿命最长且老龄化程度很高的大国。其中，德国于1883—1889年首创社会保险制度，被视为全球现代社会保障制度的开端并风靡世界，迄今已有130多年的历史并还在持续发展，这一客观事实表明德国是最值得关注的社会保险制度先行国家；日本是我国的近邻，也是亚洲先行的工业化国家和福利国家，历史上深受中华文化的影响，其社会保障制度及相关服务富含中华文化的元素。因此，对中国而言，德国与日本的社会保障制度较之其他国家更具借鉴价值。遗憾的是，我国社会保障学界对德国与日本的研究迄今仍显苍白。实践已经证明，历史不长的国外养老、医疗保险制度实践，如智利的个人账户制、欧美一些国家的机构养老模式等，并不一定具有足够的借鉴价值，不同文化背景下的社会福利及相关服务亦未必能够符合我国人民的需要。因此，我一直希望国内能够出版系统介绍、研究德国与日本两国社会保障制度的图书，中国社会保障学会作为全国社会保障及相关领域专家学者的联合体与学术共同体，则将推动这项研究列为重要的工作任务，这次在沈洁教授和中国社会保障学会常务理事钟仁耀教授、吕学静教授等精心组织下，终于完成"日本社会保障丛书"编著任务并由中国劳动社会保障出版社出版，这应当是一个重要的突破。

　　我曾经多次访问日本并考察其社会保障制度，印象深刻的不仅有制度体系完备、法治水平高，还有其社会保障及相关服务尊重传统文化、注重家庭保障等特色。例如，日本的公共养老金制度、医疗保障制度、护理保险制度均达到了很高水准，特别是养老服务立足社区，据需设置，多具有综合服务功能，在我考察过的一些养老机构中，老年公寓既可满足自理老年人需要，也可提供养老床位，还有托老所、临时寄养中心功能，一切皆以社区老年人的需要及其发展变化为依据，这显然是一条不同于欧美国家按照老年公寓、养老院舍、托老所、临时寄养中心等不同功能分割设置的发展之路。日本的儿童福利制度亦注重家庭功能，社会救助制度反贫困效果良好，等等。所有这些，我认为均值得中国认真学习、借鉴。

即将摆在读者面前的"日本社会保障丛书"，涵盖了日本的公共养老保险、医疗保障、护理保险、社会救助、社会福利、儿童福利六个领域。其中，于洋、刘晓梅编著的《日本公共养老保险》一书全面、系统地介绍了日本公共养老金制度的发展史与现状、筹资方式、给付水平、财政状况、基金运营与经办管理情况，分析了当前存在的主要问题与改革方向，对企业养老保险与商业养老保险制度亦做了描述。李莲花编著的《日本医疗保障》一书全面、系统地介绍了日本医疗保障制度的框架与历史沿革，解析了日本医疗保险的财政、医保支付、医疗服务提供、药价基准制度以及医保经办与监管。张继元、王桥编著的《日本护理保险》一书全面、系统地介绍了日本护理保险制度的起源与发展历程，解析了日本护理保险制度的规划机制、监管体系、机构护理服务、居家护理服务、安宁疗护服务，以及护理等级评估标准、法律依据与流程规范、护理报酬标准及其实践。王海燕、焦培欣编著的《日本社会救助》一书全面、系统地介绍了日本社会救助制度的历史沿革及秉持理念与基本原理，解析了日本社会救助制度的具体实施、标准制定、政府管理和介护救助，以及最新动态。沈洁编著的《日本社会福利》一书全面、系统地介绍了日本社会福利制度的法律体系、福利人才培养与人力资源配置、社会福利服务供给，解析了日本老年人福利、儿童福利、残疾人福利、女性福利和社区福利、保健福利等相关制度安排和实践情况。蔡泽昊编著的《日本儿童福利》一书全面、系统地介绍了日本儿童福利制度的历史沿革、框架与建制理念，解析了日本儿童福利制度的实施机制、特殊福利需求、家庭政策和运行机制，以及托幼服务、儿童医疗和儿童福利专业人才队伍建设。毫无疑问,这套丛书提供了全景式的日本社会保障制度及其实践图景。

除了全面性、系统性,"日本社会保障丛书"还具有如下特点:一是客观性。各书的作者主要基于事实来阐述日本各项社会保障制度及其实践,较少带有以往基于作者个人价值取向或判断的主观性,因而更能够让我们看到原汁原味的日本社会保障制度的真实面貌。二是实践性。每本书虽然涉及理念、原理、历史沿革等内容,但更着力于相关制度的具体实践与操作规范,通过全书可以看到日本社会保障制度在实践中的真实运行情况,这恰恰是我国社会保障体系建设中长期被忽略却又须从现在起高度重视的大问题。三是作者队伍的特殊性。丛书的作者均是留学日本后留在日本执教或归国执教的高校教师,既了解中国,更对日本社会保障有深入研究,这使丛书能够避免以往守在中国研究外国或只站在外国立场介绍外国的不足,进而可以更好地满足中国读者的需要。这些鲜明的特点,决定了丛书的独特价值。

感谢沈洁教授为组织编著"日本社会保障丛书"付出的巨大心血,她多年来一直积极推动中日之间的社会保障学术交流,更带动了一批留日华人学者研究日本、助力中国社会保障改革与制度建设,为留日华人学者树立了很好的榜样!

感谢丛书编委会成员与各位作者,为中国读者提供了全面了解日本社会保障制度的权威读本!

感谢中国劳动社会保障出版社积极支持中国社会保障学会推进日本社会保障研究工作,并为丛书出版提供直接的帮助!

中国社会保障学会会长 郑功成
2021年5月于北京

编 者 序

在武汉深陷新冠肺炎的困难时刻，日本众多的民间团体和个人及时赠送医疗物资，并附上"山川异域，风月同天"等蕴涵浓重东亚文化的典雅章句，传送邻邦互助之情谊。这则古语起源于唐代高僧鉴真大师历经重重艰辛东渡日本，开启了中日文化交流通道的故事，当时力主对华友好的日本主流派，动用全日本的绣衣工匠精心制作了 1 000 件袈裟，每件袈裟刺绣上这八个字，以示中日唇齿相依的邻邦情结。

中日文化交流不仅历史久远，且涉及领域广泛。即便是在社会保障领域的交流中，也留下了丰富的画页。公元 757 年，日本参考中国律令制度颁布《养老律令》，其中"户令"中所具体规定的灾荒救济以及减免税赋等条例，就是模仿中国古代救灾条例与"户令"的法定约束力并一直沿袭到明治维新，是日本最早也是历时最长的社会救济法令。此外，日本借"大化革新"之际，将中国的义仓、社仓等仓储制度引进日本并推广普及。一直到社会制度巨变的明治维新之后，尚有不少地区仍保留着互助互济的仓储制度。

在中国社会保障从传统走向近代的过程中，日本又在中西文化交流中起到了重要的桥梁作用。明治维新之后，日本对近代国家体制下的社会救济和劳工政策的探索被留日学生积极介绍到中国。昭和初期日本颁布具有社会转型意义的救护法，首次明确了国家对生活穷困者实施救济的义务和公民权利。此法颁布实施之后，留日学生就开始不断地将其介绍到中国，为促成颁布（旧）《生活保护法》（1943 年）做了舆论宣传准备。在人类社会进入数字化时代的当代，有关日本护理保险和儿童福利制度的实施经验，也很快被传递到国内，为学者和政策决策者思考解决我国出现的老龄化、少子化问题提供借鉴。而在上述过程中，留日学人作为文化交流的使者，为搭建社会保障领域的中日交流桥梁发挥了不容忽视的作用。

参与这套"日本社会保障丛书"执笔的作者，均是在日本系统接受过社会保障相关专业训练的留日学人，其中有学成回国在各个大学的执教者，也有侨居日本在大学教坛的传道解惑人。我本人也侨居日本 30 余年，虽然主要精力投入日本大学讲坛，但内心始终不能忘却要为国内社会保障发展尽微薄之力的念想。相信参与本丛书编写的各位留日学人，大多都怀有同样的心境和社会责任感，才接下了中日交流使者的接力棒。也正是有了这样"故国之情"的代代传递，使得中日之间的文化交流能够战胜种种逆境而延绵不断，成为构筑未来东亚文化共同体的源远流长的动势。

这套丛书涉及了日本公共养老保险、医疗保障、护理保险、社会救助、社会福利、儿童福利六个领域，每个制度领域独立成册。在完整、系统地考察各个领域的独立体系的同时，还注重厘清各项制度领域之间的衔接和互动关系，把社会保障制度视为环环相扣、运转灵活的生活安全网络，可以让读者全方位去理解日本的社会保障在保护国民生活安全上的功能和效率以及存在的障碍。

貌不惊人的"他山之石"，有时也可以为雕琢中国社会保障制度的改革和完善这块"璞玉"提供意想不到的借鉴和助力。本丛书执笔作者为了给读者提供深度考察日本的最佳视角，在编写过程中还在以下几方面做了精心的设计和安排：第一，原汁原味地展现日本社会保障制度风貌，将作者的主观评价减缩到最小范围，以期待读者从精心提炼的素材中汲取、丰富和重构自身的知识空间。第二，以日本社会保障制度结构性改革为主线，把分析的视角聚焦在 20 世纪 80 年代初期改革、20 世纪末 21 世纪初的中期改革、当下的深化改革等几个发展阶段。同时，对各个时期的改革背景、改革内容、改革绩效给予翔实的解析，试图给我国社会保障制度的改革提供一个可资参考的清晰脉络和思路。第三，质性研究和量化研究的兼容并蓄，既重视制度政策框架层次的分析，又不失通过融入系统的量化数据以检验政策推进过程和政策效果。第四，为弥补迄今在日本社会保障研究领域中重视宏观制度而忽视微观实操和经办等具体制度研究的缺失，故在每个专题中都安排了一定的篇幅介绍操作规范和微观制度的安排。

固然，本丛书虽然力图体现上述的各项独自特征，但是由于时间和条件的限制，在对日本社会保障制度给予理论性批判和理论层次的重构等方面，还存在着力度不足的缺憾，有待于我们今后的研究加以弥补。

编者序

　　中国社会保障学会会长郑功成教授倡导社会保障需要"远看德国，近看日本"，融汇东西方精髓的思路，并推动本丛书朝着这一大视野方向推进，多次对本丛书的编写提供了建设性意见。华东师范大学钟仁耀教授、首都经济贸易大学吕学静教授在编者队伍组建、丛书构想等各个环节上提供了多方帮助和支持；张继元讲师在负责护理保险专题编著的同时，还具体承担了丛书参编人员的联络协调、专业术语的翻译和校订等大量的工作，对此均深表衷心的谢意。最后还要感谢中国劳动社会保障出版社为编辑丛书所付出的辛勤劳动。

沈　洁

2021 年 3 月吉日于东京喜多斋

前　言

　　社会福利作为日本社会保障制度中的重要支柱，对民众生活的方方面面提供了全方位的生活保障。本书重点分析提供非现金给付形式的社会福利服务和供给体系的制度安排。同时，对社会福利与医疗保险、护理保险等其他相关制度体系之间的协同和分工以及运作方式等进行具体阐述。

　　本书是全面了解日本社会福利制度和实际操作层面的读物。参加执笔的作者大多是活跃在日本高校和研究机构第一线的学者，鉴于他们接受过系统的社会福利专业训练，又长期亲身体验社会福利服务，对其制度以及供给服务的长处和短处有着切身的体验和独到的解析。

　　本书通过以下章节对日本社会福利展开分析和讨论。

　　第一章"日本社会福利的法体系及实践"由三部分内容构成。第一，通过对日本社会福利立法、修法过程的分析，明确日本社会福利法体系建构的过程；第二，从法律的权利义务关系这一角度出发，阐释日本社会福利法体系的内在逻辑及法理念；第三，通过判例具体展现日本社会福利法体系中保护权利利益的司法实践与改革。

　　第二章"日本社会福利人才的培养与人力资源配置"包含两大方面内容。一是日本社会福利人才体系框架的总体介绍，以日本福利劳动相关从业资格为主轴对其人才培养体系类型进行详细梳理，着重介绍"社会福祉士""精神保健福祉士""介护福祉士"三项具有代表性的社会福利人才资格和人才资源储备情况。二是对日本社会福利人才培养和保障机制的特点以及在提高社会福利从业人员专业水准、改善社会福利劳动环境，以及确保福利劳动者的自身利益方面的改革措施进行评述。

　　第三章"日本社会福利服务供给"体系，重点围绕社会福利服务供给体系的变化及特征展开论述。首先，从理论上诠释社会福利供给体系的构成要素、供给主体和供给形态。其次，介绍日本传统社会福利服务供给以及社会福利制度改革后出现的新型福利供给体系，并讨论在新的服务供给方式下供给质量的监管状况。最后，以日本的养老护理供给体系为例，探讨福利服务供给体系的"福利市场化"特征，突出民营化·市场化这一发展主线，对福利供给主体出现的结构性变化做了重点描述。

第四章"日本老年人福利"，重点介绍少子老龄社会的现状及动向，通过大量调查数据具体分析了自20世纪60年代以后至今，日本老年人的家庭、经济、健康状况以及就业和参加社会活动等状况。同时，对每个转换时期面临的政策课题以及政策绩效进行评述。此外，对老年人福利服务的相关法律制度进行详细解说的基础上，对制定中国老年人福利政策及福利服务体系建构提出建议。

第五章"日本儿童福利"，首先，展现儿童福利法的体系以及依法设计的普惠型和特惠型儿童福利制度安排。其次，透过具体的制度安排和制度实施状况，分别对"普惠型"儿童福利项目的儿童津贴、保育和育儿休假制度以及以弱势儿童为主要对象的"特惠型"儿童福利项目展开具体分析。最后，对中央与地方实施儿童福利制度的公共部门以及各类儿童福利机构的功能进行解说并提出借鉴建议。

第六章"日本残疾人福利"，具体内容包括日本残疾人的定义及分类；残疾人现行制度体系；残疾人相关法律构建过程；各类型残疾人口现状的数据分析；残疾人服务体系等。

第七章"日本女性福利"，首先，对女性福利政策发展路径进行梳理，并具体评述女性福利法体系以及制度安排的政策推动过程。其次，重点对在解决女性贫困以及家庭暴力的社会问题当中，各种类型的女性福利机构所发挥的功能和积极作用进行评介。

第八章"日本社区福利"，侧重对社区福利理论和服务供给体系以及社区社会工作进行解析。具体通过社区福利行政与居民主体参与，组织机构与居民参与渠道，社区综合护理体系，社区服务评估等的介绍分析，展现日本社区福利的全貌。

第九章"日本医疗保健福利"，对归属于社会福利领域中的医疗、保健福利政策的制定背景，以及社区保健、产业保健的实际服务案例与实务操作展开翔实分析。特别是对于医疗保健重点逐渐由疾病治疗转向预防和保健，保健服务供给从医院转向社区的解析体现了本章的特色。

本书的执笔者大多是活跃在日本社会福利学界的新锐华人学者，通过对日本社会福利制度长处与短处所做的分析，无疑都是希冀为建构中国社会福利体系结构提供借鉴。

按章节顺序执笔作者分工如下：

前言		（沈洁　日本女子大学教授）
第一章	日本社会福利的法体系及实践	（余乾生　日本横滨国立大学博士）
第二章	日本社会福利人才的培养与人力资源配置	（史迈　清华大学助理研究员）
第三章	日本社会福利服务供给	（郭芳　日本同志社大学助教）
第四章	日本老年人福利	（包敏　东京医科齿科大学教授）
第五章	日本儿童福利	（蔡泽昊　中国劳动关系学院）
第六章	日本残疾人福利	（茆海燕　日本城西国际大学讲师）
第七章	日本女性福利	（沈洁　日本女子大学教授）
第八章	日本社区福利	（罗佳　日本同朋大学副教授）
第九章	日本医疗保健福利	（鲍柯含　日本 MEDIVA 医疗保健咨询机构研究员）

西北政法大学文姚丽教授，在来东京大学访学期间，抽出时间通读本书草稿，并提出修改意见，特别致谢。

沈　洁

2021 年 10 月于东京

目　录

第一章　日本社会福利的法体系及实践 …… 001
第一节　日本社会福利的法体系 …… 001
第二节　社会福利各领域的相关法规 …… 007
第三节　司法实践与改革 …… 012

第二章　日本社会福利人才的培养与人力资源配置 …… 024
第一节　社会福利人才体系的基本轮廓 …… 025
第二节　社会福利人才体系中的核心专业资格 …… 027
第三节　多元化与标准化兼备的福利专业人才培养机制 …… 034
第四节　福利人才确保机制与劳动环境改革动向 …… 040
第五节　人才体系构建中的"质"与"量" …… 042

第三章　日本社会福利服务供给 …… 044
第一节　社会福利服务供给体系构成要素 …… 044
第二节　社会福利供给主体和供给方式 …… 050
第三节　社会福利服务供给的市场化改革 …… 060

第四章　日本老年人福利 …… 067
第一节　日本少子老龄社会的现状及动向 …… 067
第二节　日本老年人的基本生活情况 …… 075
第三节　老年人福利服务的相关法律制度 …… 085
第四节　日本老年人福利面临的主要问题 …… 090

第五章　日本儿童福利 …… 098
第一节　日本儿童福利概述 …… 098
第二节　日本儿童福利的种类与内容 …… 104
第三节　日本儿童福利的实施机制 …… 120

第六章　日本残疾人福利 …………………………………………… 135
第一节　日本残疾人的定义及分类 ……………………………… 135
第二节　残疾人福利的现行制度体系及构建过程 ……………… 142
第三节　残疾人的现状 …………………………………………… 154
第四节　残疾人福利服务体系 …………………………………… 159

第七章　日本女性福利 ……………………………………………… 181
第一节　女性福利政策发展路径 ………………………………… 181
第二节　女性福利法体系 ………………………………………… 188
第三节　女性贫困状况与福利援助 ……………………………… 195

第八章　日本社区福利 ……………………………………………… 207
第一节　社区福利服务展开以及理论化过程 …………………… 207
第二节　社区福利行政与居民主体参与 ………………………… 216
第三节　社区福利服务体系和经办 ……………………………… 219
第四节　社区社会工作实操 ……………………………………… 223

第九章　日本医疗保健福利 ………………………………………… 234
第一节　医疗保健福利制度概要 ………………………………… 234
第二节　社区保健福利 …………………………………………… 243
第三节　产业保健福利 …………………………………………… 266

第一章　日本社会福利的法体系及实践

在读本章前需要说明一点，在日本经常会提到"法制度"这个名词，其意义可概括为通过立法来推行制度，也就是"立法先行，法统制度"。日本在第二次世界大战后发展起来的社会福利，是一个不断立法、不断修法，以法律为主体逐渐完善起来的法律制度体系。所以，本章的重点：一是通过对日本社会福利立法修法过程的介绍，明确日本社会福利法体系的建构；二是在日本社会福利法体系基本构造的基础上，力图从法律的权利义务关系这一角度出发，阐释日本社会福利法体系的内在逻辑及法理念；三是通过判例具体展现日本社会福利法体系中保护权利利益的司法实践。

第一节　日本社会福利的法体系

日本学术界对社会福利法体系的建构有很多不同的见解，其中不乏从社会福利学角度出发的理解。本节主要从社会保障法学的视角来阐述日本社会福利的法体系。

一、社会福利法体系的建构过程

第二次世界大战前，日本只有以生活贫困的儿童、老年人、残疾人等为对象而实施贫困救助的救护法（1929）以及规范监督和辅助民间力量开展慈善事业的《社会事业法》（1938）。日本的社会福利法体系开始形成的契机始于第二次世界大战后，美国占领军（GHQ）对日本提出了福利政策的基本原则。依据1946年的"社会救济"备忘录和1949年的"社会福利行政6原则"①，GHQ要求日本设立一系列相关行政体制，并导入公私分离的理念，禁止将国家所承担的与社会福利相关的责任转嫁于民间，同时禁止国家干涉或帮助民间开展相关社会福利事业。

在上述背景下，1951年日本制定并实施了《社会福利事业法》（2000年改为《社会福利法》）。该法对日本的社会福利进行了总体规定，并在其第5条中确定了公私分离的理念，由此形成了20世纪后半叶由行政调控以按需分配为特征的"措置"制度②这一社会福利给付方式。当时，日本还处于战后恢复期，无法仅仅依靠国家力量发展社会福利事业，同时日本《宪法》第89条又不允许国家对不属于政府支配下的民间慈善等提供资金支持。因此，为了发展民间慈善又不违反宪法规定，日本的《社会福利事业法》创设了"社会福利法人"制度，这一制度一直沿用至今。

与此同时，各领域的社会福利法也以救护法为起点，不断分化自成体系。

第一阶段从第二次世界大战后到1960年，以《儿童福利法》（1947）、《身体残疾人福利法》（1949）和《生活保护法》（1950）为标志，称为"福利三法"。这一阶段社会福利法具有三个方面特征：一是政府机关委托工作，即在厚生大臣的命令监督下处理事务；二是给付对象根据需求的紧急程度排序，给付内容以安排入住机构为主，给付方式为"措置"；三是受资源限制，给付对象优先低收入人群。

第二阶段从1960年到1972年，以《精神薄弱者福利法》（1960）③、《老人

---

① 1949年的"社会福利行政6原则"是GHQ向日本厚生省（现厚生劳动省）提出的社会福利的行政目标。具体内容概括为：①确立厚生行政地区；②重新组建市实施的厚生行政；③厚生省实施指导性"措置"及实际工作指导员制度；④明确社会事业中的公私责任及所负担领域；⑤设置社会福利协议会；⑥对领工资的公职人员进行现场培训。

② "措置"制度也被译为"措施"制度，是指行政部门针对需要提供福利服务的对象，决定提供何种服务的行政权限和行政制度。

③ 《精神薄弱者福利法》（1960）在1998年更名为《智力残疾人福利法》。

福利法》（1963）、《母子福利法》（1964）①的颁布为标志，与前述"福利三法"合并称为"福利六法"。这一阶段由于日本经济的快速增长，家庭扶养能力的衰退，社会福利给付体制的完备，社会福利利用者不断增加，社会福利立法的方针已经由原先预防低收入人群变得更加贫穷转为进行普遍的服务保障。

第三阶段从1973年到1989年，这一阶段虽没有标志性的立法，但由于社会福利快速发展，1973年被称为"福利元年"。由于日本经济腾飞期的结束，当年秋天就对前一阶段的社会福利方针做出了调整，即减少了国家对社会福利的财政负担，由原先的80%降至50%，并在1987年将机构服务纳入地方自治。

第四阶段从1989年到2000年左右，随着少子高龄的快速加深，日本进行了一系列修法。1989年推出了"高龄者保健福利推进10年战略"（又称黄金计划）。以此为契机，1990年进行了"福利八法修法"②。修法的主要内容包括：一是通过《老人福利法》《老人保健法》（1982）③的修改，促使全国各级地方政府制订高龄者保健福利计划成为一项法定义务；二是通过对《老人福利法》《身体残疾人福利法》修法，将"措置"权限移交市町村，使市町村成为居家福利给付的主体，明确市町村在社会福利事业中的主体地位，并强调其法定义务；三是日本在"措置"制度下扩大了社会福利提供者的范围，促进社会福利供给多元化的实现。

此后，由于"措置"制度弊端不断凸显，为了调和"法制度"的矛盾，2000年前后日本针对"措置"制度进行了全面修法。以1997年《儿童福利法》修法、2000年4月《护理保险法》立法为开端，2000年6月《社会福利事业

---

① 《母子福利法》（1964）在1981年更名为《母子及寡妇福利法》，在2014年又更名为《母子父子及寡妇福利法》。

② 称为"福利八法修法"这一过程的法律依据是《部分修改老人福利法等的法律（平成2年法律58号）》（1990）。这里的"福利八法"是指在《部分修改老人福利法等的法律》中所规定的需要做出修改的8部法律。可以理解为在前述"福利六法"制度的基础上去掉《生活保护法》，再新加上《老人保健法》《社会福利事业法》和《社会福利、医疗事业团体法》（1984年立法，2002年度止）这3部法律。

③ 1973年，《老人福利法》修法时增加了高龄者免费医疗制度，但在经济下行等背景下无法持续。1982年《老人保健法》施行，终止了高龄者免费医疗制度。2006年，《老人保健法》修法更名为《与确保高龄者医疗相关的法律》（2008年实施）。依照此法形成了现行针对75岁以上高龄者的"后期高龄者医疗制度"。不过，此处的相关医疗制度不属于本章社会福利法体系所讨论的范畴。

法》大幅修法,《社会福利法》颁布之时,其他社会福利法也做了相应调整,社会福利法体系完成了全面修立法。这次修立法的主要特点是,原先处于主导地位的服务给付方式转变为以"契约"为基础的给付方式,具体体现在从"措置""委托服务给付"转变为"护理保险给付""援助费制度"。

二、社会福利法体系的基本结构和特征

(一)社会福利法体系的基本结构

日本《宪法》第13条规定,任何人都有选择、决定自己如何生活,追求幸福的权利(幸福追求权),但是由于老年、残疾、家庭变故等因素会妨碍人们实现自己的幸福追求权。① 因此,《宪法》第25条及第13条同时要求国家针对上述因素作出合理应对。具体应对方式多种多样,其中包括以提供福利服务的方式应对,而对这种方式进行法律规范的即为社会福利法体系。

日本社会福利法体系的构成主要有对社会福利事业各个领域的共通事项进行规范的《社会福利法》和针对不同人群、不同需求设立的"各部门福利法"。② 具体而言,《社会福利法》主要规定了以下内容:一是作为其立法理念的尊严与自立(同法第3条)、对社区福利的推进(同法第4条)、以利用者为主体的福利服务原则(同法第5条)、政府责任(同法第6条);二是社会福利事业的概念(同法第2条等)、标准、事业参与者的指定;三是政府等作为福利事业运营

---

① 本自然段论述的日本社会福利法体系与宪法的关系,参考《社会保障法》中有关《宪法》第13条、第25条与社会保障法的关系。菊池馨实. 社会保障法 [M]. 2版. 东京:有斐阁,2018.
② 在日本的社会保障法学中,尽管存在着各种争议,但可做出以下说明:日本的社会保障法体系由以下四部分组成:①社会保险法体系,其中包括年金(相当于我国的养老保险)、医疗保险、劳动灾害保险、雇佣保险(相当于我国的失业保险)、护理保险(虽然是保险,但是与社会福利法体系关系密切);②社会福利法体系(以福利服务给付为中心);③社会津贴法体系(与社会福利法体系关系密切的福利现金给付);④社会救助法体系(虽然在发展的历史中作为社会福利法体系的一部分,但是现在作为最低生活保障被单独列出),其中包括《生活保护法》及《生活困窘者自立援助法》。笔者认为,日本的社会福利法体系属于社会保障法体系的一部分,将上述①社会保险法体系中的《护理保险法》与②社会福利法体系合在一起作为本章社会福利法体系的范围,而上述③社会津贴法体系则作为关系最为密切的临近法体系。至于上述①中针对医疗这一专业性极强领域的医疗保险各法及其他保险法,以及着眼于最低生活保障的上述④社会救助法体系则不在本章论述范围之内。基于此认知,本章中笔者作出日本社会福利法体系的基本结构。

的主体（如直接负责福利事务的福利事务所、负责福利事业调查调整的社会福利协议会、为政府分担责任的社会福利法人等）；四是社会福利服务的具体提供方式（如服务利用契约的签订、服务利用援助、服务的第三者评价等）。与此同时，"各部门福利法"包含高龄者福利领域（如《护理保险法》《老人福利法》）、儿童福利领域（如《儿童福利法》）、残疾人福利领域（如《残疾人综合援助法》）和单亲家庭及寡妇福利领域（如《母子父子及寡妇福利法》）。

日本社会福利法体系如图1-1所示。

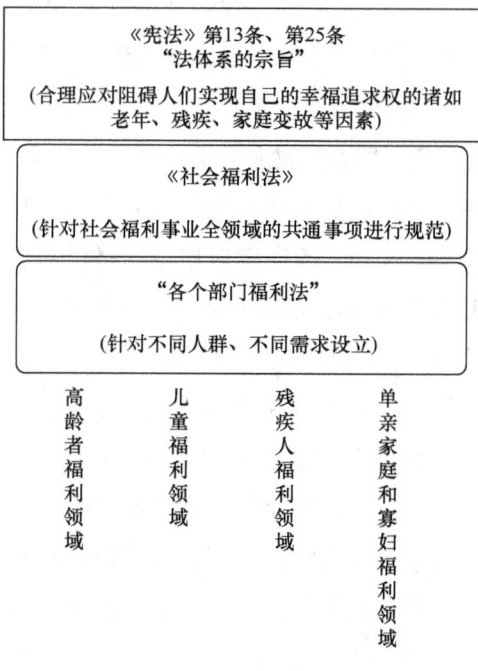

图1-1 日本社会福利法体系

（二）社会福利法体系的特征

首先，从与日本《宪法》第13条、第25条的关系及社会保障法学界的共识来看，日本社会福利的法体系以提供社会福利服务为中心①，即为一种社会服务

---

① 《社会福利法》所规定的各项内容都值得结合日本的判例进一步深入讨论。但由于篇幅限制，本节只针对日本福利法体系的几个主要特征进行论述。

保障体系。虽然《护理保险法》采用的形式为保险，但因其规定的是与各种护理服务有关的内容，因此本章也将《护理保险法》列入社会福利法法体系；由于日本的各种社会津贴法是现金保障，所以不属于该法体系的范畴，而是与之关系最为密切的临近法体系。同时由于医疗服务具有较高的专业性，医疗保障相关法律也属于关系密切的临近法体系。

其次，近年来，日本社会福利相关法律最显著的变化，即 2000 年前后的大幅修法，由持续了半个世纪的政府按需分配的"措置"给付制度转变为由福利服务利用者自主选择与福利服务提供者签订契约从而获得服务的"契约"给付制度（由"措置"到契约）。"措置"给付制度的基本流程为，福利服务利用者向政府申请服务给付，政府按照实际需要裁量决定是否给付，并通过委托福利服务提供者间接提供服务给付，福利服务利用者向政府缴纳部分服务费用，福利服务提供者的所有费用由政府负担，利用者与提供者间无契约关系。与此相对应的"契约"给付制度的基本流程为，福利服务利用者向政府申请服务给付，政府按照法律的规定决定是否给付，利用者自主选择服务提供者签订福利服务契约，利用者向提供者支付部分服务费用，提供者则向政府申请剩余服务费用的支付（剩余服务费用原本应该由政府支付给利用者，再由利用者支付给提供者，这里的申请剩余服务费用的支付属于提供者代替利用者领受政府的支付，因而称为"代理领受"）。

如图 1-2 所示，"措置"与"契约"给付方式都涉及政府、福利服务利用者、福利服务提供者三方。最重要的区别在于政府对图 1-2①中申请①的决定方式（依实际需要还是依法律的规定），以及图 1-2②中利用者与提供者之间是否是自主选择，和有无契约有关。

最后，随着福利给付方式从"措置"到"契约"的转变，国民福利给付的法律性质也随之发生变化：由"措置"给付方式（与之相同的"委托服务给付"）的服务给付逐渐转变为"契约"给付方式的现金给付。即从政府直接保障服务供给转变为间接保障服务给付，政府通过保障现金给付，国民用现金购买服务的方式。需要注意的是，不论哪一种给付方式，其最终目的都是保障服务供给，所以并

---

① 申请的法律效力见本章第三节"申请权"。

第一章 日本社会福利的法体系及实践

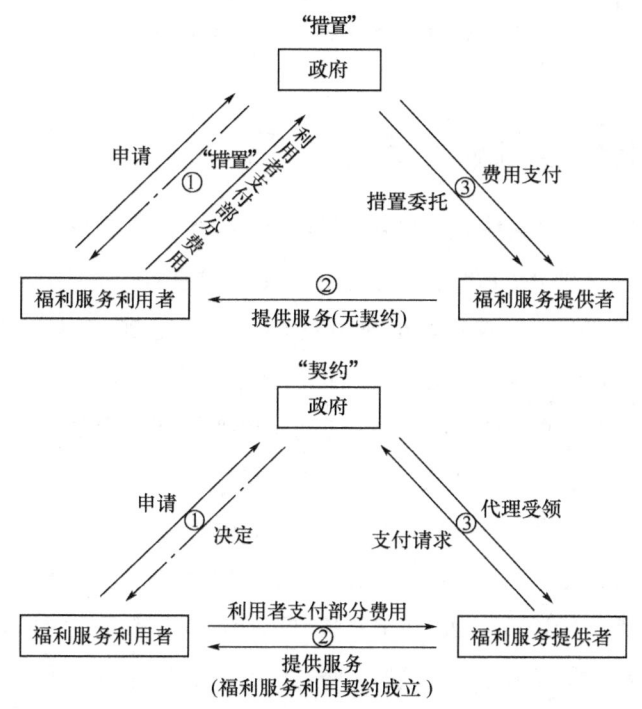

图 1-2 "措置"与"契约"给付方式比较图

不影响上述所说的日本社会福利的法体系是一种社会服务保障体系这一结论。

"契约"给付方式多见于《护理保险法》中以护理保险为资金来源的"护理保险给付"以及《残疾人综合援助法》中以税为资金来源的"援助费制度"。目前，这种给付方式已经成为主导。而"措置""委托服务给付"的使用频度大幅下降，但也依然存在，如在《儿童福利法》《母子父子及寡妇福利法》中政府依职权（无须申请）作出的"措置"或服务委托，甚至上述《护理保险法》与《残疾人综合援助法》中也保留了一些"措置"的给付方式。

第二节 社会福利各领域的相关法规

本节主要对日本社会福利法体系中针对不同人群、不同需求设立的各个社会福利领域的法进行梳理，介绍四个不同领域的社会福利相关法律的修法过程、法律体系及其特点。

一、高龄者福利领域立法

高龄者福利领域的法体系，主要以针对日本社会老龄化的政策纲领性法律《高龄社会对策基本法》（1995）①和针对高龄者护理需求的实体性法律《护理保险法》（1997）为支柱。《高龄社会对策基本法》经过2012年修法，通过其第6条的法律委托，日本政府具体制定了"高龄社会对策大纲"，成为应对日本老龄化问题的基本纲要。而主要应对65岁以上高龄者护理需求的《护理保险法》自2000年正式实施以来，为了应对利用人数及支出费用激增等问题，进行了四次重要修法。2005年主要为提高法制度的可持续发展能力，进行了提高给付效率、重视护理预防的修法，并导入了"社区综合护理服务系统"②；其后的2008年、2011年、2014年、2017年、2020年修法则可归纳为，针对"社区综合护理服务系统"不同发展阶段（发展、推进、深化）的修法。后几次修法都与医疗保险领域的修法，以及2014年《医疗护理综合确保法》③的制定与实施密不可分。并且，现行《护理保险法》中还规定了"社区综合护理服务系统"的核心机构"社区综合援助中心"（同法第115条之46等），这也是该法的特点之一。

除上述两部主要法律之外，《老人福利法》（1963）作为传统高龄者福利领域的相关法律，依然起着重要作用。随着《护理保险法》的出台，《老人福利法》由于其时代的局限性，重要程度逐渐退居二线，但是在对于各类高龄者福利机构的规范，以及在需要的情况下政府依职权（无须申请）进行"措置"的情

---

① 《高龄社会对策基本法》截至2018年3月，已经经过了四次修改。
② 在日本高龄化的背景下，慢性病增多，护理需求增大，人们开始更加注重老年生活的质量。因此，20世纪末开始，出现了从原来的"医院完结型"医疗转变为"社区完结型"医疗的呼声。其结果，在2005年《护理保险法》修法时导入了"社区综合护理服务系统"，并且在之后该法的修订，以及医疗护理领域的立法修法中不断完善。现在以为保障高龄者在住惯了的地方自立生活为目标的"社区综合护理服务系统"分为五部分，即医疗、护理、护理预防、住宅及日常生活援助，是现阶段日本社会保障的热门话题之一。
③ 《医疗护理综合确保法》全称《关于为推进综合确保社区医疗及护理的相关法律的整备等的法律》，明确了医疗与护理相结合发展的法制度，为日本今后医疗与护理的综合发展提供了法律依据。

形中依然起着不可忽视的作用。

其他法体系中与高龄者福利领域相关的法律也有不少。例如，《残疾人综合援助法》中对于老年残疾人的护理给付相关规定（残疾人福利领域），《生活保护法》中对老年要保护者的护理救助相关规定（社会救助法体系），以及作为民法特别法的《高龄者虐待防止法》（2005）、《高龄者住宅法》（2001）[①] 等。

另外，依据高龄者福利领域相关法律的委托，由政府制订的一系列"高龄者福利政策实施计划"具有一定的法律效力，也可归入高龄者福利领域的法体系。例如，依据《老人福利法》第20条之8等制订的"高龄者福利计划"和"高龄者保健计划"（统称为高龄者保健福利计划）；依据《护理保险法》第116条制订的"市町村的护理保险事业计划与都道府县的护理保险事业援助计划"等。这些计划规定了诸如在一定区域内高龄者福利机构的数量、给高龄者提供什么样的服务等具体事宜，使高龄者福利工作的实施细则为具体开展高龄者福利工作提供了蓝本。

二、儿童福利立法

儿童福利领域的法体系，主要以整个日本社会福利法体系的先驱《儿童福利法》（1947）为支柱。该法在第二次世界大战之后应运而生，但一开始只是针对贫困儿童、流浪儿童、孤儿等需要保护的儿童进行救济保护，其主要目的更多偏重于治安管理而不是儿童福利本身。其根本性变化体现在1997年的大幅修法之中，此次修法将日本在1994年批准加入的国际《儿童权利条约》中的理念写入了法条，即尊重儿童和其监护人的选择和意愿、为儿童能够自立提供援助以及对育儿家庭提供援助，这些理念使得该法律文本真正开始保障儿童本身的福利。在此之后，随着《少子化社会对策基本法》《次世代育成援助对策推进法》等纲领性法律的制定，并且为了强化社区育儿援助政策，在2003年又进行了旨在满足

---

① 《高龄者住宅法》全称《与确保高龄者住宅的安稳相关的法律》，2011年修法时加强了对经过无障碍改造并提供相应附带服务的住宅，或者直接针对高龄者设计的住宅（如高龄者公寓、付费高龄者之家等），加强了对入住者情况的调查，并力图使其与定期巡逻、随时应对型上门护理等基于《护理保险法》的服务接轨。

保育需求的修法。2012年，与《儿童育儿援助法》的立法相呼应，针对无法进入托儿所的"等待入园儿童"问题进行了修法。最近一次修法在2016年，增加了儿童受保障的权利（该法第1条）与政府的责任（同法第3条之2）。

现行日本《儿童福利法》针对未满18周岁的所有儿童进行保障。其基本内容主要包含：①保育的实施与保障；②育儿援助事业；③残疾儿童给付（与《残疾人综合援助法》相呼应）；④要保护儿童的定义及应对；⑤儿童福利设施及事业的规制监督；⑥行政组织和费用等。

除《儿童福利法》之外，针对逃学、宅家等儿童问题的《儿童青少年育成援助推进法》（2010），以及上述针对儿童教育保育给付问题（如"等待入园儿童"）的《儿童育儿援助法》（2012），也是儿童福利领域法体系中的重要组成部分。其中，《儿童育儿援助法》还特别将依据《儿童津贴法》（1971）发放的"儿童津贴"明确定义为"给儿童使用的现金给付"，力求杜绝监护人滥用该款项，充分体现了对儿童本身福利的保障。

其他法体系中与儿童福利领域相关的法律也有不少。例如，上述属于社会津贴法体系的《儿童津贴法》，同属社会津贴法体系的《特别儿童扶养津贴法》（1964，主要针对残疾儿童）；《残疾人综合援助法》中对于残疾儿童的相关给付（残疾人福利领域），以及属于民法特别法的《儿童虐待防止法》（2000）等。

三、残疾人福利立法

残疾人福利领域的法体系，可以分为身体残疾人、智力残疾人与精神残疾人（包括发育残疾人）的福利相关法律。[①] ①身体残疾人福利相关法律，其开端可追溯到1949年的《身体残疾人福利法》，该法重点在于帮助通过训练等可以达到经济自立的身体残疾人。在此之后，2006年的《关于促进高龄者、残疾人顺利移动等的法律》（简称无障碍新法）可以看成是对身体残疾人福利相关法律的延伸。②智力残疾人福利相关法律的开端可追溯到1960年的《精神薄弱者福利法》，1998年更名为《智力残疾人福利法》。③精神残疾人（包括发育残疾人）

---

① 日本残疾人的分类由《残疾人基本法》（1993）第2条规定。

的福利相关法律的开端则可追溯到 1950 年的《精神卫生法》。在此之后，1987 年将精神保健列入保健医疗对象的《精神保健法》、1995 年规定了精神残疾人的社区生活援助福利事业的《与精神保健及精神残疾人福利相关的法律》（简称精神保健福祉法）、2004 年将以往未被重视的残疾类型立法化的《发育残疾人援助法》[1] 都可以看成是对精神残疾人福利相关法律的延伸。

与上述针对不同类型残疾人的福利相关法律相对应，经由 1970 年《身心残疾人对策基本法》的制定，开始出现以所有残疾人为对象的残疾人综合法律制度。紧接着由于国际社会对残疾人的关注（1975 年的《残疾人权利宣言》，1981 年开始普及的"正常化"的理念），1993 年制定了《残疾人基本法》。该法将残疾人的自立和社会参与作为基本理念，包括医疗、护理、年金、教育、就业、住房、公共设施、信息利用等多方面的规定，成为针对所有残疾人福利的两大代表法律之一。该法 2004 年修法时，将"禁止歧视"的理念入法，2011 年修法时确定了现在日本残疾人的类别，该现行法律中还明确了在设计工作环境等时，应该"合理考虑"残疾人需求的理念。而针对所有残疾人福利的另一大代表法律，是在由"措置"到"契约"的日本社会福利法体系大幅改革的背景下应运而生，规定了残疾人福利给付方式的《残疾人自立援助法》（2005）。该法 2010 年修法时将残疾人获得服务时所需支付费用的计算方法由"依据所获服务的多少"改为"依据个人负担能力的大小"。2012 年修法时将其名称改为现行的《为综合援助残疾人的日常生活及社会生活的法律》（简称《残疾人综合援助法》）。

其他法体系中与残疾人福利领域相关的法律也有不少，如属于民法特别法的《残疾人虐待防止法》（2011）及《消除歧视残疾人法》（2013）等。另外，日本在 2014 年加入了国际《残疾人权利公约》（2006），这也对现行残疾人福利领域的法体系产生了不小的影响。

四、单亲家庭及寡妇的福利立法

单亲家庭及寡妇福利领域的法体系以《母子福利法》（1964）为其代表法

---

[1] 2016 年《发育残疾人援助法》修法时在其第 1 条中明确了其继承《残疾人基本法》（1993）的基本理念。

律。该法 1981 年更名为《母子及寡妇福利法》。2002 年修法时作出了以下修改：①将婴幼儿保育等服务扩大到父子家庭；②确立单亲的就业自立相关政策；③与《民事执行法》修法相关联，倡导切实履行抚养义务；④具体施行法律时由厚生劳动大臣确定基本方针，各都道府县市依照基本方针制订各自的自立促进计划。2014 年修法时，该法又更名为《母子父子及寡妇福利法》。目前，由于日本母子家庭收入普遍较低，因此是否通过进一步修法来加强对母子家庭的经济援助被提上了议题。

除《母子福利法》之外，其他法体系中与单亲家庭及寡妇福利领域密切相关的法律是属于社会津贴法体系的《儿童扶养津贴法》(1961)。2002 年修法时，规定了儿童扶养津贴的领取时限（5 年津贴减半）；2010 年修法时，父子家庭成为给付对象；2012 年修法时，取消了因家暴分居情形下的给付限制。总体来看，该法的理念逐渐从对母子家庭的经济援助，转向对各类型需要津贴给付家庭的就业自立综合援助。

综上所述，四个社会福利领域的相关法律体系既有共通之处，又有各自的特点。首先，对于共通之处，除第一节中论述的日本社会福利法体系整体的共通特征之外，还有以下几个特征：①四个领域都强调了"公"（政府）的责任；②四个领域都是开放的法体系，与其他不同的法体系有着千丝万缕的联系；③四个领域都以"自立"援助作为重要的立法理念。

而对于各自的特点可以总结如下：高龄者福利领域强调了以社区为依托的综合服务保障体系，儿童福利领域更重视儿童自身获得福利保障的权利，残疾人福利领域则侧重禁止歧视残疾人及合理考虑残疾人的需求，而单亲家庭及寡妇福利领域完成了将给付对象从母子家庭扩大到各类型有福利给付需求的家庭。

第三节　司法实践与改革

本节主要介绍日本社会福利法体系框架下的司法实践与社会福利法体系面临的实践课题，以权利利益的保护与救济为中心，以社会福利利用者获得社会福利

第一章　日本社会福利的法体系及实践

给付的过程（信息的获取及申请权）及其权利利益受到损害时的救济手段（听证、投诉、行政异议、行政诉讼、社会福利给付主体的侵权、违约、国家赔偿责任）为主线，以具体的判例阐释日本社会福利法体系框架下的司法实践。

一、权利利益的保护与救济

（一）社会福利相关信息的获得

对社会福利利用者来说，获取社会福利相关信息是实现其与社会福利相关权利利益的第一步。在社会福利法体系下能够获得何种福利，选择给自己提供社会福利给付的单位时所需要的信息，自己接受社会福利给付的记录等都是不可或缺的信息。因此，日本的社会福利法体系中有以下规定。

（1）国家及各级地方政府、事业单位、机构等要积极提供社会福利相关信息（《社会福利法》第75条，《儿童福利法》第48条之4等）。

（2）为社会福利利用者能够选择合适的社会福利给付提供单位（事业单位、机构等）、应公开护理服务、教育保育等信息（《护理保险法》第115条之35，《儿童育儿援助法》第58条）；提供第三者评价的结果；交付契约书以及记载重要信息的书面文件（《社会福利法》第77条等）；提供由护理援助协调员制订的护理计划的具体内容（"与指定居家护理援助等事业的人员及经营相关的标准"第13条第11项等）。

（3）社会福利供给机构在保护个人信息的同时，应当根据利用者的要求提供个人信息记录（"与指定居家护理援助等事业的人员及经营相关的标准"第23条等）。

下面将对相关判例逐次说明。首先与（1）相关，市公职人员违反信息提供义务的判例（东京高等裁判所判决平成21年9月30日）：市公职人员将身体残疾人手册交与当事人时没有对其说明，在乘坐铁路巴士时为当事人提供护理服务者可以享受优惠，导致当事人没有申请利用该政策而蒙受损失。法院认为，市公职人员未将该优惠政策告知当事人的行为违反《身体残疾人福利法》第9条第5款第2项所规定的"应提供与身体残疾人的福利相关的必要信息"，因而取消了作出与此相反判决的原审判决。

其次与（3）相关，判定对个人信息公开申请作出的部分不予公开决定的行政行为违法的判例（东京高等裁判所判决平成 14 年 9 月 26 日）：当事人对市政窗口提出了家政派遣申请，市政窗口以此为契机制作了该当事人的信息记录。但当事人要求提供该信息记录时，市政窗口作出了部分不予公开的决定。法院认为该行政行为违法而判决市政窗口应提供完整的信息记录。

（二）申请权

福利利用者在获得社会福利相关信息之后，通过申请以获得社会福利给付。在服务给付方式的措置及委托服务给付作为社会福利的给付方式的前提下，实际操作中个人的申请权并不被认可。但是在作为现金给付的护理保险的保险给付和残疾人自立援助给付（援助费制度）中，申请权的地位十分重要。

现金给付方式中的申请权是法定权利，适用《行政手续法》第二章"对于申请的行政行为"。其具体表现为，依据该法第 5 条，有关部门需要制定并公开对于申请的审查标准。另外，向福利事务所提交申请却不被受理的，违反该法第 7 条的规定。再者，依据该法第 8 条的规定，拒绝受理申请的（包含部分拒绝）应明示理由。

下面举一例说明行政行为侵害申请权的具体情形（福岛地方裁判所判决平成 19 年 9 月 18 日）：在作为现金给付的援助费制度中，依据《身体残疾人福利法》，当事人申请每月 165 个小时的居家生活援助费，但是有关部门只批准了每月 125 个小时的居家生活援助费，且没有说明理由。法院认为，有关部门的行政行为部分拒绝了当事人的申请，适用《行政手续法》第 8 条的规定，应当说明部分拒绝的理由。因此，法院判定该行政行为违法。

（三）在不利的行政行为作出之前的听证

对于已经获得的社会福利给付，有关部门可能会作出减少或取消该社会福利给付的行政行为。为维护社会福利利用者的权利利益，在服务给付方式的"措置"及委托服务给付中，如在取消依据"措置"提供的服务或入住机构的给付，或取消委托服务给付中的保育给付之前，有法定的事前听取当事人意见（听证）的环节（《身体残疾人福利法》第 18 条之 3，《儿童福利法》第 33 条之 4 等）。这种程序的保障，有社会福利行政的特色，不同于一般行政行为的程序保障。但

第一章　日本社会福利的法体系及实践

有学者认为，由于在实际操作中程序被简化、跳过听证环节的情况时有发生，所以并不能就此说明在服务给付方式中听证具有充分的程序保障作用。①

与此相反，在现金给付的护理保险和援助费制度中，例如取消援助费制度中的残疾人自立援助给付决定时，并没有法定的事前听取当事人意见（听证）的环节。② 在社会福利给付由直接的服务给付逐渐变更为"直接的货币给付，然后当事人以货币购买服务"的现金给付形式，且这种给付形式成为主流之后，在作出不利的行政行为之前，没有法定的程序保护成为一个亟待解决的问题。

（四）投诉

社会福利的利用者多数是高龄者或残疾人，对他们来说提起下述行政异议或诉讼并不容易。③ 如果他们在社会福利事业中受到了较轻微的损害，比如对有关部门的社会福利工作不满，或者是因为公务员的疏忽而未获得社会福利相关信息因而受到损害，抑或对获得的社会福利服务不满，投诉作为简便快捷的权利救济手段尤为重要。

在日本，最初一些地区或社会福利机构，依照地方性条例、纲要或者内部文件设立了一些应对投诉的制度，比如东京都中野区处理民众福利诉愿的"代理人"制度，现在，在社会福利法体系中有相关条款规定了应对投诉的机制。比如，《社会福利法》第83条及其后续条款规定，在都道府县社会福利协议会中设置经营矫正委员会，负责处理投诉工作；《护理保险法》第176条第1款第1项规定，国民健康保险团体联合会负责处理投诉工作。又如，"对指定事业单位、机构进行调查、指导或建议。与指定居家服务等有关的从业人员、设备及经营相关的标准"第36条第3款等规定，市町村设立投诉受理窗口。

由于处理投诉应基于当事人双方的沟通协作，政府进行斡旋需要社会福利给付的事业单位同意（《社会福利法》第85条第2款）。因此，政府的介入手段限

---

① 加藤智章，菊池馨实，仓田聪，前田雅子. 社会保障法［M］. 7版. 东京：有斐阁，2019：355.
② 日本的《行政手续法》第13条第2款第4项规定，有关现金给付方式的不利的行政行为不适用听证，因而《行政手续法》无法对现金给付方式中不利的行政行为进行提供听证的程序保障。同时在社会福利法体系中，对现金给付方式也没有法定的听证程序保障。所以，在现金给付的护理保险和援助费制度中并没有法定的事前听取当事人意见（听证）的环节。
③ 关于"（四）投诉"及前述"（三）在不利的行政行为作出之前的听证"，都还没有典型判例。

于指导或建议。有学者认为投诉能够处理解决的事宜十分有限①，进而提出为提高权利利益救济的有效性应该从两个方面努力：一是加强与地方政府的合作，充分利用地方政府的监督功能；二是加大力度发展《综合法律援助法》规定的针对提起诉讼的法律援助政策。

（五）行政异议申请和行政诉讼

如果社会福利利用者对政府有关部门作出社会福利给付行政行为有异议，作为司法救济手段，可以按照《行政异议审查法》提出行政异议申请②，也可以提起行政诉讼。

1. 关于行政异议申请：以护理保险和残疾人综合援助制度为例

在护理保险制度中，特别设立护理保险审查会作为异议审查机关，附属于都道府县。该审查会应本着中立公平的原则，依据专业的知识和经验进行裁决。审查会由护理保险被保险者代表、保险者代表及公益代表三个部分组成。对市町村作出的关于保险给付的行政行为都可以向护理保险审查会提出异议，包括护理认定，对于申请授予被保险者证的决定等（参照《护理保险法》第183条及其后续条款）。

在残疾人综合援助制度中，都道府县知事有异议审查的裁决权。对市町村做出的残疾人护理给付费等行政行为有异议的，应向都道府县知事提出审查申请，都道府县知事可以组织外部的有识之士成立关于残疾人护理费等的异议审查会作为审查机关，附属于都道府县，辅助知事做出裁决（参照《残疾人综合援助法》第97条、第98条、第105条）。

应当注意的是，上述两个例子中的行政异议申请都被规定为行政诉讼的前置条件。也就是说，如果不经过行政异议申请则无法提起行政诉讼。

2. 关于行政诉讼：以2004年《行政事件诉讼法》修法为分界

2004年修法之前，对于拒绝社会福利给付申请的行政行为，只能提起取消该行政行为或者确认该行政行为无效的诉讼。由于《行政事件诉讼法》第44条规定，行政行为是对公权力的行使，不适用民事保全法上关于先予处分的规定，

---

① 加藤智章，菊池馨实，仓田聪，前田雅子. 社会保障法［M］. 7版. 东京：有斐阁，2019：353-354.

② 行政异议申请相当于我国的行政复议，《行政异议审查法》则相当于我国的《行政复议法》。

第一章　日本社会福利的法体系及实践

所以无法通过先予处分获得临时的给付。（但是对于取消已有给付的行政行为，可以通过停止执行来获得临时的救济。如埼玉地方裁判所判决平成 8 年 7 月 31 日判决，对不可继续利用保育服务等的行政行为适用停止执行。）另外，"措置"及委托服务给付都属于服务给付，即针对当时的需要而给予的实物给付。如果当时没有给予相应的实物给付则无法补救，因此过去应给而未给的服务给付由于存在过去的需要无法补救而不再具有给付的可能。基于此种考量，拒绝社会福利给付申请的行政行为即使被取消或被确认无效，因该行政行为而产生的过去应给而未给的服务给付，因没有再次给付的可能而被认为没有诉讼的利益，进而无法作为诉讼的对象获得司法救济（东京地方裁判所判决平成 8 年 7 月 31 日）。这种考量甚至影响到作为现金给付的护理保险和援助费制度。因为这两种制度下的现金给付是为了购买服务而存在的，如果过去应获得而未获得的服务没有补救的可能，则因护理保险的认定，或因援助费制度的拒绝给付申请的行政行为而无法获得的，针对过去服务的现金给付是否具有诉讼的利益成为一个悬而未决的问题（到 2004 年修法之后以及现在依然没有定论）。

　　2004 年修法之后，基于《行政事件诉讼法》第 3 条第 6 款及第 37 条之 5 的规定，附加义务的行政诉讼及暂时的附加义务的行政诉讼成为法定的诉讼手段，是社会福利给付相关的有效的司法救济方式。比如在拒绝残疾儿童进入托儿所的申请案件中，法院首先对暂时的、附加义务的行政诉讼作出判断（东京地方裁判所决定平成 18 年 1 月 25 日）。法院认为，残疾儿童丧失进入托儿所的机会会造成无法用金钱补偿的损害；同时从该残疾儿童自身情况及社会共识来看，未进入托儿所而造成的损害具有紧迫性。[1] 因此，法院首先作出了残疾儿童暂时进入托儿所的决定。接着，在对附加义务的行政诉讼进行判断时，法院基于裁量权的滥用取消了该行政行为，并作出行政机关应允诺残疾儿童进入托儿所的判决[2]（东京地方裁判所判决平成 18 年 10 月 25 日）。

---

　　[1]　日本《行政事件诉讼法》第 37 条之 5 规定了法院针对行政行为，作出暂时的附加义务的决定的要件：①该行政行为会造成不可挽回的后果；②该后果有紧急性；③法院认为对该行政行为提出异议的一方有合理理由。

　　[2]　决定与判决的区别在于，决定不经过当事人的法庭辩论，由法院自行裁决，而判决则需开庭审理，由当事人充分辩论之后进行判决。

另外，与附加义务的行政诉讼相比，暂时附加义务的行政诉讼更快捷，且能切实地保护当事人的权利利益。因此再举两例说明暂时附加义务的行政诉讼：第一，法院基于《残疾人自立援助法》（2012年更名前）暂时作出，政府机关应作出护理给付费支付的决定，即对当事人（需要护理服务的残疾人）提出的1个月511.5小时"重度上门护理服务"的申请，政府应暂时给予应允（和歌山地方裁判所决定平成23年9月26日）。① 第二，在与公立托儿所民营化暂时的附加义务行政诉讼案中，法院认为，由公营转民营会对儿童的生命、身体等产生重大的安全隐患，同时也会损害监护人及其被监护儿童在托儿所选择上的合法利益，且所造成的损害在性质上无法补救进而具有紧迫性，所以法院作出暂时停止该公立托儿所民营化行政行为的决定（神户地方裁判所决定平成19年2月27日）。

（六）违约责任

由于社会福利给付方式的多样化，参与社会福利给付的主体也越来越多，其结果是社会福利给付的法律关系越来越复杂。比如在前述作为服务给付方式的"措置"及委托服务给付，与作为现金给付方式的护理保险和援助费制度中，社会福利给付主体在出现事故时所负的法律责任就不同，这就使得明确不同社会福利给付方式中给付主体的法律责任成为焦点问题。明确这些主体的法律责任为社会福利利用者在遭受损害后能更好地保护自己的权利利益提供了有效的法律救济手段。

在作为现金给付方式的护理保险和援助费制度中，当出现事故等问题时，作为社会福利给付的直接提供者、事业单位或机构主要承担侵权责任或不履行义务的责任。这两者的区别可以简单概括为有无契约的存在，即与契约无关的损害可能成立侵权责任，违反契约的损害为不履行义务的责任。下面分别对侵权责任和不履行义务的责任各举一例加以说明。

1. 侵权责任

在社会福利法人经营的特别养护老年人家中，发生了短期入住者因误将食物吞入气管导致死亡的事故。在此情形下，法院认定参与辅助进食的员工违反了注意安全义务，进而侵害了短期入住者受法律保护的权利，因此判决该社会福利法

---

① 该地方裁判所的决定由大阪高等裁判所决定平成23年11月21日取消，理由是不满足暂时的附加义务的行政诉讼的要件。

人对此事故负有侵权责任（名古屋地方裁判所判决平成16年7月30日）。

2. 不履行义务的责任

在社会福利法人经营的机构中，发生了日间照料服务利用者摔倒骨折的事故。在此情形下，依据日间照料护理契约，该社会福利法人有精准掌握护理服务利用者的身心状况，并防止服务利用者在机构内摔倒受伤的注意安全义务，此义务即为依据契约而产生的义务（契约之责）。所以法院认为，该社会福利法人对该事故负有不履行义务的责任（横滨地方裁判所判决平成17年3月22日）。[1]

在作为服务给付方式的"措置"及委托服务给付中，当出现事故等问题时，除直接提供服务的受委托单位需要承担侵权责任外，"措置"权人（行使"措置"行政权限的人员，一般指政府）、委托他人提供服务的地方政府在一定情况下也需要承担侵权责任。另外，如果该社会福利给付的实施属于《国家赔偿法》第1条第1款[2]所规定的"公权力的行使"，则受委托的实施人属于同条同款所规定的"公务员"，进而国家有可能负有赔偿责任。总体来说，在措置及委托服务给付中的社会福利给付主体的法律责任比在作为现金给付方式的护理保险和援助费制度中社会福利给付主体的法律责任要复杂，并且在具体个案中会出现多种法律责任共同存在的情形。用以下判例进行具体说明。

受委托单位的侵权责任和委托单位的国家赔偿责任被同时认定的判例（广岛地方裁判所福山支部判决昭和54年6月22日）：在由市设立、具体管理业务委托社会福利法人进行的智力残疾人援护机构中，入住机构的智力残疾人在就业介绍过程中失踪并死亡。在此案件中，法院认定受雇于社会福利法人的员工违反注意安全的义务，该社会福利法人作为雇佣者负有相应的法律责任（侵权责任）。与此同时，法院还认定原本应由市提供的社会福利事业（智力残疾人援护机构相关业务）属于"公权力的行使"，因而受委托从事该社会福利事业、受雇于社会福利法人的员工属于"公务员"。此案件中，"公务员"在"公权力的行使"中

---

[1] 大阪高等裁判所判决平成18年8月29日也作出了相同的判决。
[2] 日本《国家赔偿法》第1条第1款的具体条文如下："行使国家或公共团体公权力的公务员，在其执行公务的过程中，因故意或过失违法对他人造成损害，国家或公共团体对此负有赔偿责任"（笔者译）。该条文中的公共团体多为地方政府。

因违反注意安全义务而对当事人造成了损害，符合《国家赔偿法》第1条第1款构成赔偿的要件，据此法院肯定了市的国家赔偿责任。

由于委托单位承担国家赔偿责任，受委托单位的侵权责任被免除的判例（最高裁判所判决平成19年1月25日）：县依据《儿童福利法》第27条第1款第3项作出"措置"，将需要保护的儿童安排进入社会福利法人经营的儿童养护机构，委托机构进行养育监护。结果该儿童被养护机构中其他儿童虐待致残。在此案件中，法院认定儿童养护机构员工违反了监督义务。最高法院认为，该儿童是县政府依据《儿童福利法》第27条第1款第3项作出"措置"而进入该儿童养护机构的，因此对该儿童直接进行养育监护的员工是代行原本属于县政府所有的公权力，进而该员工属于行使公权力的"公务员"。因此，对该员工违反监督义务的行为，县政府负有国家赔偿责任。但是，由于县政府已经承担了国家赔偿责任，该社会福利法人不再承担侵权责任。

除上述现金给付、服务给付方式之外，还有民间社会福利给付方式，比如对家政人员或者志愿者提供的社会福利给付。同上述现金给付方式类似，在民间的社会福利给付中，社会福利给付主体也主要承担侵权责任或不履行义务的责任。而当政府或其他组织与民间的社会福利给付相关联时，政府或其他组织的责任如何确定成为一个需要解决的问题。举例说明如下。

（1）依照区施行的《身心残疾人家庭服务员等派遣事业》，区政府通过家政介绍所派遣"家政人员"① 给视力残疾人提供服务，但是该家政人员却侵吞了该残疾人的存款。在此案件中，法院认为家政人员承担侵权责任，但是由于区政府不是该家政人员的雇主，该家政人员也非公务员，在整个服务提供过程中区政府只起辅助作用（没有监督的义务），所以区政府的侵权责任及国家赔偿责任都不被支持（东京地方裁判所判决平成11年3月16日）。②

（2）作为各类福利团体的自治组织，社会福利协会也具有登记管理并介绍

---

① 在东京都世田谷区施行的《身心残疾人家庭服务员等派遣事业》中，家庭服务员属于公务员，而通过家政介绍所派遣的"家政人员"的性质则有争议，在本案中，法院认为该"家政人员"不属于公务员范畴。

② 28 东京高等裁判所平成12年6月14日也作出几乎相同的判决。

志愿者的职能。通过自治组织介绍的志愿者在辅助他人步行时致使被辅助者摔倒骨折，志愿者应承担相应的侵权责任，但是法院认为社会福利协会虽然进行了给被辅助者介绍志愿者的行为，但这并不足以使社会福利协会对被辅助者产生义务或契约上的债务。因此，社会福利协会不承担法律责任（东京地方裁判所判决平成10年7月28日）。

另外，与社会福利给付相关的国家赔偿责任，在地方政府未认真行使调查确认及规范监督权限的情况下也时有发生。举例说明如下。

（1）在未被认可的托儿所所长虐待儿童致死的案件中，县政府对该托儿所有命令其停业的权限，却没有行使。法院认为，县政府未行使其权限的行为使该托儿所内的儿童受到人身危害的可能性增加，且对这种可能性的增加，县政府的职能部门可以预知。再者，如果县政府及时命令该托儿所停业即可阻止此次事件。因此，法院认定县政府在此案件中承担国家赔偿责任（高松高等裁判所判决平成18年1月27日）。

（2）区制定了"保育妈妈"的资格纲要。依据该纲要认可的"保育妈妈"对接受保育服务的儿童实施虐待。在此案件中，法院认为区没有及时依据资格纲要进行调查并取消该"保育妈妈"的资格认可，该行为符合国家赔偿责任的规定（东京地方裁判所判决平成19年11月27日）。

（3）离开由县政府设立的智力残疾人更生机构，在私人工厂就业并留宿的智力残疾人，由于雇佣者的虐待而死亡。在此案件中，法院认为该县立智力残疾人更生机构没有及时确认该智力残疾人的就业、生活、服药等情况，此种怠慢行为属于《国家赔偿法》中"因故意或过失违法对他人造成损害的行为"。因此，法院判定县政府承担国家赔偿责任（大津地方裁判所判决平成15年3月24日）。

二、日本社会福利法体系的改革方向

日本的社会福利法体系，从作为整体的宏观视角和作为各个部门法领域操作层面的微观视角来看，都存在着方方面面的问题。由于篇幅所限，本节主要从宏观视角介绍四个方面的问题及今后的改革方向。

（一）厘清日益复杂的社会福利给付方式中的法律关系

如前所述，日本社会福利法体系中的社会福利给付方式，虽然逐渐发展进入以现金给付方式（护理保险和援助费制度）为主的阶段，但是服务给付方式（"措置"及委托服务给付）依然存在，并且各种其他给付方式也在不断应运而生。这就导致社会福利法体系中的法律关系越来越复杂。虽然在上述"违约责任：侵权责任和国家赔偿责任"中有若干司法实践层面的讨论，但总的来说社会福利法体系中的法律关系还处于未被开发的法律领域，特别是与《宪法》第25条所规定的保障生存权之间的关系这一问题未能充分讨论。

具体来说，在现金给付方式中申请权被法定，使行政裁量权的范围缩小，进而社会福利利用者的权利得以更好的保障。但是在是否充分保障了《宪法》第25条所规定的生存权的问题上还没有充分讨论。另外，在现金给付方式中，为了使更多人获得更普遍的福利保障，各种社会福利给付的内容被定型化或标准化，因而在一定程度上无视了很多生活上需要但未被保障的需求。这是否违背了《宪法》第25条的生存权规定还有待进一步深入探究。

对于服务给付，虽然所占比例不高，但是具有直接对服务进行保障以及可以通过行使公权力无须申请直接决定给付的特点。这与依据申请通过支付现金而让社会福利利用者自己购买服务的现金给付所能提供的保障力度大为不同。但是对于服务给付的这些特点在生存权保障方面具体起到何种作用，依据职权直接决定给付的法律要件，以及具体执行程序在《宪法》第25条生存权保障过程中是否需要作出调整以及作出何种调整，这些都是今后需要讨论的问题。

（二）明确社会福利契约的法律评价

现金给付方式的一个重要特点是社会福利利用者与社会福利给付提供者之间需要签订契约。在现金给付方式已经成为主要的社会福利给付方式的背景下，这种社会福利契约的法律评价就成为一个重要的问题。这不同于传统民法框架下的契约，这种社会福利契约的成立条件涉及国家、政府对社会福利给付提供者预先设定设施设备经营标准，以及国家认可该社会福利给付提供者可以提供服务的指定标准。这些标准在社会福利契约的法律评价中具有何种地位，对有效的社会福利契约效力的影响，进而在《宪法》第25条生存权保障的大背景下又起着何种作用，都是将来需要讨论的问题。

（三）平衡国家干预与个人自我决定

社会福利法体系中的一个重要原则是自立援助，因而设定各种给付条件，给有需要的人提供社会福利给付，力求使每个国民达到自立的状态。但是在此过程中，国家、政府不免将一定的价值观（如个人应该如何生活等）强加于国民。这与日本《宪法》第13条所规定的"自律，自我决定"的理念是否相冲突。在自立援助中，对国家及政府的行为是否需要设定适当的限制，以及应当设定何种限制是将来需要讨论的问题。

（四）发展非传统社会福利将被提上日程

一些特定社会因素很容易游离于社会福利法体系之外而无法获得社会福利给付。其中，典型的代表就是刑事犯罪人员。对于他们而言，比起传统的社会福利给付方式，他们更需要一些特殊的社会福利救助。比如：①在成为嫌疑人、被告等的阶段，给予适当的司法福利救助；②在服刑期间按其需要给予诸如护理服务等的福利救助；③刑满释放之后，帮助其重新融入社会，以及给予必要的生活福利救助等。上述三个阶段中①②阶段需要刑事审判机构、监狱等协同合作，③阶段则需要社区以及社区间的协同合作。这些都不是传统意义上的社会福利给付，但是考虑维护社会稳定及社会秩序的需要，非传统的社会福利也应被提上议事日程。

（余乾生　日本横滨国立大学）

参考文献

[1] 阿部裕二. 社会保障 [M]. 6版. 东京：弘文堂，2019.

[2] 笠木映里，等. 社会保障法 [M]. 东京：有斐阁，2018.

[3] 菊池馨实. 社会保障法 [M]. 2版. 东京：有斐阁，2018.

[4] 仓田聪. 社会保障法 [M]. 2版. 东京：有斐阁，2004.

[5] 黑田有志弥，柴田洋二郎，岛村晓代，永野仁美，桥爪辛代. 社会保障法 [M]. 东京：有斐阁，2019.

[6] 坂口正之，冈田忠克. よくわかる社会保障 [M]. 5版. 東京：ミネルヴァ書房，2018.

第二章 日本社会福利人才的培养与人力资源配置

服务区别于一般商品的重要特点之一在于它的同时性（simultaneity）与不可储存性（perishability）。也就是说，服务的生产与提供两个环节并不能被实质性地分离，服务的生产往往是伴随着提供的过程同时完成的。① 由于这个特点，服务提供者与利用者之间的交互过程即服务本身。其中，服务提供者的素质决定着服务质量，是决定性因素。因此，对于社会福利服务的供给来说，社会福利人才的素质在根本上决定了社会福利服务供给的质量，一个好的社会福利人才体系是社会福利事业发展的关键。

"十年树木，百年树人"，培养人才原本就是一项长久、复杂的工程。日本日益严峻的少子高龄化趋势对社会福利的人才培养体系构建提出了极为严苛的要求。社会福利人才培养的难点具体可以归纳为以下三个方面：一是人才培养须在数量上满足人民大众快速增长的、庞大而又复杂的社会福利需求；二是从质量上来看，福利人才须达到一定的专业水准，能"接地气、办实事儿"，拥有切实的实务操作能力；三是在平衡社会福利人才质量与数量发展的同时还需要营造良好的职业环境，使社会福利供给成为一项可以让从业者在物质报酬与精神层面上获得可观回报并愿意持续稳定投入的事业，这对于行业自身的健康发展也很重要。

围绕这一话题，本章将对日本社会福利人才培养体系与人力资源配置的相关制度做一宏观介绍和评价，以此来探寻日本社会在应对少子高龄化问题，尤其是

---

① 小宮路雅博.サービスの諸特性とサービス取引の諸課題［J］.成城・経済研究，2010（187）：149-178.

克服上述难点中的整体策略。本章主要包含两大方面内容：一是日本社会福利人才体系框架的总体介绍。本章的前两节以日本福利劳动者相关从业资格为轴对其人才培养体系进行详细梳理，着重介绍"社会福祉士""精神保健福祉士""介护福祉士"三项具有代表性的社会福利人才资格，并通过数据分析日本近年来社会福利人才资源储备情况。二是日本社会福利人才培养和保障机制的特点评述。本章后两节主要通对三大"福祉士"的培养机制以及日本现有福利人才保障机制的分析，总结日本如何在制度层面解决高龄化社会下社会福利人才体系面临的困难，尤其在提高社会福利从业人员专业水准、改善社会福利劳动环境，以及确保福利劳动者的自身利益方面的改革措施。

第一节　社会福利人才体系的基本轮廓

日本在第二次世界大战后 70 余年的社会福利服务实践中构建了一套较为完整的福利人才培养体系，这一体系根据社会福利服务的援助对象及支援方式的不同，设立了不同的专业岗位与专业资格，进而形成一套层次丰富、分工明确的社会福利工作体系。

图 2-1 展示了日本社会福利事业中专业人员与业务领域的对应关系。其中，日本社会福利工作的业务对象可以分为对人援助、行政窗口、社会福利协议会三个方面，其中对人援助涉及服务供给，根据具体服务对象的不同详细分为老年人、残疾人（残疾儿童）、儿童以及其他等领域。与其相应的纵轴则表示具体的业务内容。而日本社会福利的业务内容分为生活照护、咨询援助、医疗保健三种不同类型。其中，生活照护是指老年人护理、儿童保育等对服务利用者提供基本生活援助的工作，这一工作对于从业者的数量要求较高；咨询援助是指信息提供、资源调度、关系协调、援助计划制订等方面的工作，这一工作要求从业者具有一定的社会工作方面的专业知识和技能；医疗保健是指侧重于医学照护方面的工作，这种工作一般需要通过一定的医学方面的专业训练和资质考核才能胜任。

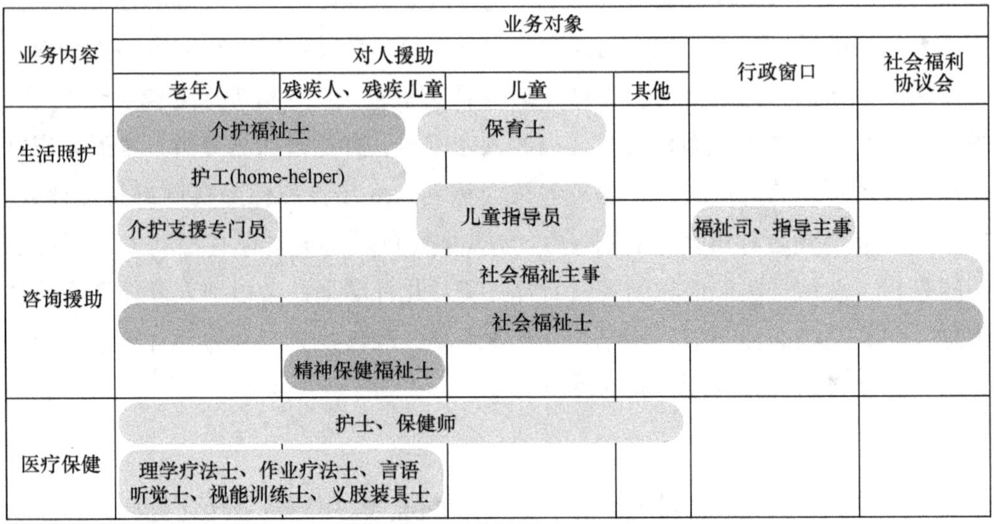

业务内容	业务对象				行政窗口	社会福利协议会
	对人援助					
	老年人	残疾人、残疾儿童	儿童	其他		
生活照护	介护福祉士		保育士			
	护工(home-helper)					
咨询援助	介护支援专门员		儿童指导员		福祉司、指导主事	
	社会福祉主事					
	社会福祉士					
		精神保健福祉士				
医疗保健		护士、保健师				
	理学疗法士、作业疗法士、言语听觉士、视能训练士、义肢装具士					

图 2-1　日本社会福利服务相关专业资格与业务领域

资料来源：日本全国社会福利协议会福利人才中心网站。

日本根据具体的业务领域分门别类地设置了不同的专业资格。如图 2-1 所示，生活照护这一业务领域中对于老年人与残疾人的护理，有"介护福祉士"和"访问介护员"（home-helper）；对于儿童的保育工作则主要由"保育士"来完成。而在咨询援助这一业务领域，依据日本的《介护保险法》对老年人日常护理计划制定等工作设置有"介护支援专门员"（care manager），而儿童咨询援助领域则依据《儿童福利法》设置有"儿童指导员"。

社会福祉士作为一项社会福利服务领域的综合性专业资格，其咨询援助的业务范围基本涵盖了从各类福利服务机构、医疗机构、行政窗口到地区社会福利协议组织的所有社会福利相关领域。而"社会福祉主事"则是具体业务中的任用资格，在行政窗口单位以及在较为重要的公共福利机构的任用中起到专业性保证作用，类似于我国的专业技术职务。精神保健福祉士主要为在精神方面有残障问题的人群服务，在精神科医疗机构、康复设施等精神福祉医疗领域提供服务。

在医疗保健领域的业务资格中，除护士和保健师之外，还有理学疗法士、作业疗法士、言语听觉士、视能训练士、义肢装具士等资格，主要为残疾人康复、理疗康复等较为特殊的业务提供服务。另外，除图2-1中所涵盖的业务领域与专业资格之外，从更广义的视角来看，社会福利服务还包括与营养调理相关的管理营养士、调理士，以及与残障人士生活辅助相关的手语翻译士、导盲犬训练士等资格。

日本社会福利领域中的人才资格多为"名称独占"（获得资格者才能使用称号）而非"业务独占"。从原则上来讲，福利服务，尤其是生活照护和咨询援助领域中的大部分岗位，并非必须具有相对应的专业资格才能胜任，所谓专业资格更像是对业务能力与专业性资质的证明和加持。在现今日本社会，一线福利服务机构一人具有多项专业资格、在实际业务中身兼数职的情况比比皆是，往往只有这样的复合型人才才能解决较为复杂的案例、承担实际业务中较为复杂的统筹管理工作。进入社会福利服务行业的新人通过取得相应的专业资格来促进日常业务的技能训练与知识学习。同时，这也是其提高自身业务能力、专业水平以及收入待遇的重要方式。

总体来说，日本的社会福利人才体系具有较为明显的专业化特点，专业化的特点恰恰是建立在社会福利服务中分门别类的专业岗位与专业资格体系设置的基础之上。另外，由于相关专业资格多为"名称独占"，日本的社会福利行业进入门槛并不高，这在广泛吸纳劳动力且确保从业人员数量上起到了积极的作用。与此同时，多层次、多类型的专业资格体系的设置又保证了服务质量可以达到一定水准，也为社会福利从业人员的职业规划提供了明确的参考。

第二节　社会福利人才体系中的核心专业资格

一、三大"福祉士"及其专业性特点

在诸多的社会福利专业资格中，社会福祉士、精神保健福祉士以及介护福祉士被称为三大"福祉士"，这无疑是日本社会福利人才体系中最为重要的三项内

容。其中，社会福祉士的业务范围几乎涵盖了咨询援助的所有领域；精神保健福祉士作为在精神保健卫生领域提供服务的专业资格，为前者进行有力补充；而介护福祉士作为生活照护方面的专业资格，在老年人护理的服务领域起到了不可替代的作用。在此，本节以三大"福祉士"的国家职业资格为例，详细介绍日本社会福利人才的具体内容。

（一）社会福祉士

社会福祉士是依据《社会福祉士及介护福祉士法》设置的国家级职业资格，拥有其资质的社会福利工作人员被称作社会工作者（social worker）。《社会福祉士及介护福祉士法》第2条第1项中明确解释了社会工作者的定义，即"使用社会福祉士之名称，以身体上、精神上具有不便或因环境上的事由在日常生活中有困难的人群为对象，运用相关专业知识和技能，为其福利进行相应的建言、指导以及服务提供，并与其他诸如医疗保健等相关服务提供者进行联络、调整以及其他援助的专业人士"。言外之意，社会福祉士应当以较高的专业知识和援助技术在社会福利和医疗等业务领域发挥重要的作用。

社会福祉士的工作领域不仅局限于社会福利机构，也广泛遍及医疗机构、社区综合服务中心、行政单位、地区社会福利协议组织、志愿者团体等各类社会组织机构。为了应对不同情况的社会福利工作，社会福祉士需要具有"综合而全面的"咨询援助能力，尤其能切实解决现代社会中诸如防止虐待、就业帮扶、意定监护、减缓社会孤立、创造社会关系资源等复合型社会问题。也就是说，社会福祉士不仅需要解决个别案例，同时也需要能够深入社区积极展开与其他专业领域人士及社区居民的共同协作，作为社会资源的调配者需要与各种利益主体的协调者建立合作网络，系统地解决社区与需求群体的生活福祉问题。这一点可以被认为是社会福祉士所需要具备的最重要的专业性要求。

（二）精神保健福祉士

顾名思义，精神保健福祉士是指精神保健领域的社会工作者。1997年颁布的《精神保健福祉士法》第2条中给出的定义是，精神保健福祉士即"以精神科医院、其他医疗机构接受精神疾患治疗的患者以及精神残障相关福利机构的利用者为对象，运用精神保健福祉的专业知识和技能为其能良好融入社会生活

第二章 日本社会福利人才的培养与人力资源配置

提供相应的建言、指导、必要的训练及其他援助的专业人士"。精神保健福祉士的要求与社会福祉士在内容上基本相同，但更侧重于在精神保健领域的专业性要求。

精神保健福祉士主要以精神残障人士为服务对象，其工作的专业性主要具有三方面特点。第一，援助周期的长期性。由于很大一部分精神疾患和精神残障人士往往不能痊愈，因此援助更多侧重于其对社会生活环境的适应。同时，其对象在介入过程中比一般人更为困难，需要更多时间和耐心建立信任关系（rapport）。第二，环境构建的重要性。精神残障人士适应社会生活不仅需要医生的治疗，还需要康复、保健、社区、行政等机构的通力协作。同时，邻里的理解以及来自患者之间的相互关怀也至关重要。精神保健福祉士需要在其中起到良好的协调作用。第三，援助内容的正义性。除上述援助之外，消除社会对于精神残障人士以及精神疾患的偏见，为援助对象发声、谋求正当权利也是精神保健福祉士专业性要求的重要组成部分。

（三）介护福祉士

一般来说，从事生活照护的工作人员都可以被称为介护福祉士（care worker），介护福祉士可以被认为是在老年人（残疾人）护理领域中经过正规研修取得国家资格的、具有较高水准的从业人员。2011年修订后的《社会福祉士及介护福祉士法》界定了介护福祉士的内涵，即"在日常生活中，以在身体及精神上具有困难或问题的人为对象，运用专业知识和技能，根据其身心状况提供相应护理服务，并对其他相关护理者进行指导的专业人士"。与以往只注重进食、洗浴、排泄的传统身体护理相比，近年来随着人们对患有认知症老人护理问题的关注和单元式照顾模式的普及，其业务内容逐渐扩大到了心理层面。

具体来说，介护福祉士的专业性要求可以细化为表2-1中列举的12项内容。第1项到第3项规定了其基本价值理念和工作原则；第4项到第7项规定了其基础知识、技能的习得与实践的关系；第8项、第9项则强调了护理内容范围的扩大以及相对应的技能强化。其中，第8项侧面反映了介护福祉士与社会福祉士等其他专业人士协作完成业务的重要性。第9项到第11项中提及的通力协作、记录及记述能力、相关领域知识等关键词则可以看出团队合作中关于相互理解的重要性。最后，第 12 项规定的职业道德准则则是以上专业性要求可以顺利发挥的基础前提。①

表 2-1　　　　　　　　　　　介护福祉士的专业性要求

内容	内容
1. 践行以人为本的理念	7. 从预防、康复到临终关怀，可以根据利用者身心状态灵活调整
2. 注重自立支援，可以对应相应护理需求与政策要求	8. 注重心理层面和社会层面的援助
3. 注重每一个被照顾对象	9. 具备与利用者及其家人、护理团队其他成员的沟通合作能力以及准切的记录、记述能力
4. 具有必要的实务操作能力	10. 可以与不同专业人士通力协作
5. 适应居家与机构等不同照顾场景	11. 对相关领域知识有一定了解
6. 可以独自完成基本的护理操作	12. 遵守职业道德准则

资料来源：社会福祉士養成講座編集委員会. 新・社会福祉士養成講座 13：高齢者に対する支援と介護保険制度 [M]. 東京：中央法規，2012：290-293.

二、福利人才的资源配置情况

近年来，随着社会少子高龄化程度的加深，日本社会对于社会福利人才的需求程度也在不断加大。依据日本厚生劳动省公布的数据，截至 2018 年，日本社会中从事医疗和社会福利的社会工作从业者人数已经达到 823 万人，约占社会整体劳动力总量的 12%。据预测，2025 年医疗和社会福利行业从业者数量需求将会突破 930 万人（14%~15%），2040 年将达到 1 070 万人（18%~20%）。也就是说，20 年之后，日本的劳动人口中每 5 人中就有 1 人需要从事医疗与社会福利相关的工作。然而，社会福利领域过多的人力投入必将会挤占其他生产行业发展的人力资源，因此，在确保福利人才规模的同时提高社会福利工作人才的专业性水平及服务效率便尤为重要。

---

① 社会福祉士養成講座編集委員会. 新・社会福祉士養成講座 13：高齢者に対する支援と介護保険制度 [M]. 東京：中央法規，2012：290-293.

第二章 日本社会福利人才的培养与人力资源配置

为此，日本进入 21 世纪后就开始着力于社会福利事业的专业化教育，为社会福利事业的发展储备了大量高水平人才。以下三组关于三大"福祉士"的统计数据较为直观地反映了日本社会福利人才资源的储备情况及特点。此处引用的三组数据均来源于日本社会福利振兴考试中心（Social Welfare Promotion and National Examination Center），其中第一组为实际统计数据，后两组为该中心于 2015 年实施的《社会福祉士及介护福祉士就业状况调查》《精神保健福祉士就业状况调查》中抽样问卷的数据。

首先，三大"福祉士"注册人数的变化见图 2-2。社会福祉士的注册人数从 2000 年的 18 517 人增长到 2019 年的 233 517 人；精神保健福祉士的注册人数从 2000 年的 4 169 人增长到 2019 年的 85 122 人。作为需求最为旺盛的介护福祉士（折线表示）则从 2000 年的 175 676 人增长到 2019 年的 1 624 829 万人。每年获得"福祉士"资格的人中有一大部分已经从事了数年与社会福利相关的工作或已经拥有其他资格，或从事教育研究等其他行业的工作，因此这一数据并不能完全反映每年社会福利从业者数量的实际增长，但不可否认的是社会福利从业人员的整体专业素养一直在稳步提高，有越来越多的人达到了国家设置的"福祉士"专业水准。

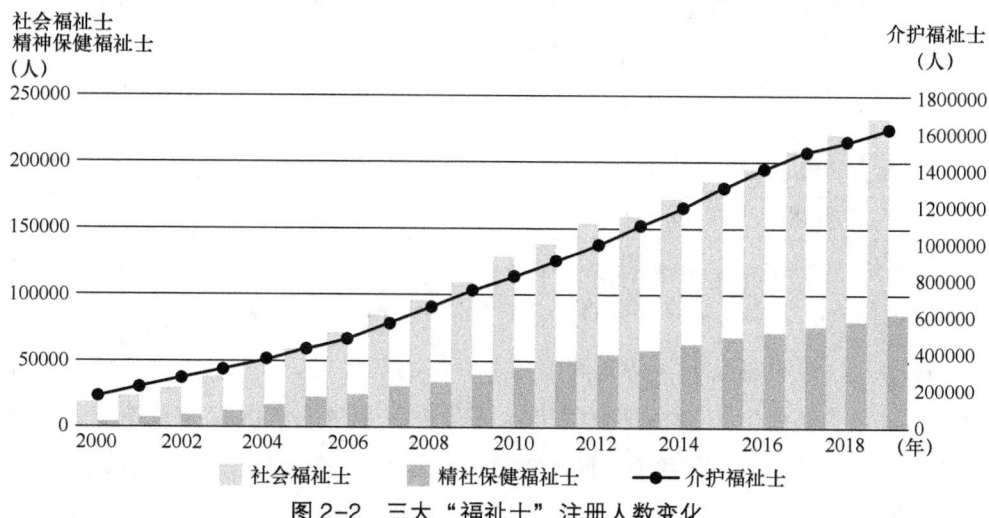

图 2-2 三大"福祉士"注册人数变化

资料来源：社会福祉振兴・试験センター. 資格登録（社会福祉士・介護福祉士・精神保健福祉士）：登録者数の状況［EB/OL］.［2021-07-27］. http：//www.sssc.or.jp/touroku/tourokusya.html.

其次，三大"福祉士"工作领域的分布情况见表 2-2。从调查统计结果来看，拥有社会福祉士或精神保健福祉士资格的社会福利人才几乎遍布社会福利工作的各个领域。其中，约有四成社会福祉士资格的持有者在老年人福利机构工作，此外社会福祉士也广泛遍布残疾人、儿童、医疗、行政、社区等其他社会福利相关工作机构；精神保健福祉士资格持有者在残疾人福利机构和医疗机构中各占约三成的比例。介护福祉士则大多就职于老年人福利机构，超过了八成的比例。由于日本在法律上对各类社会福利机构中特定资格持有者的最低配置数量进行了强制性规定，因此福利机构的数量在一定程度上也影响了社会福利专门人才的工作领域分布情况。总体而言，这一分布基本符合上述三大"福祉士"各自的职业定位及专业性特点。

表 2-2　　　　三大"福祉士"从事工作领域分布　　　　　　　　　　（%）

社会福利人才从业机构	社会福祉士 （$N=9\,000$）	精神保健福祉士 （$N=3\,859$）	介护福祉士 （$N=58\,531$）
老年人福利机构	43.7	9.5	84.0
残疾人福利机构	17.3	30.8	7.7
医疗机构	14.7	32.4	6.3
儿童福利机构	4.8	2.4	
生活保护机构（贫困）	0.8	1.4	
行政机构	3.4	11.3	
社区福利相关	7.4	2.5	
教育机构		3.5	

资料来源：社会福祉振興・試験センター. 社会福祉士及び介護福祉士就労状況調査結果［EB/OL］.［2021-07-27］. http://www.sssc.or.jp/touroku/results/index_h27.html.

最后，三大"福祉士"持有其他专业资格的情况见表 2-3。从调查统计结果来看，三大"福祉士"资格持有者中，拥有多项资格的情况较为普遍。其中接受调查的社会福祉士持有者中，同时拥有介护福祉士资格的占 33%，在机构中可担任介护支援专门员一职的占 44.7%，并且有 59.6% 的回答者拥有社会福祉主事任职资格。持有精神保健福祉士资格的回答者中，同时拥有社会福祉士资格的比例高达 57.8%，具有社会福祉主事任职资格的也达到了 40.0%。另外，介护福祉士一项中，可以担任访问介护员与介护支援专门员的比例则分别为58.2%和27.4%。除此之外，三大"福祉士"资格持有者中还有不少拥有医疗保健类资格及教育、法律相关专业资格的情况。显而易见，日本社会福利人才呈现出不同专业领域相互交叉的趋势。

表2-3　　　　　　　　　　多重资格持有情况　　　　　　　　　　（%）

	持有其他资格	社会福祉士（N=9 000）	精神保健福祉士（N=3 859）	介护福祉士（N=58 531）
相互交叉	社会福祉士	—	57.8	5
	精神保健福祉士	—	—	—
	介护福祉士	33.0	15.5	—
生活照护类	保育士	9.0	5.0	6.9
	访问介护员	33.5	22.9	58.2
咨询援助类	介护支援专门员	44.7	30.0	27.4
	儿童指导等咨询援助专门员	9.4	15.3	1.9
	社会福祉主事	59.6	40.0	14.6
医疗保健类	保健师	0.6	8.5	0.1
	护士（及准护士）	4.0	13.0	1.7
	助产师	0.2	0.8	0.0
	理学疗法士	0.3	0.2	0.1
	作业疗法士	0.2	0.8	0.1
	言语听觉士	0.2	0.1	0.0
	临床心理士	0.3	1.6	0.0
其他类别	高中教员资格	2.1	1.3	0.3
	律师及司法书士	0.0	0.0	0.4
只拥有一项资格或还有上述项目外其他资格		12.1	36.7	21.3
未回答		0.9	4.0	3.0

资料来源：社会福祉振興・試験センター. 社会福祉士及び介護福祉士就勞状況調査結果［EB/OL］.［2021-07-27］. http：//www.sssc.or.jp/touroku/results/index_h27.html.

通过以上三组数据可以看出，日本在社会福利人才资源的储备上体现了专业性与复合性相互促进、共同发展的特点。一方面，通过三大"福祉士"的培养，社会福利人才的整体专业水准在不断提高，从业人员素质在不断加强，社会福利人才遍布于社会福利各类机构的同时又可以发挥出专业性特点；另一方面，各类社会福利机构都拥有一定数量的专业人才，很多专业人才同时具有多种类型的专业资质，这为实际工作中高效解决各类复杂案例、促进机构内部形成多层次化的业务指导体系、培养可以胜任较高难度的统筹管理工作进而为推动行业的整体发展提供了良好的先决条件。

第三节 多元化与标准化兼备的福利专业人才培养机制

一、社会福利人才的培养路径与模式

一般来说，某一行业的专业化人才培养可以根据时间顺序分为两个层面：一是普通教育层面，即正式参加工作前通过学校教育获得一定的专业知识；二是在职训练（on job training）层面，即参加工作后通过参加日常业务以外的额外研修项目，达到进一步提高专业技能的目的。然而，社会福利工作的实践性特点要求专业人才不仅需要具有广阔的知识面，同时也要能将所学知识切实地运用到实务操作之中。也就是说，社会福利人才的培养体系要既能满足普通教育层面的需求，也能兼顾在职训练的必要机能。日本的社会福利人才体系构建与大量专业性人才资源的积累，得益于系统的社会福利人才培养机制。

上述三大"福祉士"的专业教育体系是日本在社会福利人才培养机制中的核心部分。针对不同专业性要求以及培养对象所处不同职业阶段等因素，日本在《社会福祉士及介护福祉士法》《精神保健福祉士法》对三大"福祉士"培养体系做了详细规定。本节在对三大"福祉士"资格的取得路径进行基本介绍的基础上，尝试归纳日本社会福利人才培养机制的基本特点。

（一）社会福祉士的培养路径

根据《社会福祉士及介护福祉士法》第7条的规定，社会福祉士的培养路径分为12类（分别对应图中相应序号），如图2-3所示。所有的参加者将在完成

相应培养计划、达到相应条件后获得"社会福祉士国家考试"的参加资格，通过考试的参加者才可以注册获得并在社会福利工作中使用社会福祉士的名称。据厚生劳动省资料统计，最近五年日本全国每年参加该项考试的平均人数约为44 000人，其中约有12 000人通过考试，合格率基本稳定在27.39%左右。

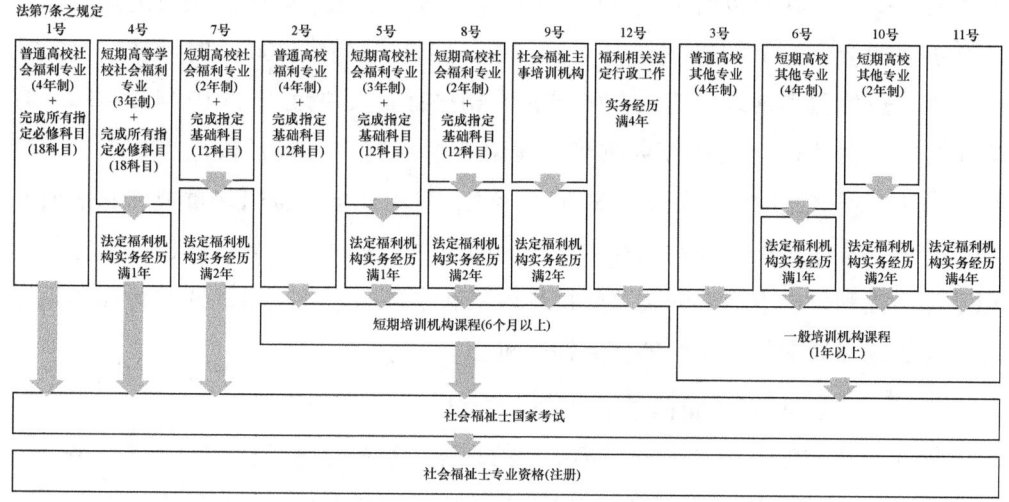

图2-3 社会福祉士的培养路径

资料来源：社会福祉振兴·试验センター.社会福祉士国家试验：受验资格（资格取得ルート図）[EB/OL].[2021-07-27]. http://www.sssc.or.jp/shakai/shikaku/route.html.

社会福祉士的培养路径根据参加者的学习经历、实务工作经历不同而有所区别。例如，在开设相关课程的4年制大学的学业中完成指定的18个必修科目即可获得考试资格（1号）；如果是3年制短期大学则需要额外满1年的、在法律指定福利机构中从事咨询援助工作的实务经历才能满足条件（4号）；如果在学期间仅完成必修科目中的12个基础科目，则还需要参加为期半年以上的短期培训机构课程（2号）；如果大学在学期间未能完成12个基础科目的学习，则另需要参加为期1年以上的一般培训机构课程（3号）。另外，通过社会福祉主事培训机构课程的参加者并拥有2年以上的实务工作经历者（9号），或拥有法律规定相关行政工作经历4年以上者（12号）也需要参加为期半年以上的短期培训机构课程。

上述条件中所说的18个指定必修科目其内容涉及范围广泛，具体可分为12个基础科目和6个专业科目。其中，基础科目以社会福利事业中各项制度的学习为主，也涵盖如社会保障、行政财政、社会学理论、社会调查方法、基础医学及心理学等相关领域内容。专业科目则侧重于咨询援助实务中具体的方法学习和实际演练与操作，其中包括180小时以上的实习环节。这一时间规定与美国的社会工作教育协会（Council on Social Work Education）设定的800小时标准或我国社会工作专业课程大纲设定的14~16周标准相比有较大差距①，2019年日本厚生劳动省也在出台的社会福利教育改革方案中有意将这一时间延长至240小时。然而，这一实习体制时间虽短但并未流于形式，日本社会一直以来重视在职培训的职场传统、法律对社会福利教育内容明确的规制、教育机构提供的巡回指导制度以及社会福利机构中成熟的实习生接受体系和丰富的指导项目，这些为社会福祉士课程的参加者提供了良好的实务锻炼机会。

（二）精神保健福祉士的培养路径

根据《精神保健福祉士法》第7条的规定，精神保健福祉士的培养路径分为11类（分别对应图中相应序号），如图2-4所示。与上述社会福祉士的培养路径大致相同，所有类别的参加者在完成相应培养计划、达到相应条件后获得"精神保健福祉士国家考试"的参加资格，通过考试者可以注册获得并在实际工作中使用精神保健福祉士之名称。据厚生劳动省资料统计，最近五年日本全国每年参加该项考试的平均人数约为7 100人，其中约有4 300人通过考试，合格率稳定在61.69%左右。

同样，精神保健福祉士的培养路径根据参加者学习经历、实务工作经历不同而有所区别，其划分逻辑和设置内容与上述社会福祉士培养体系基本相同，此处不再赘述。精神保健福祉士设置的20项指定必修科目中基础科目有11项，与上述社会福祉士的基础科目基本相同，且两者互相认可（相同科目不必重复选修）。而精神保健福祉士的专业科目则有9项，较社会福祉士的专业科目而言，精神保健福祉士的专业科目侧重于对精神疾病患者及精神残障人士生活特点的理

---

① 陈秋红，张雪. 社会工作专业实习与督导教程［M］. 北京：清华大学出版社，2017.

解和相应援助技术的训练，具有精神保健领域的专业性特点。精神保健福祉士的实习科目规定为 210 小时以上，其中包括 90 小时以上在精神科医疗机构和 120 小时以上在精神残障福利机构的实务训练。

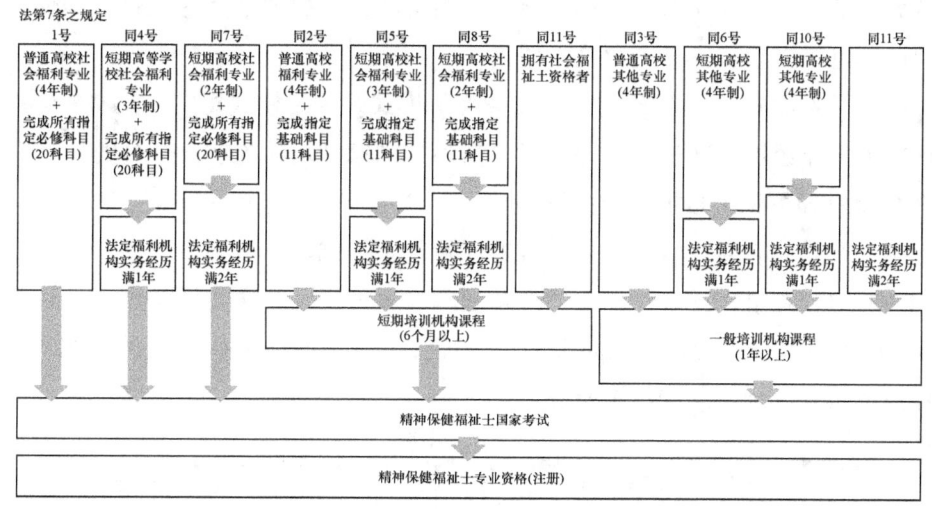

图 2-4　精神保健福祉士的培养路径

资料来源：社会福祉振典・試験センター. 社会福祉士国家試験：受験資格（資格取得ルート図）[EB/OL].[2021-07-27]. http：//www.sssc.or.jp/shakai/shikaku/route.html.

（三）介护福祉士的培养路径

相比社会福祉士和精神保健福祉士，介护福祉士以培养生活照护领域的专业人才为目标，其培养更注重实际业务中的操作能力和团队协作能力，如图 2-5 所示。也就是说，介护福祉士的培养不仅要求一定的知识和技术储备，更体现于护理业务的规范化及熟练程度。随着日本社会老龄化程度不断加深，老年人护理需求的专业人才数量日益扩大，如何使更多的护理劳动者"又快又好"地提升专业性水平，已经成为介护福祉士培养的重点之一。近五年日本全国每年参加介护福祉士考试的人数约为 114 000 人，其中平均约有 76 000 人通过考试，合格率稳定在 65% 左右。

根据 2016 年最新修订后的《社会福祉士及介护福祉士法》的有关规定，介护福祉士的培养路径可以分为四类主要模式。

第一类是面向"行业新人"的培训机构模式。这一培训模式规定，有高中学历者经过 2 年的介护福祉士专业培训机构训练即可参加考试，如有高中以上学历或其他社会福利工作相关培训经历，则专业培训实践可以缩短为 1 年。这一模式培养出的专业人才如果能在毕业后 5 年内持续参加护理方面的工作，即便不参加考试也可以自动获得介护福祉士资格。

第二类是面向"行业老手"的实务经历模式。这一模式规定，具有 3 年以上护理实务工作经历并通过相关评定者只需参加国家指定的为期 6 个月的"实务者研修"项目即可获得参加考试的资格。

第三类是面向高中教育阶段人群的职业教育模式。一般来说，参加者在社会福利类职业教育机构的 2 年以上的在学期间，取得规定的文化课程和专业课程共计 53 学分以上，便有资格参加考试（特例职业高中及 2008 年之前的旧式学制的培养路径略有区别，此处不再赘述）。

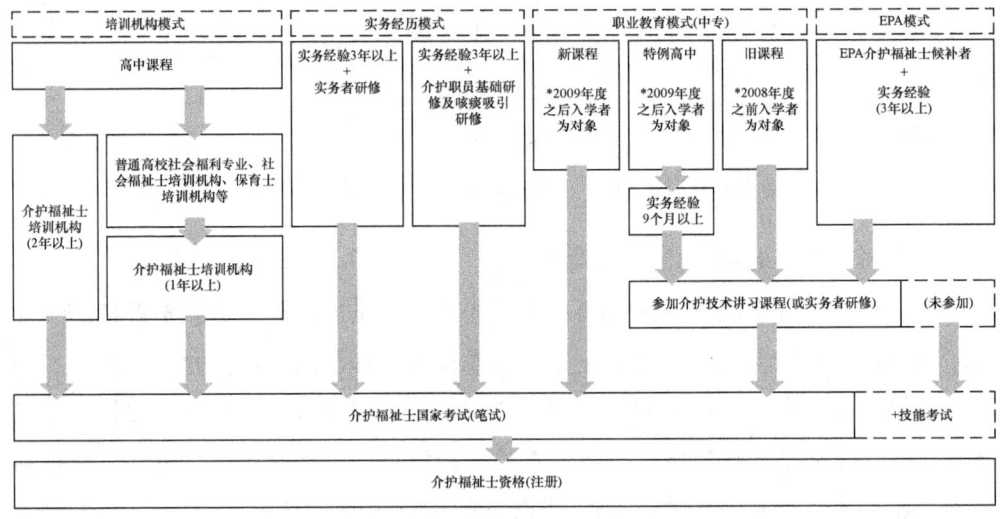

图 2-5　介护福祉士的培养路径

资料来源：社会福祉振興・試験センター. 社会福祉士国家試験：受験資格（資格取得ルート図）[EB/OL].[2021-07-27]. http://www.sssc.or.jp/shakai/shikaku/route.html.

第四类是近年新增设的、面向外国务工者的 EPA（经济合作协定 Economic Partnership Agreement 的简称）模式。根据此协定，由协定国推选的专业务工者可作为"EPA 介护福祉士候补者"来日本从事社会福利服务中的护理工作。迄今为止,日本已与印度尼西亚、菲律宾、越南三国开展合作。在这一模式中,参加者在日本从事 3 年以上的护理工作便可参加考试,但只有考试合格才能继续获得签证并获得继续在日本工作的机会。从 2018 年的考试统计结果来看,参加考试的 420 名"候补者"中有 213 人合格,合格率为 59.7%,略低于当年 70.8%的整体水平。

二、社会福利人才培养机制的基本特征

从以上三大"福祉士"的培养路径来看,日本社会福利人才培养具有入口多元化、出口统一化以及重视学习能力等特点。

(一)"入口"多元化

无论是咨询援助方面的社会福祉士、精神保健福祉士,还是侧重生活照护方面的介护福祉士,日本在社会福利人才培养的入口设置上都尽可能照顾到了各种类型的需求。如上所述,根据参加者学习经历、实务工作经历不同,分门别类地设置了多种多样的资格取得路径。这在有利于吸纳尽可能多的人参与到社会福利相关工作的同时,也为尽可能多的人提供了接受系统化的社会福利专业训练的机会。[①] 通过近年来介护福祉士 EPA 模式的改革举措,可以看出,日本为了应对日趋增长的社会福利需求,社会福利专业人才培养入口还将继续扩大。

(二)"出口"的统一化

与入口不断多元化形成鲜明反差的是"出口"的统一化。三大"福祉士"培养机制的另一个相同点在于资格能否最终获得取决最后国家统一实施的资格考试(介护福祉士培养体系中的机构模式除外)。也就是说,无论参加者来自何处、从事何种行业、通过怎样的路径获得考试资格,最终都需要接受同样标准的检验才能获得这个"名称独占"的机会。出口的统一化有利于确保社会福利人才最低限度的规范化,一方面拥有相应资格称号的从业人员群体不会因为专业水平差距过于大而良莠不齐;另一方面,正因为出口的统一化才能确保持有专业资格的

---

① 例如,笔者曾在日本留学期间,通过培训机构提供的函授课程,也就是图 2-3 中的 3 号路径完成相关指定必修科目履修,获得参加社会福祉士的考试资格。

从业人员开展实际工作业务，确保社会福利从业者有社会公信力。

（三）重视学习能力

在日本"福祉士"连接入口与出口的培养机制中，更重视人才的学习能力，这在三大"福祉士"的培养路径中均有非常明显的体现。例如，图 2-3 中同样都是以社会福利类专业高等学校教育为基础的 1 号、4 号、7 号相比较来看，尽管都须完成指定科目，但随着参加者原始学历的降低（4 年制大学、3 年制短期大学、2 年制短期大学），资格条件中对于实务经验的要求则相应地逐年上升。再比如，具有 4 年实务经验的 11 号则与非社会福利专业 4 年制大学出身的 3 号条件相同，都需要参加 1 年以上的一般培训机构课程。也就是说，虽然日本福利人才培养主要以专业知识和技能学习的形式展开，但本质上更注重参加者自身的学习能力，实务经历在一定程度上弥补了学习能力的欠缺和不足。这一倾向使福利人才的专业化培养能够达到但又不局限于能力普及，为未来社会福利工作中挑选具有创造力的高水平人才提供了空间。

第四节 福利人才确保机制与劳动环境改革动向

在日益严峻的少子高龄化社会背景下，为了保障社会福利事业稳定健康发展，社会福利人才持续稳定地发挥专业才能，早在 1993 年日本政府就出台了《关于社会福利事业从业者保障措施的基本方针》，当时的人才保障工作主要是为了配合老年人护理领域和儿童保育领域相关政策的执行，重点在于扩充社会福利人才数量。进入 21 世纪，随着人口结构与家庭结构的变化、国民生活方式的多样化、社会问题和福利需求的复杂化，以及近年来伴随经济形势复苏出现的劳动力市场好转，社会福利事业的人才流失问题逐步凸显，各地均不同程度出现了社会福利人力资源不足的现象。

为了应对社会福利人力资源不足的问题，加大对社会福利人才的保障力度，日本政府依据《社会福利法》第 89 条的规定，于 2007 年修订并出台了新版的

第二章　日本社会福利人才的培养与人力资源配置

《关于社会福利事业从业者保障措施的基本方针》（以下简称《方针》），详细规定了福利机构经营者、政府、地方公共事业团体等各个相关主体在社会福利人才保障中应当承担的责任，并规定了五项人才保障的具体措施办法来切实解决社会福利人才体系面临的新困境。

（一）推进劳动环境的整体改善

这主要包括三个方面的内容，一是从社会层面改善社会福利整体从业环境，如优化工资待遇机制、提高护理等劳动的法定报酬标准、控制社会福利工作的过量劳动时间、完善相关劳动法规、增加从业人员身心健康管理对策、提高福利机构法定最低人员配置标准，以及导入先进辅助器械及电子档案管理系统等多项措施。二是在机构管理层面探索新型社会福利机构运营模式。其中，《方针》中尤其强调了社会福利机构应当明确人力资源管理体系，运营者之间应相互合作，加强人才交流共享等内容。三是在技术层面加强老年人护理等体力劳动，减轻劳动者负担的相关研究投入和辅助器械的研发投入。

（二）构建从业者完整的职业生涯体系

将诸多专业资格、任用资格以及职务资格与在职研修项目（OJT）、外部研修项目（off-JT）相结合，形成一套层次鲜明的职业生涯晋升轨迹和业务指导体系，并在此基础上积极导入货币化激励措施，使从业者有充足的内在动力提高自身专业水平，并可以以此提升个人职业意义、持续稳定地投入到社会福利事业的工作之中。当然，对于政府来说，在当前的专业人才培养和资质认证机制基础上，进一步设计并构建合理的专业化评价体系也是不可或缺的。

（三）改善社会福利工作在日本社会中的消极印象

一直以来，日本国民对以老年护理为代表的社会福利工作有"3K"的固有消极印象，3K 为日语中表示"辛苦""不洁"与"危险"的拼音首个字母简称。因为这一固有印象，让年轻人在就业选择时会对这一职业望而却步，即便是对社会福利事业具有人文关怀的情况下也是如此。因此，新版《方针》提议，加强对于年青一代社会福利事业基础知识的普及教育，增加社会福利机构的透明化水平和社区融入程度，并完善社会志愿者的吸纳和接收体系，使更多的人可以了解社会福利事业工作的真实内容，理解其正面的社会意义，进而达到吸纳年轻人才的目的。

（四）发掘潜在的社会福利专业人才

一方面，通过加强对三大"福祉士"持有者的重视程度，扩大其专业资格的实践应用等措施，提高专业人才的社会公信力，吸引更多的从业者或非从业者加入社会福利工作的专业训练之中；另一方面，对于脱离行业的潜在专业人才，了解他们工作中遇到的实际困难和离职原因，有针对性地解决问题和改善职场环境，并积极鼓励他们回到社会福利工作行业，为他们实现回归后的职业安定化提供相应的帮助和咨询指导服务。在这一点上，日本已通过全国社会福利协议会设立了专门的为福利人才提供帮助的"福利人才中心"和"福利人才银行"制度，并在全国以县为单位设置了服务窗口，确保人才保障的各项措施可以落实到位。

（五）积极吸纳其他领域的人才参与社会福利事业

2007年出台的新版《方针》要求社会福利行业应对其他行业人才的吸纳和接收持开放态度。这并不仅仅是为了确保专业人才数量，也是为了社会福利事业的健康发展，解决复杂的社会现实问题需要多样化的知识和技术提供制度保障。社会福利工作的专业性特点之一是具有知识和技能的多样性。为了尽可能地增加可用人力资源，日本也在积极尝试让老年人、残疾人以及外国人在社会福利工作与社会福利事业相关的志愿者活动中发挥作用。

第五节 人才体系构建中的"质"与"量"

如本章开头归纳的社会福利人才培养的三个难点问题，在少子高龄化的压力下，创建一套高效完整的社会福利人才体系绝非易事。这是因为社会福利人才的"质"与"量"，也就是提高社会福利专业性与确保社会福利人才数量两者从静态的逻辑角度来看呈现对立矛盾的态势。一方面我们需要通过维持和吸纳足够的从业者数量来满足日益增长的社会福利需求；另一方面我们又需要从业者可以拥有更好的专业水平和职业素养来为社会福利事业服务。在可投入的社会资源一定的情况下，如何平衡资源分配并调和两者之间矛盾便成为影响社会福利人才体系

第二章　日本社会福利人才的培养与人力资源配置

健康构建的难题。

然而，综合以上对日本社会福利人才体系的现状介绍及其特点的分析，从本章第三、第四节着重分析日本社会福利人才培养与保障的两个机制中可以看出，福利人才的"质"与"量"从动态的逻辑角度上来说又可以被认为是互相促进、相互统一的。一方面，社会福利事业从业人员基数的扩大与人才数量的确保，使福利人才体系形成多元的专业化层次，催生了行业内更高水平的专业化追求；另一方面，随着专业人才的培养机制和待遇措施的不断完善，也促使社会福利从业者的职业环境、福利待遇、社会公信力及职业魅力等方面得到相应提高和改善，这也会吸引更多的、潜在的多样化人才关注和参与这一行业。

由此可见，社会福利人才体系的形成需要尽早从"质"与"量"的两个视角同步发力，唯有合理设计专业化的人才培养及职业保障的机制，形成相互促进的发展态势，才能真正做到以人为本，促进社会福利事业的健康发展。

（史迈　清华大学）

第三章　日本社会福利服务供给

社会福利供给体系由供给主体、供给物资、供给对象三大要素以及三者的互动机制构成。每个要素的内容及其组合根据国家、地区和时代的不同而发生变化。经过半个多世纪的发展，日本福利体制已经能满足不同层次、不同群体间的国民的需要。随着时代的变迁和社会福利体制的发展，福利服务供给体系也随之发生变化并不断改革。

本章围绕日本社会福利服务供给体系的变化及特征展开论述。首先，从理论上诠释社会福利供给体系的构成要素、供给主体和供给形态。其次，介绍日本传统社会福利服务供给以及社会福利制度改革后出现的新型福利供给体系，并讨论在新的服务供给方式下供给质量的监管情况。最后，以日本的养老护理供给体系为例来探讨福利服务供给体系的"福利市场化"特征。在日本养老护理供给体系发展中围绕民营化·市场化这一发展主线，市场福利以及第三部门福利供给规模的扩大开始打破完全由政府主导的福利格局，但这并不意味着福利供给总量的减少，只是福利供给主体发生了结构性的变化。

第一节　社会福利服务供给体系构成要素

一、社会福利体系

社会福利体系与社会福利的目的、社会福利政策的基本理念都有关联。因此，在讨论社会福利服务"供给体系"时，应该首先明确服务的供给在整个社会福利体系（上位概念）中占据的位置。社会福利体系的构成要素包括以下内容。[1]

一是投入，主要指投入流程中的资源，包括社会福利专业人员、机构、设施设备以及提供的服务、财源和信息，还有服务供给对象——客户，一般居民也包括在内。二是流程，指投入的资源转变为成果的过程，具体指通过社会福利服务的提供来解决客户的生活问题这一过程。三是结果，经过一系列流程而产生的结果，也可以认为是社会福利的目的。也就是说，社会福利体系必须以达到社会福利的目的而被体系化。单纯的体系可以用导入—流程—结果来表示，如图3-1所示，但这不能说明社会福利的体系与功能。四是反馈，依据一定的评价标准来判断体系的目的是否已达到。对于体系的功能来说，评价至关重要。因为评价会因为供给主体、供给时机、供给标准的不同而不同，因而设定社会福利的目的和评价标准是特别重要的问题。五是限制，社会福利体系的功能总会受到限制，具体指法律和预算方面的限制。通过各种运营标准来控制流程，然后反馈到最终结果，通过各种"限制"来掌握体系运作。换句话来说，就是限制也恰恰反映了法律的基本理念。六是控制，指按照受法律、预算限制的运营标准来监管资源和服务提供流程。也就是说，为了达到预期的结果，通过操作、运营体系来直接控制投入和流程。

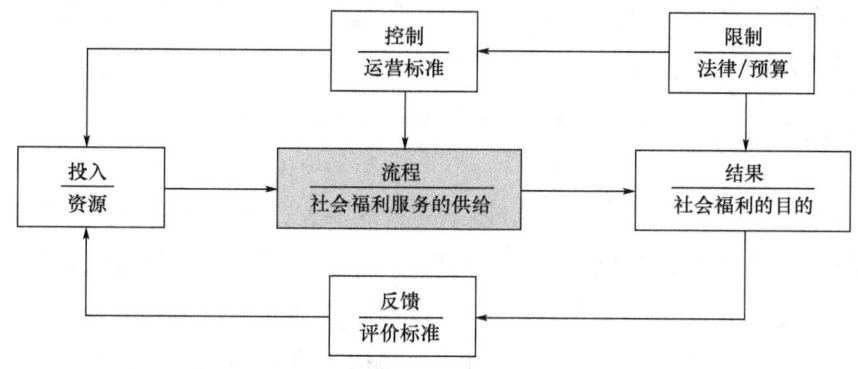

图3-1 社会福利体系

资料来源：高田真治. 社会福利服务供给体系——基础课题的探讨[J]. 社会福利研究，1981：2.

---

[1] 高田真治. 社会福利服务供给体系——基础课题的探讨[J]. 社会福利研究，1981（28）：1-6.

日本学术界关于社会福利供给组织或供给体系的讨论始于1973年，此类研究首先出现在日本社会福利计划和经营管理理论研究之中，其内容超出了传统的社会福利研究框架，具体有关于社会福利需求和满足需求的方法和手段（服务）的探讨，以及如何提供服务，如何采购和分配服务提供所需要的资源等问题。[1]高桥[2]指出，社会福利供给体系的讨论是在社会福利服务从以公共责任为前提的一元化服务提供方式转变为由多样的供给主体形成多元化服务提供方式时开始的，他把社会福利供给体系理解为在不同供给主体共存下的一个历史性概念。本章要讨论的社会福利服务供给体系是社会福利体系的子体系，主要指图3-1中的"流程"部分。在讨论服务供给这一侧面时，也应该考虑它的上位体系，因为各个要素之间相互联系且相互影响，比如社会福利政策（法律）、政府预算以及监管运营等会直接影响服务供给等。

二、供给体系的要素

社会福利是指"政策主体"根据其制定的法律向国民提供具体服务。[3]但是，这里的服务需要通过机构或者设施，由社会福利从业者直接提供，这些"实践主体"有着调整福利需求和社会福利服务的功能。另外，"客户或居民"（供给对象）期待着自己的需求通过服务提供来得以满足，但不是单纯的被动方，供给对象的居民有着多重身份，他们可以表示自己的不满，也可以直接参与服务提供，来补充社会福利服务的供给不足，或者通过运动来改革福利体制。

上述三大主体是社会福利供给体系的构成要素，具体指供给主体的政策主体，受惠方或者参与方的供给对象（居民），以及两者之间调整需求和服务的实践主体，这三大主体通过发挥各自的功能来展开服务提供的流程。政策主体通过实践主体的专门性介入行为把社会福利服务提供给供给对象。供给对象根据生活上的诸多要求和被提供的服务情况，直接向实践主体表明自己的服务需求。供给

---

[1] 三浦文夫·忍博次. 讲座社会福利8 老龄化社会和社会福利[M]. 东京：有斐阁，1993.
[2] 古川孝顺，等. 社会福利概论[M]. 东京：有斐阁，1995.
[3] 高田真治. 社会福利服务供给体系——基础课题的探讨[J]. 社会福利研究，1981 (28)：1-6.

主体、供给物资、供给对象这三大要素的变化以及三者的互动机制会让社会福利供给体系也随之发生变化。当然，实践主体与供给对象之间还存在与服务提供直接相关的供给物资的种类（服务形态）、供给形态以及供给对象的费用承担与否、供给对象的范围等诸多要素的关联。

三、供给主体

福利国家的概念认为，社会保障和社会福利的供给主体是政府。但是，社会福利供给分为资金提供和服务提供，这两者的主体可以不一致。资金、服务的提供主体可以是政府机关也可以是非营利或营利的民办团体，资金提供可以是公共资金也可以是民间资金。因而，供给主体的不同组合使福利供给体制多样化。

关于服务提供主体的多样化，按照西方福利多元化理论，福利供给主体包括家庭、社区、社会组织、市场和政府。还有一种提供方式是在公共服务供给中导入市场原理，促进各服务供给主体之间的竞争，在提高服务质量的同时缩减成本，这种提供方式被称为"准市场"。比如将保育服务分为生产和购买两个阶段，同时将保育服务的供给主体分为政府和民间，"公共部门放弃服务生产者的立场，做服务的购买者，这样市町村（地方自治体）就可以不用为服务生产而费神，而是可以把主要精力集中在开展确保保育服务的供给效率以及成效评价方面"[1]。准市场跟一般的市场不同，在准市场上有公共资金的投入，财源受国家控制，服务的需求和供给也受到一定的监督管理。准市场里的服务供给主体不仅包括营利组织，也包括民间非营利组织。所以说，现代社会福利的供给主体是多元化的。

四、供给形态

实践主体给供给对象提供服务时会有不同的供给形态，其中之一是"现金给付"。公共养老金、儿童补贴等补助金以及面向贫困层的最低生活保障等是通过给付现金的方式提高个人或者家庭的购买力，然后个人根据各自需求来购买商品

---

[1] 林宜嗣. 保育服务事业的现状和课题 [J]. 季刊社会保障研究, 1996, 32 (2): 164.

或者服务。这样的供给方式被称为现金给付，免除税金也是现金给付形态的一种。在日本与现金给付类似的另一种支援方式是低利率贷款，主要面向低收入人群，他们一般在金融机构很难贷到款，这种低利率贷款的具体援助有单亲家庭（限定母子家庭）福利资金、生活福利资金等。

另外，也有为了满足一些家庭护理老年人或者残疾人居家生活的需要而直接提供其生活必需的护理床、轮椅等用具的援助，我们将这种供给形态叫作"实物给付"。实物给付援助方式还包括其他给付方式，如援助方直接把服务提供给机构或家庭，实务给付的内容涉及医疗、看护、保育、护理、养护、咨询等多个领域，提供的服务也是无形的。现金给付是针对商品市场的供给形态，而实物给付的生产和提供服务机制的构建和运营是供给体系的重要组成部分。

还有处于现金给付和实物给付中间的一种形态，主要通过使用各种商品券等交换券来满足供给对象的需求，如美国补贴穷人实施的食品券，发放只限定购买食品的购物券，拿到购物券的人去指定商店购买食品。日本最低生活保障制度中的医疗救助也类似，主要通过发放医疗券让贫困者去指定医疗机构接受治疗。另外，东京实施的是向需要护理的老年人发放护理券，这些老年人可以去家政服务公司用此券来换取家政服务。这种支付方式一方面可利用既存的市场机制，一方面又预防了福利目的之外的使用。消费券的支付方式在1998年作为刺激经济增长的手段兴起了一段时间，比如面向老年人、儿童家庭发放社区振兴券等，但是后来只是限定在少数几个领域使用。[①]

五、服务种类

为了满足需求，人们在选择服务时就会考虑利用服务的地点。最基本的选择项有两个：一是选择居家服务；二是选择具有居住功能和服务提供功能的机构服务。

20世纪50年代以前日本利用设施服务的比率很高，并且这一时期的供给对象限定在贫困、低收入阶层。到60年代还是以设施服务为主，但其功能因不同

---

① 坂田周一. 社会福利政策——现代社会和福利 [M]. 3 版. 东京：有斐阁, 2014.

的供给对象群体开始产生分化,也就是根据对象群体的特征而发挥不同的功能。到 70 年代,在日本国内开始出现其他发达国家的社会福利种类的介绍,如居家服务,日本也开始讨论实施居家服务的必要性。加上人们对设施服务所固有的封闭性、隔离性的批判,居家服务逐渐被日本社会接受。这一时期由北欧诸国倡导的"正常化"社会福利理念开始在日本渗透,提供服务时不仅考虑服务的专业性,同时也开始考虑面临一定生活障碍的残疾人等群体,希望他们与普通居民一样具有同等的选择福利服务方式与社会参与的机会。这一理念的渗透推动了日本居家服务的发展。同时,设施服务也开始重视改善环境,营造家庭氛围,推广设施单间化。这些变化促使具有设施和居家功能的新的服务种类出现,具体有共同居住型老人设施、社区小规模养老设施等服务种类。进入 90 年代之后,这种新的服务种类在老年人、残疾人、儿童等各个群体中开始普及。

以上介绍了社会福利供给体系的构成要素以及有关各个要素的具体内容,本章参考了日本学者高田提出的社会福利的政策主体、实践主体、供给对象(客户或者居民)与供给形态、供给服务的种类,以及供给对象是否承担费用等诸多要素(见图 3-2)的组合变化来整理日本社会福利服务供给体系的变化及其特征。

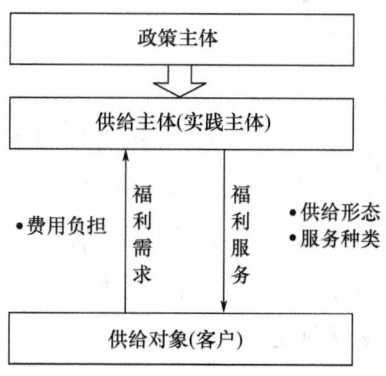

图 3-2 福利服务供给体系的要素

资料来源:郭芳. 日本老年人福利服务供给的发展路径及其特征的历史探析 [J]. 评论·社会科学,2019 (130):23-43.

第二节　社会福利供给主体和供给方式

一、传统的社会福利供给——"措置"制度

日本第二次世界大战后 50 年的社会福利供给主要是通过措置制度（可以理解为政府包办）提供服务。措置制度是指行政部门针对福利服务对象的需求，决定提供何种服务的行政权限和行政制度。在措置制度下提供福利服务时，提供服务设施的院长等管理人员没有决定权限，国家把实施权限委托给地方政府管辖范围内的福利事务所。都道府县和地级市有设置福利事务所的义务，而下层单位的町村负责具体执行。福利服务利用的具体流程如下：想利用福利服务的人先去福利事务所申请，事务所按照规定决定是否提供服务，以及如能提供福利服务利用哪里的设施。即使申请人有中意的福利服务利用设施，福利事务所也不会听取个人意见或考虑其可行性，因而这一福利服务利用的流程被称为"福利措置"。因为是行政机关决定一切，所以有时它也被称为"行政处分"。福利事务所委托给民办福利设施提供服务时被称为"措置委托"，由行政机关包办的社会福利供给体系被称为日本社会福利供给体制的措置制度。

措置制度的具体利用方式如图 3-3 所示。措置制度不只是负有社会福利服务的决定、实施以及委托等行政处分权利，它还与费用承担这一财政行为相联动。供给对象利用服务而产生的费用由拥有措置权限的地方政府承担。也就是说，设置福利事务所的地方政府如果对自己的居民实施福利措施的话，费用就由该地方政府来支付。费用支付和费用承担有区别，地方政府先把费用支付给福利机构，然后国家和地方政府按照法律规定的比率来承担费用，到 20 世纪 80 年代以前国家负担费用的 80%。

以政府参与和监管为特征的措置制度一直是日本社会福利供给体制的核心，持续了大概 60 年。平冈把日本第二次世界大战后社会福利的特点归纳为以下三点：第一，以措置制度为核心；第二，服务供给以设施服务为中心；第三，通过

第三章　日本社会福利服务供给

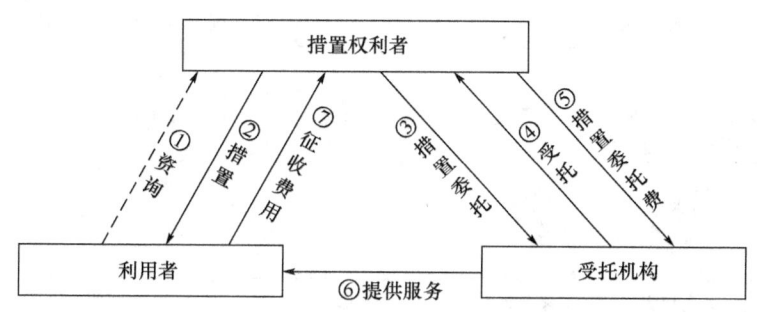

图 3-3　措置制度的利用方式

资料来源：平冈公一，杉野昭博，所道彦，等.社会福利学［M］.东京：有斐阁，2011：182.

机关委任事务和特定补助费（专项拨款国库补助金，国家财政负担）机制，实现中央政府对地方政府的控制，根据社会福利法人①制度和措置委托制度保护并管理民间福利活动。

图3-4以老年人福利为例整理了1963年老人福利法时期以措置制度为主的福利服务供给的结构。服务的政策主体是国家，实践主体有特别养护老人院、养护老人院和家政妇女。当时制定老人福利法时，日本人平均寿命和老龄化率都比较低，主要是家庭承担了照顾老人的责任，当时照顾老年人被认为是老年人的妻子、媳妇、女儿等女性的主要职责。1970年日本进入老龄化社会，老年人福利服务主要有以需要长期照顾的老年人为对象的特别养护老人院和以低保户或者低收入老年人为对象的养护老人院等设施服务。居家服务也是以低收入老人为对象的家政妇女派遣服务。另外，虽然数量极其有限，当时也有面向高收入层的自费型老人设施。

这一时期服务供给的财源来自中央和地方政府，即所谓的公共福利供给。因为是公共福利供给，供给对象的老年人是不需要付费的。当然正如以上所述，这一时期的供给对象只限定低收入人群，即使特别养护老人院不以收入为入住条件，但是入住老年人必须是卧床不起或者接近卧床状态而需要照护的老年人，这

---

① 社会福利法人是以实施社会福利事业为目的的，因社会事业法而设置的民间法人，其设立的许可、运营虽然受国家和地方政府的监督管理，但是他们的服务提供有公共资金的补助。

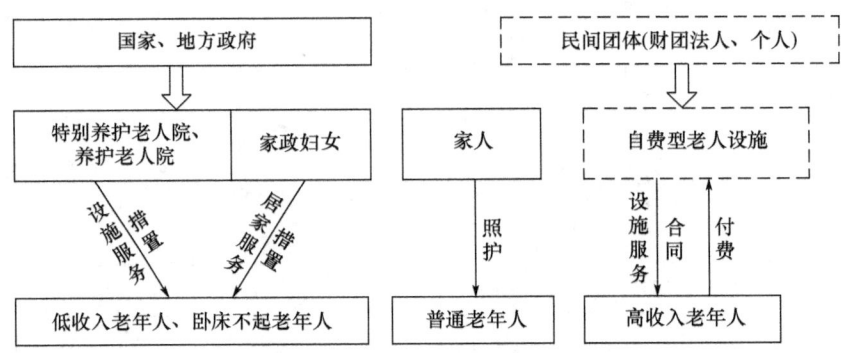

图 3-4 老人福利法时期的服务供给

资料来源：郭芳. 日本老年人福利服务供给的发展路径及其特征的历史探析［J］. 评论·社会科学，2019（130）：27.

一时期的福利供给以"选择主义"为原则。换种说法，社会福利服务被定位为家庭和单位应对不了的例外需求的应对策略。家庭承担照顾老年人和儿童的责任，此外，这一时期的服务供给以设施服务为中心，如特别养护老人院、养护老人院等老年人设施。在残疾人福利领域，20世纪70年代设立了很多被叫作"部落"的大规模综合设施。

二、供给主体多元化和服务对象普遍化

从1955年开始，日本经济高速增长，国民生活也随之提高，社会福利服务的需求不仅仅局限于低收入人群，也扩大到了各个阶层的国民，所以原有的福利供给体系阻碍了社会福利发展。在这种情况下，国家改革"基本社会福利制度"，出发点是"建立以人为本的社会福利制度"，即改革千篇一律的服务种类和形式，国民可以根据个人的不同情况选择福利服务。自此，国民具有了福利服务的选择权。

20世纪90年代受社会福利政策改革的影响，政策实施具有三个特征。第一，重新审视设施服务，逐步推进完善居家服务提供体制，居家服务的完善主要体现在老年人保健福利领域。第二，服务提供体制的多元化。20世纪80年代后建立的服务设施基本上不是公营设施，90年代后这一倾向更加明显，社会福利法人经营的设施比率增大。在儿童福利领域，同样提倡供给主体的多元化，为引导和

鼓励营利性部门参与，被称为"车站型幼儿园"的非授权幼儿园，无论幼儿园的性质是公办还是民办都可以拿到费用补助。在老年人福利领域，这一时期新设了很多社区（居家）养老服务中心，其经营大部分都委托给了社会福利法人。第三，居民参加型居家福利服务的兴起。这种服务的主体大多是社会福利协议会或者日本生活协同组合联合会，它们提供有偿服务，但是不以营利为目的。[①] 20世纪80年代以后这类服务方式在城市近郊地区比较盛行，主要提供家政服务和送餐服务等。90年代后政府努力推进参加型福利的发展，1998年制定NPO法人（特定非营利活动法人）制度，NPO法人成为福利服务提供主体之一。

同样以老年人福利为例，图3-5说明了福利多元化后的社会福利供给体系。

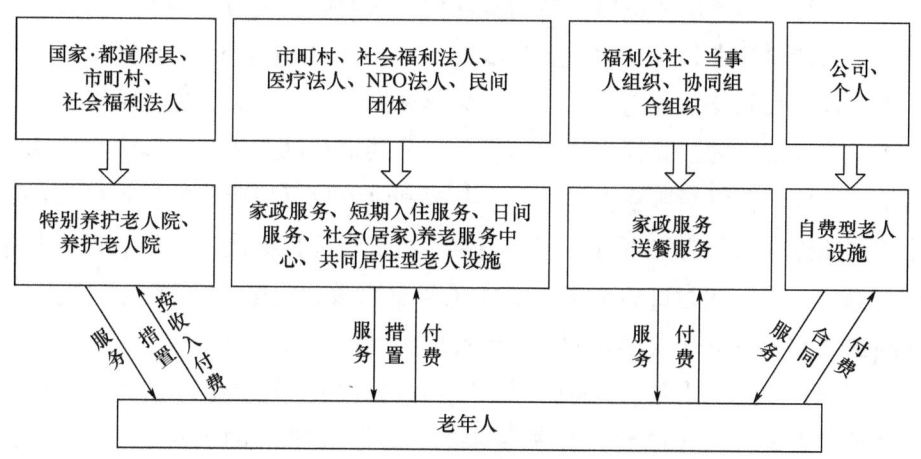

图3-5 福利多元主义时期的老年人福利服务供给

资料来源：郭芳. 日本老年人福利服务供给的发展路径及其特征的历史探析 [J]. 评论·社会科学，2019（130）：34.

（1）社会福利法人可以成为设施服务的设立主体。关于家政服务、短期入住服务、日间服务的设立主体，根据1997年出台的《有关民间团体设立日间服务以及短期入住服务的方针》，符合条件的民间团体可以受托设立经营这些服务，因此出现了社会福利协议会、社会福利法人等多种设立主体。这一时期老年人福

---

① 山口尚子. 多元福利服务供给体系的去向和诸多课题 [J]. Social Work，1994，19（4）：283.

利领域出现了社区（居家）养老服务中心和失智老年人共同居住型老人设施等新服务，它们的经营主体大多为社会福利法人或者医疗法人。另外，在公共福利服务的边缘地域，新出现了居民参加型居家福利服务，它们的提供主体有福利公社、当事人组织、日本生活协同组合组织等。

（2）各种服务的提供方式原则上还是通过措置制度提供。参加型的有偿服务和自费型的老人设施只占一小部分，这些服务是通过福利利用人与福利提供机构签约的形式提供的，同时福利利用人承担所有费用。

（3）这一时期的福利供给体系为了满足新的社会需求而构建，所以供给对象的老年人的范围有所扩大，实现了向普惠型服务提供方向的转变。

综上所述，福利服务供给主体的多样化在欧美被定义为福利多元主义，而福利多元主义的讨论在日本到20世纪80年代以后才开始盛行。[1] 日本学者三浦文夫首次将社会福利体系理论化并提出社会福利供给体系范式。他认为，社会福利供给体系可以划分为公共福利供给体系与非公共福利供给体系。前者由中央政府或者地方政府负责供给服务，即使是公共福利供给也可把业务委托给授权的民间社会福利团体，因此它又可分为行政型供给组织和授权型供给组织。后者是指以市场为媒介，以营利为目的市场供给体系和以宗教为目的、以特定集团为目的、以爱他主义和连带责任为理念的非营利性的参加型供给体系。[2]

随着福利服务的发展，京极高宣对三浦的社会福利供给体系的框架作出修改，他的分类是公共（法定）型福利供给体系、志愿活动等自发型（非营利）福利供给体系、福利产业等市场型（营利）福利供给体系。另外，还命名了由上述供给体系组合在一起的行政和市民协作的福利公社等福利供给组织型供给体系。[3]

另一位研究者古川孝顺把福利服务供给体系分为正式部门和非正式部门两大类。正式部门包括四类子体系，公设公营型、授权团体型、公民混合型、居民主体型生活保障体系（供给体系）。非正式部门是指相互帮助型生活体系。他把这

---

[1] 坂田周一. 社会福利政策——现代社会和福利 [M]. 3版. 东京：有斐阁，2014：67.
[2] 三浦文夫. [增补] 社会福利政策研究：社会福利经营论笔记. 全国社会福利协议会，1987.
[3] 京极高宣. 何谓社会福利学. 全国社会福利协议会，1995.

些体系的服务供给主体整理为社会原理部门、市场原理部门、互惠原理部门。①

以上是日本学者提出的社会福利供给体系的范式，这些供给体系理论的一个共同特征是，没有把家庭作为一个供给体系的类别。社会政策理论通常把福利供给主体分为中央政府与地方政府等公共部门、以家庭为中心的非正式部门、民办营利部门、民办非营利部门这四种，或者划分为政府、家庭和市场这三部门。②当然，这并不是说日本学术界没有考虑家庭是服务提供主体，而是认为家庭提供服务是理所当然的，尤其是家庭为老人等提供护理服务更为常见。③ 这或许可以说是日本福利服务供给体系的一大特征。每位学者的观点都有差异，但是最终没有形成定论。

三、新型福利供给体系：合同制供给方式的产生

正如上文所言，日本社会福利供给体系改革的基本方向是"确立服务利用者和提供者之间的对等关系"。为实现这一目标，制度改革提倡将服务利用方式从措置制度转变为服务提供主体和服务利用者之间的契约关系。新的供给方式使福利供给体系随之改变，这一改革在老年人福利领域具体体现为长期护理保险制度的制定和服务利用方式的改变，如图3-6所示。日本长期护理保险是强制性的社会保险制度，该制度规定，市町村地方政府是其运营主体，中央政府及各都道府县是协作方。具体保险对象可分为两类：一是年龄在65周岁及以上的第1号被保险人；二是年龄在40周岁至64周岁的第2号被保险人。

2000年4月保险支付申请方式开始实施，此方式适用于《长期护理保险法》中所规定的各种福利服务。该方式的手续较其他方式繁杂，具体步骤如下：①国民达到一定的年龄（40周岁）即可参加保险，按一定的标准缴纳保险费。②需要护理服务的被保险人向市区町村的行政主管部门提出申请。③市区町村的行政主管部门按照国家护理等级评估标准，对申请人是否需要护理服务以及需要何种

---

① 古川孝顺. 社会福利范式的转型——政策与理论［M］. 东京：有斐阁，1997.
② 武川正吾. 社会政策・社会行政论的基础概念［M］//大山博・武川正吾编. 社会政策与社会行政——新福利理论的展开. 京都：法律文化社，1991.
③ 森川美绘. 护理是怎样变成劳动的——制度的承认和评价体制［M］，京都：MINERUBA书房，2015.

护理服务进行评估，并将预期费用告知被保险人。④居家养老服务机构制订服务计划，被保险人根据计划向居家护理服务机构或指定的护理服务设施提出利用申请。⑤护理服务机构就护理服务的内容和利用条件等向被保险人做进一步说明，并与被保险人签订合同；提供护理服务的设施与被保险人之间具有权利义务的法律关系。⑥护理服务机构按照合同提供服务。⑦被保险人对每一项服务承担10%的（按收入水平承担20%或者30%）费用。⑧除去被保险人交付的费用，其他费用由护理服务机构向保险人申请。⑨市区町村的行政主管部门向指定的护理服务机构支付护理保险给付金。

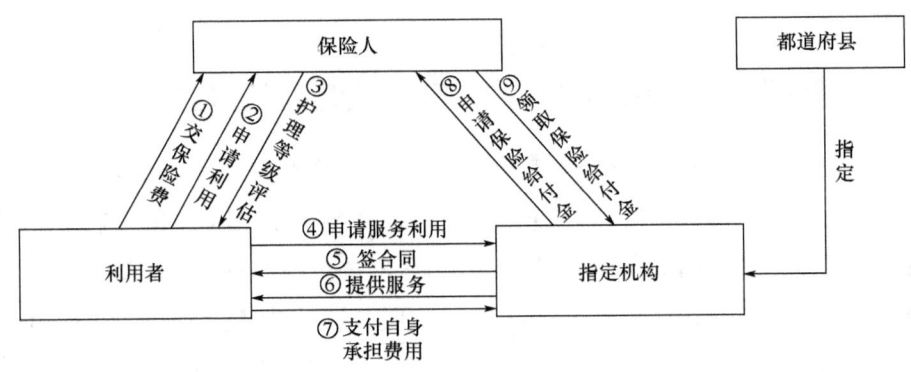

图 3-6　保险支付申请方式

在残疾人福利领域，2003年开始实施支援费制度，但只是面向身体残疾人、精神残疾人和残疾儿童提供一部分社区服务，支援费制度并没有赋予服务利用者领取权利。以利用者为本的制度改革理念渗透后，服务利用者的意识得以提高，申请手续也开始透明化，因而服务利用者的申请急速增加。与长期护理保险不同的是，支援费供给方式的费用承担以服务利用者的能力为基准来核算，服务利用者承担国家税金以外的部分费用，如图3-7所示。①

在儿童福利领域，1997年基本社会福利制度改革推出了一项新的儿童入托形式，即"与政府主管部门签订合同方式"，如图3-8所示。其特征为父母有自

---

① 佐桥克彦. 福利服务的准市场化——比较托儿·护理·支援费制度［M］. 京都：MINERUBA书房，2006：146.

第三章 日本社会福利服务供给

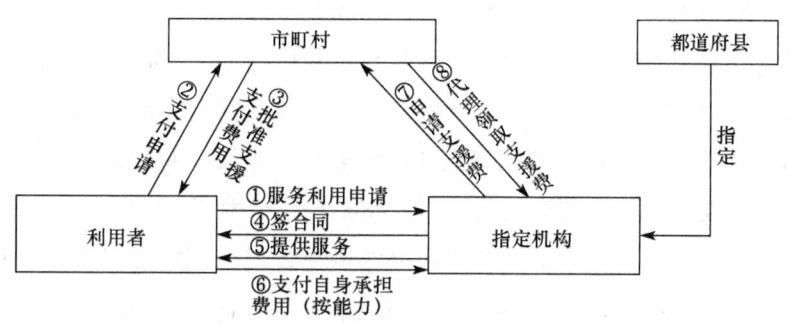

图3-7 支援费供给方式

由选择托儿所的权利，但是能否利用的决定权在于行政，父母通过与行政签约来利用服务。具体过程为，父母向市政府申请使用或者使用哪所托儿所，如果申请得到认可，市政府会作出回应。这种情况下父母和托儿所之间不存在合同关系，而是市政府和托儿所之间签订委托合同，根据该委托合同市政府向托儿所支付委托费。同时，市政府从父母那里收取部分费用（费用的金额按照家庭收入来决定）。具体步骤如下：①申请人选择托儿所，并向都道府县市町村等政府主管部门申请。②主管部门对申请人进行资格审查。申请书被批准后进入下一步。③政府主管部门委托福利服务设施（托儿所等）提供服务。④福利服务设施接受委托。如果没有正当理由，不得拒绝委托。⑤政府部门向福利服务设施支付费用。⑥福利服务设施提供服务。服务设施和服务对象二者之间没有权利义务的关系，政府主管部门批准申请者使用，委托福利服务设施，在这一过程中起了桥梁作用。⑦政府主管部门向申请人收取全额或部分费用。

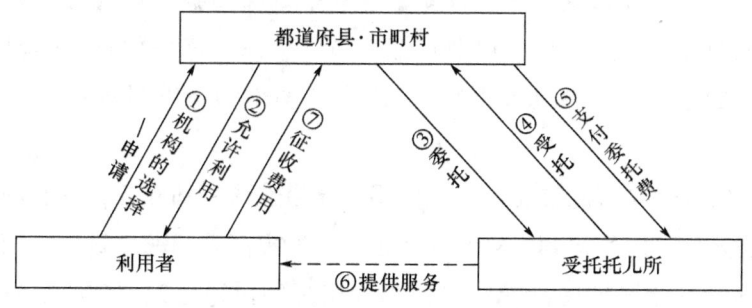

图3-8 与政府主管部门签订合同方式

以上介绍的三种新的福利供给方式，福利服务设施与利用者在法律上或多或少存在权利义务关系，其契约合同是该关系存在的基础。《福利服务法》颁布实施后，日本的福利服务供给方式由政府包办向市场化转变，为实现"合同福利社会"的目标而努力。在社会福利普遍化、常态化的今天，新的福利供给方式从利用者的权利出发，对社会福利的发展具有重要的借鉴意义。

当然，也不能全盘否定以前政府包办的供给方式。儿童福利设施、残疾儿童福利设施、保护设施以及部分养老院等还是采用措置制度。通过措置制度，部分特殊的服务利用者即使不签订合同也可以利用服务，这样就可以照顾到无监护人的儿童、残疾人以及老年人等特殊人群的需求。即便如此，也还存在着受虐待的儿童、少年犯、单亲家庭、生活无助的残疾人、流浪者等，这些群体需要社会和政府机关给予关怀和保护。基于这一实际情况，原来的措置制度供给方式在救助社会弱势群体、保障国民基本生存权方面具有重大意义。

四、供给质量的监管

在社会福利政策普遍化、多元化的潮流中，日本的福利服务供给也不仅局限于公共部门，供给体制要求多样的供给主体参与。但是在社会福利具体实施过程中，上述三种新的供给方式是否能够真正实现福利利用者自由选择福利服务，以及福利供给主体的数量、福利服务设施的经营是否公开化、福利服务水平是否提高等都是值得关注的问题。

有关供给主体的数量，都道县、市町村每三年或五年制订社区福利计划、长期护理保险计划和残疾人福利计划，计划中以明确服务总量的目标值（包括服务设施的数量、种类、定员以及从业人员的确保）来保障各个领域福利服务供给的量。国家（厚生劳动大臣）、都道府县知事和市町村长指导、监管其实施情况。

新的供给方式是否能够真正实现利用者自由选择福利服务，福利服务设施的经营是否公开化，以及福利服务的水平是否有所提高等问题，日本有第三方评价体系。1998年社会援护局设置《有关福利服务的讨论会》，2004年公布《有关福利服务第三方评价事业的实施方针》，在社会性养护领域与儿童、残疾人、老年人福利领域全面展开。其中，社会性养护设施必须接受第三方评价，其他社会福利机构可选择性接受。现在日本全国的托儿所、残疾人（儿童）福利设施、老年人福利设施等实施第三方评价的受审率还不高。因此，政府制定了福利服务第三方评价事业的推进体制（见图3-9）以促使其实施。

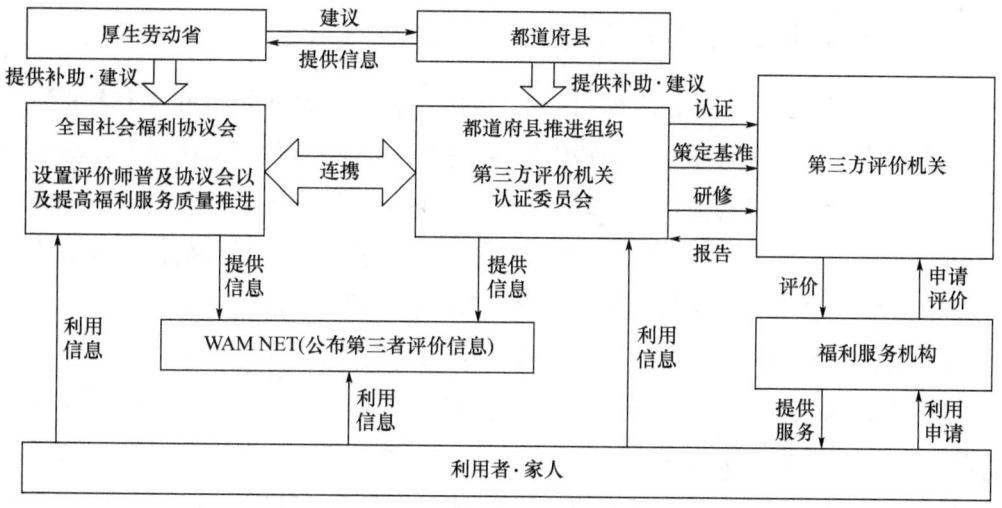

图3-9　福利服务第三方评价事业的推进体制

资料来源：全国社会福利协议会第三方评价事业主页 http：//shakyo-hyouka.net/evaluation/.

第三方评价的具体内容由福利服务共同评价项目和不同领域福利服务各自的评价项目构成，包括福利服务的基本方针、组织的运营管理和合理的福利服务的实施三大内容，45项具体内容，评价判断分a、b、c三个基准。具体的评价方法包括福利设施的自我评价、利用者的问卷调查和第三方评价设施的访问调查。

如上所述，日本的社会福利服务供给体系的质量监管主要有两大部分：一是国家对供给主体的监管；二是厚生劳动省设置的第三方评价体系。国家、都道府县知事和市町村村长的监督是对福利设施是否达到最低设立基准的评价，而第三方评价则反映真实的福利服务水准。

第三节 社会福利服务供给的市场化改革

一、护理服务的市场化

社会福利制度改革后,除福利服务的利用方式发生改变外,另一个主要变化是福利的市场化。尤其在养老护理供给体系发展中,民营化、市场化是社会福利供给发展的趋势,市场福利以及第三部门福利供给规模的扩大打破了完全由政府主导的福利供给格局,但这并不意味着福利供给总量的减少,只是福利供给的主体发生了结构性变化。在日本,长期护理保险对护理服务供给体制的最大影响是促使营利经营者参与服务供给,并成为服务供给主体且快速发展。特别是在居家护理服务领域,不管是营利的还是非营利的服务供给主体,只要是具有法人资格的供给主体满足保险法规定的标准,就可以成为长期护理保险服务供给主体(长期护理保险规定,三大养老设施的经营主体只限定社会福利法人)。所以,长期护理保险制度制定后,服务供给体制的研究,福利营利化、福利市场化可以说是其中心论题。[①]

但是,日本的社会福利市场化不是纯粹市场化,而是第一节中提到的准市场化(Qusi-markets)。准市场可以简单地理解为与纯粹市场化具有不同性质的市场。不同之处在于:第一,在市场上供给的商品(服务)的费用相当一部分是由公共财政负担;第二,为了保护消费者(利用者)权益,政府实施一定的监管措施;第三,市场上提供福利服务的供给主体,有营利企业,也有公共机关、民办非企业等经营目的或理念不同的组织。在准市场模式下,顾客可以选择服务提供方,新的提供主体比较容易地进入市场,同时那些不胜任的供给主体会主动退出,从而达到优胜劣汰的目的。

1991年英国在实施的社区服务改革中导入了准市场模式,它使一直以来由

---

① 横山寿一. 社会保障的市场化·营利化 [M]. 东京:新日本出版社,2003.

公共部门负责的财政供给和服务供给相分离，财政供给主体保留了原有公共部门的职责，而在服务供给上促进供给主体多元化并实施市场化。在日本，长期护理保险制度实施后也导入准市场模式以提供福利服务。虽然两种改革都是依据准市场原理整合了社会福利的运营体制，可是它们运用准市场的方式却有很大不同。日本学者平冈教授把这两种体制分为购买服务型和费用补助型，以政府发挥的职能为基准而命名，如图3-10所示。购买服务型是指政府与特定的机构签约并购买服务，然后再将这些服务分配给有需求的人们。而费用补助型是指福利利用者自由选择机构利用服务，政府补助福利利用者全部或者部分费用。日本的长期护理保险采用了费用补助型的体制。

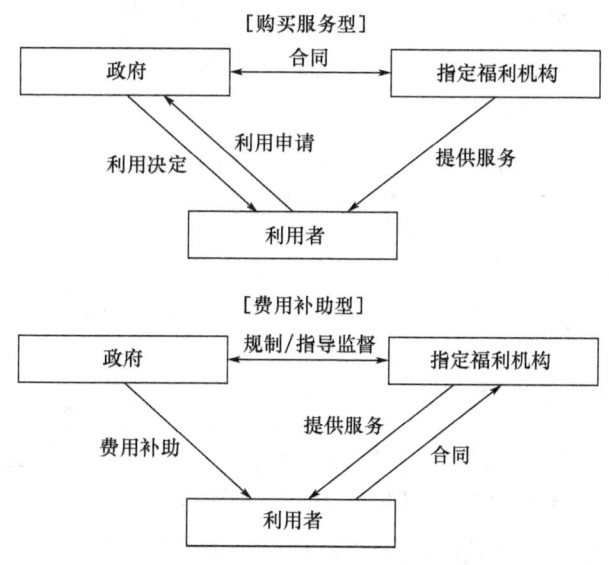

图3-10 导入准市场机制的两种运营体制

资料来源：平冈公一，杉野昭博，所道彦，等．社会福利学［M］．东京：有斐阁，2011．

20世纪90年代以后的福利基础结构改革，托儿所（并不是所有的托儿所）、老年人护理、残疾人福利等领域相继采用了准市场制度。根据2015年4月开始实施的支援儿童、育儿新制度，托儿所和幼儿园也引进了准市场制度。

二、福利市场化的具体体现及问题

长期护理保险制度实施之前，居家养老都是由市町村等地方政府直接提供福利服务，或者委托给社会福利法人提供福利服务。无论是哪种运营方式，都必须在当年的预算范围内提供福利服务，福利服务供给的总量（比如家政服务员的数量以及提供服务的时间）是提前确定的，并且具体的服务内容也需要按照老人福利法的规定来提供。由于后来"运营纲领"的修改以及委托对象也逐渐扩大并多样化，护理保险制度实施以后，政府允许营利性企业参与到居家养老服务领域，这样营利性企业与一直以来提供服务的社会福利法人等非营利性企业之间必然会产生竞争。因为营利性企业的参与，原本由市町村地方政府提供的福利服务在护理保险制度实施后大规模缩小，居家护理服务领域的服务供给主体变化见表3-1、表3-2、表3-3。

表3-1　　　　　居家养老服务中心的经营主体类别构成比率　　　　　（%）

年度	地方政府	社会福利法人	医疗法人	营利法人	NPO
2000	11.9	35.0	25.1	18.1	0.9
2003	4.6	34.1	23.6	26.0	1.9
2007	2.0	30.1	20.2	36.8	3.3
2011	1.3	29.4	18.6	40.6	3.5
2015	0.9	25.7	16.1	48.7	3.3
2017	0.8	25.1	16.0	49.9	3.2

资料来源：参考厚生劳动省各年《护理服务设施/事业所调查》。

表3-2　　　　　上门护理服务的经营主体类别构成比率　　　　　（%）

年度	地方政府	社会福利法人	医疗法人	营利法人	NPO
2000	6.6	43.2	10.4	30.3	2.1
2003	1.5	33.0	9.0	44.8	4.7
2007	0.7	26.5	7.2	54.1	5.9
2011	0.5	23.9	6.5	58.6	5.6
2015	0.3	19.4	6.2	64.8	5.1
2017	0.3	18.2	6.2	66.2	5.0

资料来源：参考厚生劳动省各年《护理服务设施/事业所调查》。

表 3-3　　　　　　　　　日间服务的经营主体类别构成比率　　　　　　　　　（%）

年度	地方政府	社会福利法人	医疗法人	营利法人	NPO
2000	22.2	66.0	4.2	4.5	1.3
2003	3.6	61.9	7.9	19.1	4.0
2007	1.9	42.3	8.0	38.8	5.6
2011	1.1	36.9	7.5	46.4	5.1
2015	0.6	27.3	6.4	59.3	4.0
2017	0.5	38.8	8.3	48.5	1.6

资料来源：参考厚生劳动省各年《护理服务设施/事业所调查》。

以上是居家护理服务三大支柱服务（居家养老服务中心、上门护理服务、日间服务）的经营主体类别构成情况。2000年以后营利法人作为经营主体占比明显越来越高，这与政府对营利组织参与社会福利的监管缓和有关，并且监管缓和促进了服务提供体制的多元化，也让服务的供给总量扩大。同时，地方政府作为经营主体的占比越来越低，到2017年地方政府基本退出居家养老服务的直接经营。实施措置制度时，需要护理的老年人的居家服务或者设施入住由市町村决定，护理保险实施后原则上由福利利用者自由选择服务。由此可见，市町村的职务确实减少了，这也可以理解为国家责任的转型。

日本引入准市场化，福利利用者有了选择权，并且服务提供者之间的竞争在一定程度上改善了公共服务的质量，但也出现了新的问题。在这里以介绍先行研究的形式来看一下具体有哪些争论。训霸在讨论20世纪90年代瑞典的公共服务供给主体的多样化以及准市场化的推进时，指出了"混合福利"和市场化几个方面的问题[1]：第一，在准市场福利供给领域，福利利用者虽然成为顾客，但这是否会影响他们该享受到的社会市民权；第二，因为将福利利用者视为顾客保证了福利的"选择"权利，但是否减弱了市民对公共部门的发言（评价）的影响力，公共部门的责任是否减少；第三，社会融合是否更困难了；第四，将社会福利需求变为需要时，除了经济承担能力之外，选择能力也是不可或缺的（那些没有选择能力的人是不是被排除了）。

另一位研究者佐桥从准市场这一视角对托儿服务、护理服务、残疾人福利服

---

① 训霸法子. 探讨福利社会体系论 [M]. 京都：法律文化社, 2002.

务这三大领域作了横向比较。① 依据生产效率性、应答性、选择性和公平性等准市场的评价基准对准市场作了相应评价。他认为日本导入的准市场化产生了一定的效果，但同时也批判了准市场化使"福利更倾向于一般市场化的服务"。具体内容为：第一，通过强调选择和自我责任这一理念，只是把焦点放在"利用方"上，这会使利用方更接近于一般市场上的购买者或消费者；第二，注重多数人的需求并重视给予他们权利，这同时也弱化了满足少数人需求的权利；第三，没有强调"福利服务"是为了寻求"更好的生活"而"不可或缺"的东西这一根本特征。为了解决生活问题，将焦点放在按照选择和自我责任等理念而寻求"更好的生活"的个人上，这样就遗漏了福利服务也是应对社会问题的这一视点。② 对此佐桥提出，"应该把福利问题看作是个人的问题，而不是把它看作依据市场原理来解决的福利问题，应该考虑如何得到社会支持来维持和发展适当的援助关系，去追求在此基础上的社会福利服务"。

以上这些先行研究都在一定程度上批判了准市场化的福利供给，对市场原理或一般市场强烈的不信任，对强调利用者个人选择、自我责任论调的不赞同是它们的共同点。但是它们没有否定市场原理带来的服务质量和服务效率的改善等优点。反过来说，准市场机制本来就是为了保证利用者的选择权，让提供方之间出现竞争而导入的市场原理，同时也是激活利用者的购买力并在整个制度设计中重视政府职能的机制。③ 因此，根据政府角色的不同，准市场化的实际效果自然会有很大差异。

三、护理服务供给体系的新发展：社区综合护理服务体系的确立

日本的长期护理保险制度已经过了18年，该保险制度使护理服务供给体制

---

① 佐桥克彦. 福利服务的准市场化——比较托儿·护理·支援费制度[M]. 京都：MINERUBA书房，2006.
② 佐桥克彦. 福利服务的准市场化——比较托儿·护理·支援费制度[M]. 京都：MINERUBA书房，2006：225；后房雄. 日本准市场的起源与发展——从医疗到福利[J]. 再到教育，2015，RIETI Discussion Paper Series 15-J-022：25-26.
③ 后房雄. 日本准市场的起源与发展——从医疗到福利[J]. 再到教育，2015，RIETI Discussion Paper Series 15-J-022：26.

发生了很大转变，引入准市场机制让更多的服务提供方参与到养老领域，彻底使护理服务社会化。长期护理保险已经是进入超老龄社会的日本不可或缺的社会福利制度，但也存在很多问题，其中之一就是保险费用的问题。

众所周知，日本在讨论制定长期护理保险时参考了德国的护理保险制度，但是最终两国的制度有很大差异。通过比较可以发现，日本长期护理保险的支付对象较广，保险支付的金额很高，服务的种类也很丰富，可以说日本长期护理保险具有尽可能地应对需要护理老年人需求的特征。但是这样的保险服务必然会导致保险费用激增，在制度制定初期很多研究者都讨论了保险费用的问题。针对这一问题，政府作出的努力是提高服务利用者负担和限定服务利用。但是政府没有缩小保险支付的范围，并且在之后的制度改革中进一步扩大了支付对象范围和支付范围。

为了不再继续增加保险支付负担，政府提出解决今后老年人护理问题的方案是构建"社区综合护理服务体系"，《2009年社区综合护理研究报告》中提到了这一服务体系。2011年的护理保险制度改革后，政府发布《社区综合护理服务中心运营手册》，其中明确规定"社区综合护理服务是为了让社区居民能够在习惯了的社区有尊严地生活，不仅要活用长期护理保险制度规定的公共服务，也要活用其他正式或非正式社会资源，全面持续地提供援助"。社区综合护理服务体系的构建可以说是护理服务供给体系的新发展，它的确立能否解决越来越严重的老龄化问题是今后值得关注的问题。

从以上分析我们应该意识到，社区综合护理服务强调自助和互助这些非正式支援。所谓的自助就是"家庭"提供服务，互助就是"社区（居民）"提供服务，社区综合护理服务体系就是想重新借助家庭和社区的力量来共同承担老年人服务以解决老龄化问题。但是日本的服务供给体系一直以来都是以家庭提供护理服务为前提的，所以护理保险里没有对家庭提供服务作出评价，日本也没有借鉴德国的家庭护理补贴。再者，支付范围尤其广泛的护理保险，是不是已经让原本社区里存在的部分资源（如邻居之间的相互帮助）失去了其应有的功能，老年人有需求时首先被推荐如何利用长期护理保险服务，因而社区中相互扶助就逐渐被淡化。这些社区互助功能一旦退化再想重新建立就尤为困难。还有一些人口稀少的地区,作为社区综合护理服务体系前提的"社区"都已不存在,服务提供的人才就更可想而知了。因此,要想构建社区综合护理服务体系,必须要考虑怎样维持由家庭提供护理服务以及重新开发社区资源的具体方法和手段。

(郭芳　日本同志社大学)

第四章　日本老年人福利

本章介绍日本少子老龄社会的现状及动向，第二次世界大战后日本老年人的家庭、经济、健康、就业及参与社会的情况，日本老年人福利服务的相关法律制度，日本老人福利面临的主要问题。

第一节　日本少子老龄社会的现状及动向

一、老龄化的现状及趋势

根据日本总务省公布的人口调查结果（截至2018年10月1日），2018年日本的老年人（65岁以上）人口为3 558万人，占总人口（12 644万人）的比例为28.1%，其中男性老年人数为1 546万人，女性为2 012万人，性别比为76.8（每100位女性所对应的男性数目），男女比例大约是3∶4。65岁以上人口中65~74岁人口有1 760万人，其中男性840万人，女性为920万人，性别比为91.3，占总人口的比例为13.9%。75岁以上人口有1 798万人，其中男性为706万人，女性为1 092万人，性别比为64.6，占总人口的比例为14.2%，首次超过65~74岁人口总数（见表4-1）。

表4-1　　　　　　　　　　日本的老龄化现状　　　　　　　　　　（万人，%）

		平成30（2018）年10月1日		
		总数	男性	女性
人口（万人）	总人口	12 644	6 153 （性别比） 94.8	6 491

续表

		平成30（2018）年10月1日		
		总数	男性	女性
人口 （万人）	65岁以上人口	3 558	1 546 （性别比） 76.8	2 012
	65~74岁人口	1 760	840 （性别比） 91.3	920
	75岁以上人口	1 798	760 （性别比） 64.6	1 092
	15~64岁人口	7 545	3 818 （性别比） 102.4	3 727
	15岁未满人口	1 542	789 （性别比） 104.9	752
其中 （%）	总人口	100	100	100
	65岁以上人口 （老龄化比例）	28.1	25.1	31
	65~74岁人口	13.9	13.7	14.2
	75岁以上人口	14.2	11.5	16.8
	15~64岁人口	59.7	62.1	57.4
	不满15岁人口	12.2	12.8	11.6

资料来源：总务省「人口推計」2018年10月1日（確定值）。

  1950年日本65岁以上人口占总人口的比例不到5%，1970年超过7%，1994年超过14%，日本的老龄化问题日趋严重，至2018年10月1日老龄化率达到28.1%。根据2017年4月日本国立社会保障·人口问题研究所公布的"日本未来人口推测"，日本的总人口已经进入长期减少的阶段，2029年（令和11年）总人口将低于12 000万人，之后一直呈下降趋势，2053年（令和35年）低于

1亿人，为9 924万人，预计2065年（令和47年）总人口将跌至8 808万人（见图4-1）。

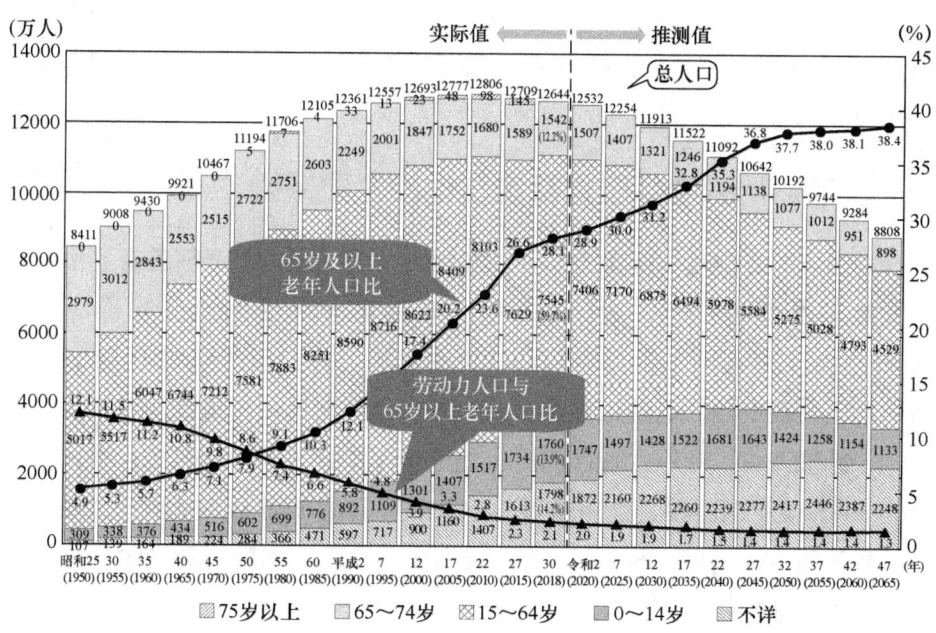

图4-1　日本老年人口变迁及今后推测

资料来源：内阁府. 令和元年高龄社会白皮书. 日经印刷株式会社, 2019.

据"日本未来人口推测"，2015年（平成27年）被称为"团块世代"（出生于1947—1949年）的第二次世界大战后日本第一个婴儿潮出生的人口进入65岁时，65岁以上人口总数为3 387万人，而2025年（令和7年）当"团块世代"年龄到75岁时，65岁以上人口总数将增加到3 677万人，2042年（令和24年）达到高峰为3 935万人，之后逐年减少。在总人口减少的过程中，65岁以上人口不断增加，老龄化率逐年上升。2036年（令和18年）老龄化率将达到33.3%，相当于每3个日本国民中就有1个是65岁以上的老年人，从2042年（令和24年）开始65岁以上的老年人口总数呈下降趋势，2065年（令和47年）老龄化率为38.4%，进入每2.6个日本国民中就有1个是65岁以上老年人的社会，据推测75岁以上老年人口占总人口比例为25.5%，大约3.9个日本国民中就有1个是75岁以上的老年人。另外，据推测65岁以上人口中"团块世代"在2015年（平成27年）进入老年期以后，2016（平成28年）日本65~74岁的前期老年人口迎来高峰，到2028年（令和10年）呈减少倾向后再度回升，在2041年（令和23年）达到1 715万人后转入减少阶段，而75岁以上人口至2054年（令和36年），预计一直处于增加趋势。如图4-1所示。

二、老龄化的地区差异及老龄化的主要原因

日本国内的老龄化程度参差不齐，2018年日本国内47个都道府县中，秋田县的老龄化率位居首位，达到36.4%。老龄化率最低的地区是冲绳，达到21.6%。之后日本所有的都道府县老龄化率逐年上升，预计到2045年老龄化率最高的地区为秋田县，老龄化率达到50.1%，目前老龄化率最低的东京都会超过30%，达到30.7%。另外，东京都周边的千叶县老龄化率将从2018年的27.5%上升到2045年的36.4%，上升8.9%；神奈川县的老龄化率也将从2018年的25.1%上升到2045年的35.2%，上升10.1%。今后日本国内的老龄化将从大城市遍及全国各地。

日本老龄化主要有以下几个方面的原因：第一，第二次世界大战后，随着日本经济的腾飞，日本国内医疗、卫生水平不断提高，日本国民的生活水平也不断提高，平均寿命大幅度上升，导致65岁人口数量不断攀升。日本厚生劳动省2018年7月30日公布的数据显示，2018年日本人的平均寿命男性为81.25岁、女性为87.32岁，与2017年相比而言，男、女分别增加0.05岁、0.16岁。根据推测今后日本国民男女平均寿命将会继续延长，到2065年分别达到84.95岁和91.35岁，女性平均寿命超过90岁（见图4-2）。根据日本厚生劳动省2019年9月13日公布的数据，日本百岁老人的数量再创历史新高，达到7.123 8万人，比2018年增加了1 453人，连续49年更新最高纪录。日本政府从1963年开始统计百岁老人数量，当时全国百岁老人共有153人，35年后的1998年首次破1万人，2007年、2012年和2015年分别突破了3万人、5万人和6万人大关（见表4-2）。

第四章　日本老年人福利

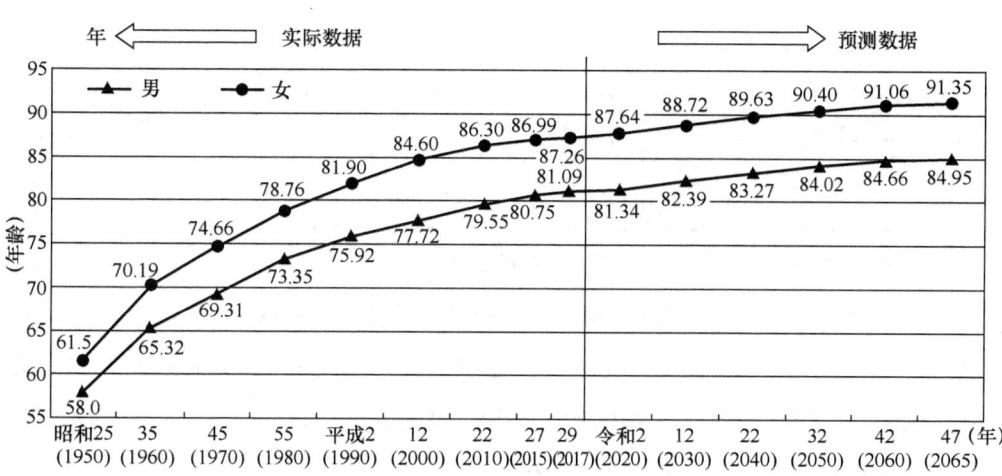

图 4-2　日本平均寿命延长及预测

资料来源：内阁府．令和元年高龄社会白皮书．日经印刷株式会社，2019．

表 4-2　　　　　　　　　日本平均寿命　　　　　　　　　　（岁）

年份	男	女	男女年龄差
1947	50.06	53.96	3.90
1950—1952	59.57	62.97	3.40
1955	63.60	67.75	4.15
1960	65.32	70.19	4.87
1965	67.74	72.92	5.18
1970	69.31	74.66	5.35
1975	71.73	76.89	5.16
1980	73.35	78.76	5.41
1985	74.78	80.48	5.70
1990	75.92	81.90	5.98
1995	76.38	82.85	6.47
2000	77.72	84.60	6.88
2005	78.56	85.52	6.96
2010	79.55	86.30	6.75
2015	80.75	86.99	6.24

续表

年份	男	女	男女年龄差
2016	80.98	87.14	6.16
2017	81.09	87.26	6.17
2018	81.25	87.32	6.06

资料来源：厚生劳动省. 平成30年简易生命表概况. 2019.

第二，日本的出生率不断下降致使全社会长期的少子化、少儿人口减少。从战后日本出生率的变化可知，日本第一个婴儿潮（1947—1949年）人口大约为8 057 054人，1971—1974年期间出生的第二个婴儿潮人口大约为8 161 627人，2018年出生的新生儿人数是918 397人，创第二次世界大战后最低纪录。日本战争结束后的总和生育率在第一个婴儿潮之后，一直呈下降趋势，1975年降至1.91，1993年跌至1.46，2005年降为1.26，创历史最低纪录，2018年为1.42（见表4-3）。日本少子化有很多原因，但主要是日本女性接受教育的程度不断提高，自立意识不断增强，就业女性也不断增加，且晚婚、晚育的意识增强以及生儿育女的成本加大，导致女性不愿早婚早育甚至不愿结婚生育。出生率下降导致整个社会人口减少，同时加剧了老龄化的程度。

表4-3　　　　第二次世界大战后日本总和生育率的变化　　　　（人，%）

年份	出生人数	总和生育率	合计
1947	2 678 792	4.54	4.540 6
1948	2 681 624	4.40	4.400 1
1949	2 696 638	4.32	4.315 8
1950	2 337 507	3.65	3.649 6
1951	2 137 689	3.26	3.261 8
1952	2 005 162	2.98	2.975 9
1953	1 868 040	2.69	2.694 7
1954	1 769 580	2.48	2.480 6
1955	1 730 692	2.37	2.369 5
1956	1 665 278	2.22	2.222 9
1957	1 566 713	2.04	2.043 2

第四章 日本老年人福利

续表

年份	出生人数	总和生育率	合计
1958	1 653 469	2.11	2.110 2
1959	1 626 088	2.04	2.038 9
1960	1 606 041	2.00	2.003 9
1961	1 589 372	1.96	1.961 2
1962	1 618 616	1.98	1.975 6
1963	1 659 521	2.00	2.004 6
1964	1 716 761	2.05	2.049 1
1965	1 823 697	2.14	2.139 3
1966	1 360 974	1.58	1.577 5
1967	1 935 647	2.23	2.225 6
1968	1 871 839	2.13	2.133 6
1969	1 889 815	2.13	2.131 0
1970	1 934 239	2.13	2.134 6
1971	2 000 973	2.16	2.157 1
1972	2 038 682	2.14	2.142 2
1973	2 091 983	2.14	2.140 4
1974	2 029 989	2.05	2.049 0
1975	1 901 440	1.91	1.909 4
1976	1 832 617	1.85	1.851 9
1977	1 755 100	1.80	1.800 9
1978	1 708 643	1.79	1.791 7
1979	1 642 580	1.77	1.769 4
1980	1 576 889	1.75	1.746 5
1981	1 529 455	1.74	1.741 4
1982	1 515 392	1.77	1.770 0
1983	1 508 687	1.80	1.800 8
1984	1 489 780	1.81	1.811 1
1985	1 431 577	1.76	1.763 9
1986	1 382 946	1.72	1.723 1
1987	1 346 658	1.69	1.690 7
1988	1 314 006	1.66	1.656 3
1989	1 246 802	1.57	1.571 9

续表

年份	出生人数	总和生育率	合计
1990	1 221 585	1.54	1.542 6
1991	1 223 245	1.53	1.534 7
1992	1 208 989	1.50	1.501 8
1993	1 188 282	1.46	1.458 2
1994	1 238 328	1.50	1.500 1
1995	1 187 064	1.42	1.422 7
1996	1 206 555	1.43	1.425 4
1997	1 191 665	1.39	1.388 0
1998	1 203 147	1.38	1.383 9
1999	1 177 669	1.34	1.342 3
2000	1 190 547	1.36	1.359 2
2001	1 170 662	1.33	1.333 9
2002	1 153 855	1.32	1.318 6
2003	1 123 610	1.29	1.290 5
2004	1 110 721	1.29	1.288 6
2005	1 062 530	1.26	1.260 1
2006	1 092 674	1.32	1.316 8
2007	1 089 818	1.34	1.337 0
2008	1 091 156	1.37	1.367 0
2009	1 070 035	1.37	1.368 3
2010	1 071 304	1.39	1.387 3
2011	1 050 806	1.39	1.393 1
2012	1 037 231	1.41	1.405 2
2013	1 029 816	1.43	1.426 5
2014	1 003 539	1.42	1.422 4
2015	1 005 677	1.45	1.450 4
2016	976 978	1.44	1.441 3
2017	946 065	1.43	1.427 5
2018	918 397	1.42	1.415 9

资料来源：厚生劳动省. 平成 30 年（2018）人口动态统计月报年度概况. 2019.

第二节 日本老年人的基本生活情况

一、日本老年家庭的现状

根据日本厚生劳动省"平成29年（2017年）国民生活基础调查"结果可知，2017年日本全国家庭总数有50 435 000户，65岁以上老年人家庭的数量为23 787 000户，占全国家庭总数的47.2%。其中夫妇二人均在65岁以上老年人家庭最多，共有7 730 000户，独居老年人家庭有6 270 000户，65岁以上老年人的夫妇家庭大约占所有65岁以上老年人家庭总数的30%，加上独居老年人家庭，超过65岁以上老年人家庭数量的一半，并且今后还会不断增加。这两种类型的老年人家庭一旦家庭成员患病或者进入需要护理的状态，就会立刻需要社会提供公共服务。

在日本65岁以上的老年人家庭中，三代同堂家庭逐年减少。2017年共有262万户三代同堂家庭，仅占所有65岁以上老年人家庭总数的11%，而1980年在日本各类65岁以上老年人家庭中，三代同堂家庭的比例最高，大约占所有65岁以上老年人家庭总数的一半，见表4-4。另外，65岁以上的独居老人，不论男女均呈上升趋势，1980年男性独居老人的数量为19万户、女性为69万户，分别占65岁以上老年人口的4.3%和11.2%，而2015年男性独居老人的数量为192万户、女性为400万户，分别占65岁以上老年人口的13.3%和21.1%，见表4-5。

表4-4　65岁以上老年人的家庭数量及结构比例（按家庭结构）
与65岁以上老年人的家庭占所有家庭总数比例　　　　　　　　　　（千人,%）

年份	家庭数量					总数	比例					比例
	独居家庭	夫妇家庭	父母与未婚子女家庭	三代同堂家庭	其他家庭	65岁以上老年人的家庭总数	独居家庭	夫妇家庭	父母与未婚子女家庭	三代同堂家庭	其他家庭	一般家庭数量	65岁以上老年人的家庭占所有家庭总数
1980	910	1 379	891	4 254	1 062	8 495	10.7	16.2	10.5	50.1	12.5	35 338	24
1985	1 131	1 795	1 012	4 313	1 150	9 400	12	19.1	10.8	45.9	12.2	37 226	25.3

续表

年份	家庭数量					总数	比例					比例
	独居家庭	夫妇家庭	父母与未婚子女家庭	三代同堂家庭	其他家庭	65岁以上老年人的家庭总数	独居家庭	夫妇家庭	父母与未婚子女家庭	三代同堂家庭	其他家庭	一般家庭数量	65岁以上老年人的家庭占所有家庭总数
1990	1 613	2 314	1 275	4 270	1 345	10 816	14.9	21.4	11.8	39.5	12.4	40 273	26.9
1995	2 199	3 075	1 636	4 232	1 553	12 695	17.3	24.2	12.9	33.3	12.2	40 770	31.1
2000	3 079	4 234	2 268	4 141	1 924	15 647	19.678	27.06	14.495	26.465	12.296	45 545	34.4
2005	4 069	5 420	3 010	3 947	2 088	18 532	22	29.2	16.242	21.3	11.3	47 043	39.4
2006	4 102	5 397	2 944	3 751	2 091	18 285	22.4	29.5	16.101	20.5	11.4	47 531	38.5
2007	4 326	5 732	3 418	3 528	2 260	19 263	22.5	29.8	17.744	18.3	11.7	48 023	40.1
2008	4 352	5 883	3 634	3 667	2 241	19 777	22	29.7	18.375	18.5	11.3	47 957	41.2
2009	4 631	5 992	3 730	3 518	2 254	20 125	23	29.8	18.5	17.5	11.2	48 013	41.9
2010	5 018	6 190	3 836	3 348	2 313	20 705	24.2	29.9	18.5	16.2	11.2	48 638	42.6
2011	4 697	5 817	3 743	2 998	2 166	19 422	24.2	30	19.3	15.4	11.2	46 684	41.6
2012	4 868	6 332	4 110	3 199	2 420	20 930	23.3	30.3	19.6	15.3	11.6	48 170	43.4
2013	5 730	6 974	4 442	2 953	2 321	22 420	25.6	31.1	19.8	13.5	10.4	50 112	44.7
2014	5 959	7 242	4 743	3 117	2 512	23 572	25.3	30.7	20.1	13.2	10.7	50 431	46.7
2015	6 243	7 469	4 704	2 906	2 402	23 724	26.3	31.5	19.8	12.2	10.1	50 361	47.1
2016	6 559	7 526	5 007	2 668	2 405	24 165	27.1	31.1	20.7	11	10	49 945	48.4
2017	6 274	7 731	4 734	2 621	2 427	23 787	26.4	32.5	19.9	11	10.2	50 425	47.2

资料来源：内阁府. 令和元年高龄社会白皮书. 日经印刷株式会社, 2019.

表 4-5　　　　　　　　　　65 岁以上独居老人的动向　　　　　　　　　　（千人,%）

年份	独居老人			占 65 岁以上人口比例	
	男	女	总计	男	女
1980	193	688	881	4.3	11.2
1985	233	948	1 181	4.6	12.9
1990	310	1 313	1 623	5.2	14.7
1995	460	1 742	2 202	6.1	16.2

续表

年份	独居老人			占65岁以上人口比例	
	男	女	总计	男	女
2000	742	2 290	3 032	8	17.9
2005	1 051	2 814	3 865	9.7	19
2010	1 386	3 405	4 791	11.1	20.3
2015	1 924	4 003	5 928	13.3	21.1
2020	2 435	4 590	7 025	15.5	22.4
2025	2 680	4 832	7 512	16.8	23.2
2030	2 935	5 024	7 959	18.2	23.9
2035	3 225	5 192	8 418	19.7	24.3
2040	3 559	5 404	8 963	20.8	24.5

资料来源：内阁府．令和元年高龄社会白皮书．日经印刷株式会社，2019．

二、日本老年人的经济状况

第二次世界大战前，日本老年人的生活保障主要依靠子女抚养；第二次世界大战结束后，日本修改了民法，国民的抚养意识也发生了巨大变化。另外，随着战争结束后日本社会保障制度的逐步建立，国民皆年金制度逐渐成熟，年金已经成为老年人维持生活的主要来源。2016年日本老年人家庭（仅有65岁以上老年人，或加上未满18岁、未婚子女）的年平均收入是318.6万日元，为普通家庭（从所有家庭减去老年人及母子家庭，年平均收入为663.5万日元）的50%。

2016年，日本内阁府作了"关于老年人经济、生活环境的调查"，其调查对象为60岁以上人口。在问到经济生活状况时，回答"不用担心"（"家庭经济宽裕，不用担心"加上"家庭经济不太宽裕，但也不用担心"）的占所有调查对象的74.1%（见表4-6）。

从日本老年人的收入来源来看，享受年金·恩给（抚恤金）的老年人家庭中年金·恩给（抚恤金）占总收入为百分之百的家庭已达到51.1%，也就是说日本老年人家庭的经济来源半数以上靠养老金（见表4-7）。另外，2018年日本全国接受最低生活保障的人员总数与前一年相比呈平稳趋势，但接受低保人数占

65岁总人口的比例为2.93%，比接受低保人数占总人口比例（1.64%）高（见表4-8）。在日本，接受低保的老年人与普通人接受低保最大的区别是：老年人一旦享受低保待遇一般没法脱离低保，直至本人去世。

表4-6　　　　　　　　60岁以上人口的经济生活状况　　　　　　　　（%）

年龄	家庭经济宽裕，不用担心	家庭经济不太宽裕，但也不用担心	家庭经济不宽裕，多少需要担心	家庭经济困窘，很担心	其他
全体	20.1	54	20.3	5.1	0.2
60~64岁	16.7	57.8	21.3	4.3	0
65~69岁	18.9	53.5	21.2	5.9	0.3
70~74岁	19.4	53.7	22.6	3.7	0.2
75~79岁	19.8	53.8	17.4	8.1	0.3
80岁以上	25	52.2	18.6	3.6	0

资料来源：内阁府. 关于老年人经济、生活环境的调查［Z］. 2019.

表4-7　　　享受年金·恩给（抚恤金）的老年家庭中年金·恩给
　　　　　　（抚恤金）占总收入百分比　　　　　　　　　　（%）

年金·恩给（抚恤金）占总收入百分比为100的家庭	未满80%~100%的家庭	未满60%~80%的家庭	未满40%~60%的家庭	未满20%~40%的家庭	未满20%的家庭
51.1	11.2	13.4	11.6	8.7	4.1

资料来源：厚生劳动省. 国民生活基础调查［Z］. 2018.

表4-8　　　　　　　　　接受低保人数变化

年份	接受低保人数（总数）（万人）	接受低保人数（65岁以上）（万人）	低保比例（总数）（%）	低保比例（65岁以上）（%）
2004	138	53	1.08	2.11
2005	143	56	1.12	2.15
2006	147	59	1.15	2.21
2007	150	62	1.18	2.25
2008	154	64	1.2	2.28
2009	167	69	1.31	2.37

续表

年份	接受低保人数（总数）（万人）	接受低保人数（65岁以上）（万人）	低保比例（总数）（%）	低保比例（65岁以上）（%）
2010	188	74	1.47	2.51
2011	202	78	1.58	2.63
2012	209	83	1.64	2.7
2013	212	88	1.67	2.76
2014	213	92	1.67	2.8
2015	213	97	1.67	2.86
2016	211	100	1.66	2.89
2017	210	103	1.65	2.93
2018	209	104	1.64	2.93

资料来源：内阁府. 令和元年高龄社会白皮书. 日经印刷株式会社，2019.

三、日本老年人的健康状况

第二次世界大战后，日本人的平均寿命一直处于持续延长的状态，与此同时，生活能够自理、身体处于健康状态的所谓健康寿命在世界上也一直领先。健康长寿是所有日本国民的共同愿望。

根据以日本、美国、德国和瑞典四国 60 岁以上老年人为对象的 "2015 年第 8 次关于老年人生活与意识的国际比较调查"，回答 "现在是否健康" 时，日本有 64.8% 的老年人回答 "健康"。有关各国老年人的健康状况的国际比较调查自 1980 年起到 2015 年共实施 8 次，日本和瑞典的老年人回答 "健康" 的比例逐年增加，这与历年平均寿命的结果一致。

根据日本厚生劳动省 2019 年 "国民生活基础调查" 可知，65 岁以上老年人每千人有疾病等自我症状的比例达到 433.6 人，即将近一半的老年人多少有患病的自我症状，见表 4-9。老年人一般有以下特征：一是容易患病；二是每位老年患者都有几种疾病；三是高血压等循环系统的慢性病较多、需要疗养的时间较长。2019 年 "国民生活基础调查" 结果显示：65 岁以上的老年人每千人去医院的比例高达 689.6 人，见表 4-10。另外，从疾病分类来看，老年人上医院以高血压等循环系统疾病、腰痛等为主。根据日本厚生劳动省 2017 年 "患者调查"，

65 岁以上老年人每 10 万人接受住院治疗的人数为 2 734 人，门诊人数为 10 369 人。2018 年 65 岁以上日本老年人死亡原因最高的前三位是：恶性肿瘤、心疾病和衰老，每 10 万人分别是 916.6 人、546.1 人、309.3 人，见表 4-11。

表 4-9　　　　按性别·年龄的自我症状的比例（2019 年）　　　　（每千人）

年龄	总数	男	女
平均	302.5	270.8	332.1
9 岁以下	178.0	184.9	170.7
10~19	157.1	154.6	159.7
20~29	194.6	159.6	229.3
30~39	249.3	206.2	291.3
40~49	268.4	225.6	310.1
50~59	309.1	260.6	355.2
60~69	338.9	322.3	354.5
70~79	434.1	414.1	451.5
80 岁以上	511.0	498.8	518.8
其中 65 岁以上	433.6	413.2	450.3
75 岁以上	495.5	477.3	508.6

资料来源：厚生劳动省. 国民生活基础调查 [Z]. 2019.

表 4-10　　　　　按年龄去医院的比例（2019 年）　　　　　（每千人）

年龄	总数	男	女
平均	404.0	388.1	418.8
9 岁以下	150.4	162.0	138.0
10~19	140.1	147.1	132.7
20~29	157.1	131.1	182.9
30~39	216.7	188.6	244.0
40~49	287.2	270.8	303.2
50~59	427.5	417.6	437.0
60~69	586.3	593.9	579.1
70~79	706.0	707.9	704.3
80 岁以上	730.3	737.1	725.9
其中 65 岁以上	689.6	692.8	686.9
75 岁以上	730.5	735.7	726.8

资料来源：厚生劳动省. 国民生活基础调查 [Z]. 2019.

第四章 日本老年人福利

表 4-11　主要死亡率历年变化(65 岁以上人口)

（每 10 万人）

疾病	1995	2000	2001	2002	2003	2004	2005	2006	2007	2008	2009	2010	2011	2012	2013	2014	2015	2016	2017	2018
恶性肿瘤	988.5	983.7	977.5	972.8	969.5	982.1	976.2	964.8	964.1	966	952.3	967.5	970.3	958.4	947	937.1	930.4	926.2	921.5	916.6
心脏病（高血压除外）	638.1	567.8	554.2	553.6	565.1	554.8	585	570.5	565.6	573.2	555.7	576.8	589.2	584.3	561	545.3	532.5	528.6	542.2	546.1
肺炎	408.6	375.2	356.4	353.7	374.8	396.2	400.7	389.5	388	395.9	374.8	391.2	406.3	391.1	375	352.8	348.9	336.9	270.8	261.3
脑血管疾病	693.1	524.5	505.4	484.4	478.2	457.5	456.1	426.7	411.1	401.4	376.2	375.1	374.5	357.2	337.2	315.5	302	289.2	286.9	279.4
衰老	118.1	96.6	97.2	96.3	96.8	97.3	102.7	104.8	112.4	128	133.9	154.4	176.3	197.9	219.4	229.3	251.3	269.3	289.6	309.3

资料来源：厚生劳动省.人口动态统计[Z],2019.

另外,根据日本体育厅"体力·运动能力调查"结果可知,2018年70~74岁男性·女性、75~79岁男性·女性的新体力测试总分已经超过2000年65~69岁男性·女性、70~74岁的男性·女性新体力测试总分(见表4-12)。日本国民在饮食方面喜欢清淡,同时又比较注重运动,老年人健康保健意识较强。2019年9月,日本厚生劳动省公布了"2018年国民健康·营养调查结果概要",有运动习惯的男女比例是:65~74岁分别是41.8%和36%,75岁以上分别是44.4%和37.1%,均超过20~64岁的男女比例(男性21.6%,女性16.6%)。与此同时,2016年日本国民的健康寿命,男性为72.14岁、女性为74.79岁,比2010年分别延长1.72年和1.17年。健康寿命的延长速度超过同期的平均寿命。

表4-12　　　　　　　　　　新体力测试总分

年龄	2000年	2003年	2006年	2009年	2012年	2015年	2018年
65~69岁男性	39.2	40.3	40.8	41.3	41.5	42.3	42
65~69岁女性	38.2	39	39.5	40.4	41	41.7	42.2
70~74岁男性	36	36.6	36.9	37.7	39	39	39.4
70~74岁女性	34.6	35.4	35.8	37.1	38.3	38.7	39.4
75~79岁男性	31.9	32.8	33.3	33.9	35	35.4	35.9
75~79岁女性	30.7	31.4	31.9	33.3	34.6	35.3	35.9

资料来源:体育厅.体力·运动能力调查[Z].2019.

四、日本老年人的就业及参与社会的现状

1971年日本制定了《关于促进中老年人等雇用特别措施法》，1986年改名为"关于老年人等雇用稳定等法律"，首次将退休制度用法律予以具体规定。1994年修改该法律时，规定将60岁为退休年龄。2004年修改该法律时，明确规定到2013年为止，开始阶段性实施65岁退休。2013年开始实施不能执行确保老年人延续雇用的企业名单。随着老龄化上升，老年人的工作意识及其继续工作的必要性也会进一步增强，整个日本社会需要老年人延长工作年限。

根据日本总务省"劳动力调查"，2018年日本劳动力人口[1]为6 830万人，其中65~69岁人口有450万人，70岁以上人口有425万人，65岁以上人口占劳动力总数的12.8%，这个数据一直处于上升状态（见表4-13）。另外，从2018年日本劳动力人口比例[2]来看，65~69岁为47.6%、70~74岁为30.6%，两者2005年以后都呈上升趋势。75岁以上是9.8%，大致都在8%~9%之间变动（见表4-14）。从分年龄段的就业率来看，与10年前相比，2018年60~64岁、65~69岁、70~74岁的就业率分别提高了11.6个、10.4个和8.4个百分点（见表4-15）。2014年日本内阁府作了"关于老年人日常生活的意识调查"，结果当时60岁以上还在一线工作的人中有40%的人表示：只要能干下去，就一直工作到底。加上希望工作到70岁及以上的回答比例，可以了解到大概有80%的日本老年人有着强烈的工作欲望。

---

[1] 日本的劳动力人口是指15岁以上人口中就业人士加完全失业人士。
[2] 劳动力人口占总人口的比例。

表 4-13　劳动力人口变迁　（万人）

年龄	1980	1985	1990	1995	2000	2005	2006	2007	2008	2009	2010	2011	2012	2013	2014	2015	2016	2017	2018
总数	5 650	5 963	6 384	6 666	6 766	6 651	6 664	6 684	6 674	6 650	6 632	6 596	6 565	6 593	6 609	6 625	6 673	6 720	6 830
15~24岁	699	733	834	886	761	635	622	607	589	565	544	525	514	518	518	516	539	545	583
25~34岁	1 438	1 261	1 225	1 327	1 508	1 503	1 480	1 429	1 394	1 364	1 329	1 291	1 261	1 239	1 214	1 191	1 180	1 167	1 160
35~44岁	1 393	1 597	1 614	1 378	1 296	1 377	1 413	1 456	1 491	1 523	1 542	1 569	1 577	1 582	1 576	1 558	1 527	1 497	1 469
45~54岁	1 208	1 297	1 418	1 616	1 617	1 392	1 361	1 347	1 333	1 332	1 343	1 333	1 346	1 380	1 406	1 439	1 482	1 526	1 567
55~59岁	385	488	560	593	666	776	820	812	769	722	686	655	629	620	620	617	619	628	636
60~64岁	248	288	372	421	426	465	447	486	533	565	605	637	627	602	575	556	541	536	539
65~69岁	165	163	199	253	265	257	268	287	298	313	312	296	310	345	377	413	450	454	450
70岁以上	114	137	161	192	229	247	253	262	268	266	273	288	299	307	322	334	336	367	425
65岁以上比例(%)	4.9	5	5.6	6.7	7.3	7.6	7.8	8.2	8.5	8.7	8.8	8.9	9.3	9.9	10.6	11.3	11.8	12.2	12.8

资料来源：总务省劳动力调查[Z].2019.

表 4-14　劳动力人口比例的变化　（%）

年龄	2000	2001	2002	2003	2004	2005	2006	2007	2008	2009	2010	2011	2012	2013	2014	2015	2016	2017	2018
15~64岁	72.5	72.6	72.3	72.4	72.3	72.6	73.1	73.6	73.8	73.9	74	73.8	73.9	74.8	75.5	75.9	76.8	77.6	78.9
65~69岁	37.5	36.7	35.5	34.7	34.4	34.8	35.7	36.7	37.4	37.5	37.7	37.4	38.2	39.8	41.3	42.7	44	45.3	47.6
70~74岁	24.2	23	22.2	21.4	21.4	21.7	22	22	22.1	22.1	22.4	23.1	23.4	23.7	24.4	25.3	25.4	27.6	30.6
75岁以上	9.8	9.5	9	9.1	9	9.1	8.8	8.8	8.7	8.4	8.3	8.4	8.4	8.3	8.2	8.4	8.7	9	9.8

资料来源：总务省劳动力调查[Z].2018.

表 4-15　　　　　　　　分年龄段的就业率变化　　　　　　　　　　（%）

年龄	2008	2009	2010	2011	2012	2013	2014	2015	2016	2017	2018
60~64 岁	57.2	57	57.1	57.1	57.7	58.9	60.7	62.2	63.6	66.2	68.8
65~69 岁	36.2	36.2	36.4	36.2	37.1	38.7	40.1	41.5	42.8	44.3	46.6
70~74 岁	21.8	21.8	22	22.8	23	23.3	24	24.9	25	27.2	30.2
75 岁以上	8.6	8.3	8.3	8.4	8.4	8.2	8.1	8.3	8.7	9	9.8

资料来源：总务省. 劳动力调查 [Z]. 2018.

第三节　老年人福利服务的相关法律制度

第二次世界大战后，在建构老年人福利体系的同时，日本政府开始注重完善老年人的法律体系，其标志为1963年颁布的《老人福利法》。可以说，《老人福利法》是此后制定相关老年人法律制度的基本法。在此基础上，于1971年制定了与老年人雇用相关的《关于促进中老年人雇用的特别措施法》（1986年改称为《关于老年人等稳定雇佣法》），1982年制定了关于老年人医疗制度的《老年保健法》，1994年出台了有关公共建筑及交通无障碍化的《关于促进建造老年人、残疾人等顺利利用特定建筑物的法律》，1995年出台了《老龄社会对策基本法》（日语称《高龄社会对策基本法》），1997年日本国会通过了《护理保险法》，2000年制定了《关于促进老年人、残疾人等顺利利用公共交通机构的法律》，2001年制定了《关于确保老年人安定居住的法律》，2005年颁布了《防止老年人虐待法》，2006年制定了《关于促进老年人、残疾人等顺利移动法》（即《无障碍新法》），2008年在老年人医疗方面政府废除了《老人保健法》，开始实施《关于确保老年人医疗的法律》。以下对《老人福利法》进行重点介绍。

一、《老人福利法》出台背景

1898年日本制定的民法规定了"以户主为中心、由户主统领全家"的家庭制度，此法虽然在1947年被彻底废除，但是日本社会在很长时间内都觉得福利问题属于家庭内部问题，必须由家庭应对。第二次世界大战后随着日本经济的复苏，大批年轻人进城成为第二、第三产业的主力军。城市出现人口过密、地方出现人口稀少的现象，核心家庭成为主流，加上女性走出家庭、进入产业劳动队伍，整个日本社会的人生周期出现了巨变。与此同时，由于日本医疗、养老金等社会保障制度的完善，日本人的平均寿命不断延长，卧床不起的老年人及认知症老年人的数量不断增加，老年人的护理问题已经无法在家庭内部解决。在这样的背景下，日本第二次世界大战后制定的"以针对生活困难的服务对象为中心"的法律制度——《生活保护法》已经无法满足整个社会尤其是老龄化社会的需要。日本政府在1963年7月11日颁布了《老人福利法》，日本老年人福利政策从以扶贫政策为中心转向针对以所有老年人为对象的社会制度，并规定了设置特别养护老人机构等老年人福利机构。

1972年，日本政府将老年人医疗政策纳入《老人福利法》，但日本于1982年制定《老人保健法》之后把老年人医疗政策从《老人福利法》中独立出来了。随着老龄化的加剧，2000年4月日本开始实施《护理保险法》，现行的《老人福利法》与《护理保险法》承担各自的分工职责，构建了整个日本的老年人福利政策。

《老人福利法》分总则、福利措施、事业及设施、老年人福利计划、费用、收费老人之家、杂则和罚则八章，各章均有具体规定。

二、《老人福利法》的具体内容

（一）《老人福利法》的目的与理念

《老人福利法》的目的为："明确老年人福利的相关原理，针对老年人采取保持其身心健康及生活安定的必要措施，以谋求老年人的福利。"这里的"老年人福利的相关原理"是指依据《老人福利法》基本原理推进日本老年人福利的结构；而"必要措施"指居家护理及入住老年人福利机构等所有的福利措施[①]。

《老人福利法》（2014年修改）的基本理念包括三个方面：一是老年人为社

---

① Welfare Measures、措施是日本社会福利系统中普遍使用的术语，是指为需要提供福利援助服务的对象将法律政策具体化的行政行为及这些政策的总称，也称福利措施。所谓措施制度，是指行政部门针对需要提供福利服务的对象，决定提供何种服务的行政权限和行政制度。

会的发展做了多年的贡献，并且拥有丰富的知识和经验，应受人敬爱。同时，应保障老年人过上有意义、健康、安乐的生活（《老人福利法》第2条）；二是随着年龄的增长，老年人应认识到身心的变化，时刻努力地保持身心健康，或充分运用其知识与经验参与社会活动（《老人福利法》第3条）；三是老年人根据自身的意愿和能力，能够获得从事合适工作的机会或参加其他社会活动的机会（《老人福利法》第3条第2项）。

（二）增进老年人福利的责任和义务

在《老人福利法》中，对国家、地方公共团体及从事老龄事业的企事业单位，规定了其具有增进老年人福利的责任和义务，即"国家及地方公共团体有责任和义务增进老年人福利"（《老人福利法》第4条第1项）。

另外"国家及地方公共团体在采取与老年人福利相关的政策时，必须顾及通过该政策能够具体地呈现前两条规定的基本理念"（《老人福利法》第4条第2项），"开展直接影响老年人生活的企事业经营者在运营其事业时，必须努力增进老年人的福利"（《老人福利法》第4条第3项）。

三、福利措施

日本的社会福利以日本国《宪法》第25条"全体国民都享有健康和文化的最低限度的生活的权利。国家必须在生活的一切方面为提高和增进社会福利、社会保障以及公共卫生而努力"中规定的"生存权"为基础，而"措置制度"体现了国家责任。自2000年4月1日实施《护理保险法》以后，日本的老年人社会福利制度发生了从"措置制度"到"契约制度"的变化。"措置制度"，是指行政部门针对需要提供福利服务的对象，决定提供何种服务的行政权限和行政制度，服务对象没有自我选择服务的权利。但"生存权"作为国家的责任和义务，"措置制度"依然发挥着一定作用。

"措置制度"的执行者是市町村，如果无住处或住处不明，由当前所在地的市町村执行（《老人福利法》第5条第4项）。另外，在《老人福利法》第2章中，市町村作为措置制度判断的主体，一是为了使65岁以上且因身体上或精神上存在残疾造成维持日常生活有困难者，能够根据其身心状况、所处环境等，综合性地获得最合适的援助以实现自立生活；二是须致力于建立符合地区实际情况的细致的措施，须考虑能够继续居家维持日常生活。

与此同时，市町村拥有以下实施措置制度的权利及义务：一是因不得已的事由认为服务对象很难利用《护理保险法》所规定的服务项目时，市町村可根据服务对象需要提供便利的护理服务等或者委托该市町村以外者提供该便利的服务（第10条之3）；二是65岁以上、因环境或经济上的理由难以在家得到陪护的，市町村可根据服务对象需要让其入住在该市町村设立的养护老人机构，或委托入住在该市町村以外者设立的养护老人机构（第11条第1项）；三是65岁以上、因身体上或精神上存在严重残疾而需要经常性护理同时难以居家接受护理者，因不得已的事由认为很难入住《护理保险法》规定的老年人福利设施时，市町村让其入住该市町村设立的特别养护老人机构，或委托入住该市町村以外者设立的特别养护老人机构（第11条第2项）；四是65岁以上、且养护者或被认为虽有养护者却不适宜由其养护的，可委托给养护受托者（申请由自己负责养护老年人且市町村长认为妥当者）当中政令所规定的人员予以养护（第11条第3项）。

四、老年人福利计划

（一）市町村应制订相关的计划

确保老年人居家生活援助事业及老年人福利设施所开展事业的供应机制（《老人福利法》第20条之8第1项），在市町村老年人福利计划中，应就在该市町村区域内确保的老年人福利事业的数量设定目标（第20条之8第2项）。同时，在市町村老年人福利计划中应尽力制定相应的对策以确保老年人福利事业的数量（第20条之8第3项）。

（二）都道府县老年人福利计划

都道府县为促进市町村老年人福利计划的实现，从通过各市町村的广域层面的观点出发，制订关于确保老年人福利事业供应机制的计划（《老人福利法》第20条之9第1项）。在都道府县老年人福利计划中，规定确定的每个区域养护老人院及特别养护老人院必要的入住定员总数等老年人福利事业的数量制定目标（第20条9第2项）。在都道府县老年人福利计划中，除前述规定的事项外，还应致力于规定下列事项：有关采取措施促进老年人福利设施建设及老年人福利设施之间协作的事项；有关采取措施确保从事老年人福利事业的人员数量或提高人员资质的事项（第20条9第3项）。

另外，市町村每三年为一期制订市町村护理保险事业计划须与市町村老年人福利计划一体化制订，同时与市町村地区福利计划保持一致。而都道府县也是每三年为一期制订都道府县护理保险事业援助计划，也需要与都道府县老年人福利计划一体化制订。

五、《老人福利法》与《防止老年人虐待法》的关系

市町村发现老年人被虐待时必须以《防止老年人虐待法》《老人福利法》的强制措施规定为依据，让老年人与虐待老人的家属等分开以确保老年人的生命安全。其中，有关让老年人入住特别养护老人机构的强制措施属于前面所述的由于"不得已的事由"，厚生劳动省老人保健局于2006年3月31日发布的《关于入住老年机构的措施》通知中有以下条文：

（1）65岁以上的老年人，根据《护理保险法》的规定，可以接受护理保险中的介护福利机构服务的老年人，因不得已的事由被认为很难利用护理保险中的介护福利机构服务时。

（2）65岁以上的老年人由于受家属等养护人的虐待被认为需要保护使其免受来自养护人的虐待时，或者是对照65岁以上养护人的身心状态，被认为有必要减轻其养护负担时。

如（2）中所示，必须分开保护的状态是不让养护人继续护理老年人，如果放任养护人的身心状态会导致出现虐待老人的结果等，故属于执行以减轻养护人负担为目的的强制措施。市町村将家属等养护人与老年人分开以确保老年人的安全。为此，根据《防止老年人虐待法》第10条对来自养护人虐待的老年人，按照《老人福利法》的强制措施规定必须确保必要的居室，同时根据第13条的规定，市町村长或相关护理保险福利机构负责人有限制虐待老人的养护人跟老年人见面的权限。从这里可以看出，《老人福利法》与《防止老年人虐待法》的相关规定有紧密联系，同时构建了保护老年人的强制性措施。

六、日本《老人福利法》的课题

《老人福利法》出台后很长时间内一直处于日本老年人福利基本法的位置，在老年人福利行政中做出过巨大的贡献。但 2000 年实施《护理保险法》后，其主角的位置已经动摇，市町村的老年人福利行政逐渐转向以《护理保险法》为主，《老人福利法》从主角转变为配角。《老人福利法》中很多福利服务都转移到护理保险制度中，只有福利措施是例外。今后如何将《护理保险法》无法承担的职责由《老人福利法》承担也是日本老年人福利的一大课题。

第四节　日本老年人福利面临的主要问题

一、2025 年问题

所谓 2025 年问题，就是被称为"团块世代"（出生于 1947—1949 年）的第二次世界大战后日本第一个婴儿潮人口到 2025 年都进入后期老年阶段，出现护理、医疗、社会保障相关领域人手不够、社会保障相关费用激增等问题。"团块世代"人口数量多，在战后日本经济腾飞过程中起到了支撑整个日本社会和经济的作用。当这一代功臣成为领取年金等各种社会保障费用的主要人口时，年青一代就必须起支撑作用，而如何支撑"团块世代"是日本社会目前及今后很长一段时间内必须面对并解决的一大课题。2025 年问题包括以下内容。

（一）独居老人问题

如前所述，2015 年 65 岁以上老年人口有 3 395 万人，75 岁以上人口有 1 646 万人，到了 2025 年，预计 65 岁以上老年人口和 75 岁以上老年人口分别增加到 3 677 万人和 2 180 万人。两者占总人口的比例也将分别由 2015 年的 26.6% 与 12.8% 上升至 2025 年的 30% 和 17.8%。与此同时，户主为 65 岁以上的家庭数量由 2015 年大约 1 918 万户上升到 2025 年的 2 103 万人。其中，65 岁以上老年人中，独居老人年年有增无减，2015 年共有 625 万家，2025 年预计上升至 751 万家。其结果又会引起加重认知症症状、增加老年人孤独死的风险。

（二）社会保障相关费用问题

第二次世界大战后日本已经建立一套比较完整、负担较轻的社会保障体系。但是2025年以后"团块世代"进入后期老年阶段，医疗费、护理费会急剧上升，而这些费用负担无疑又会落到支撑"团块世代"的战后日本第二个婴儿潮人口，即1971—1974年出生被誉为团块二代及其他年轻人的肩上。这其中尤其令人担忧的是年金问题。

随着劳动力人口的不断减少、老龄化的加剧，年金制度能否延续一直成为日本社会各界关心的问题。2017年厚生劳动省公布的"公共年金财政情况报告（2016年度）"显示，2017年日本独立行政法人年金公积金管理运作机构（GPIF）拥有的总资产金额为156.4兆日元，保险费用及年金运作盈利等年收入是53.5兆日元，支付总额是51.3兆日元，可以通过运作增加资产总额，但每年老龄化率上涨，领取年金的老年人增加，年金支付金额上升又是残酷的现实。厚生劳动省2018年5月发布的"2040年社会保障未来展望"指出，2025年年金支付金额将会达到59.9兆日元，在少子化的影响下，已经不能指望年金保险费用继续增加，而能否依靠年金运作盈利来填补空缺，又是一个未知数。

另外，医疗及医疗费用问题又是牵动日本国民关注的另外一个热点。根据"2040年社会保障未来展望"，2018年医疗保险支付总额是39.2兆日元，到2025年医疗保险支付总额将达到48兆日元，增加大约10兆日元，而经济实力逐渐衰退的日本能否承受又令人不安。

日本社会通过2000年4月开始实施的《护理保险法》，完成了从家庭护理到社会护理的转型。2020年是日本实施护理保险制度的20周年，这期间《护理保险法》经过几次修改，但护理保险开支也是年年增加，已从2000年度的3.6兆日元增加到2018年度的11.1兆日元，而护理保险中第1号被保险人的全国每月保险费用也从第一期（2000—2002年）[①]的每月2 911日元上涨到第三期

[①] 护理保险服务价格和服务项目每三年为一期。

（2018—2020 年）的 5 869 日元。同时，被保险人使用护理保险时的个人负担，2000 年开始实施护理保险制度时一律为 10%，到 2015 年 8 月一部分有一定经济收入的被保险人个人负担为 20%，再到 2018 年 8 月有一定经济收入的被保险人个人负担上涨到 30%，这些调整既增加了个人经济负担，又让日本民众对护理保险的将来产生了疑虑。

二、老老护理：认认护理

所谓老老护理，应是日本超级老龄社会的独特现象，就是老年人护理老年人，老老护理中的护理人与被护理人的关系，有夫妇、父母与子女及兄弟姊妹。所谓认认护理，是指护理人与被护理人均患有认知症，一般由症状较轻的一方护理另一方。而在老老护理的家庭中，护理人与被护理人都经过护理保险中的需要护理认定，两人都患有认知症的现象很普遍。老老护理及认认护理已经成为日本的社会问题。

随着日本老龄化的加剧，认知症老年人的数量也不断攀升。日本筑波大学医学医疗系团队的研究结果表明，各年龄段认知症发病比例中，80~84 岁的老年人认知症发病率达到 21.8%（见图 4-3），如果护理人与被护理人都是这个年龄段的老年人，21.8%×21.8%＝4.75%，也就意味着每 20 对老老护理的夫妇中，有一对是认认护理。另外，老老护理及认认护理的最后及结局大概都是双方都倒下。

日本社会长时间使用"痴呆"一词，但"痴呆"一词缺乏对老年人的尊重，因而日本社会要求政府更改名称，2004 年 6 月，厚生劳动省邀请有识之士就讨论代替"痴呆"用词成立研讨会，最后决定自同年 12 月 24 日起将"痴呆"一词改为"认知症"，2015 年 6 月修改《护理保险法》时，将"认知症"作为法律术语正式使用。

根据筑波大学医学医疗系科研课题组的测算，2012 年日本"认知症"老人将由 462 万人增加到 2025 年的 700 万人，每 5 个日本人中有 1 个是认知症患者，见表 4-16 测算。根据厚生劳动省的统计数据，在利用护理保险的被保险人中，从护理等级看需要护理的主要原因第一位也是认知症（见表 4-17）。

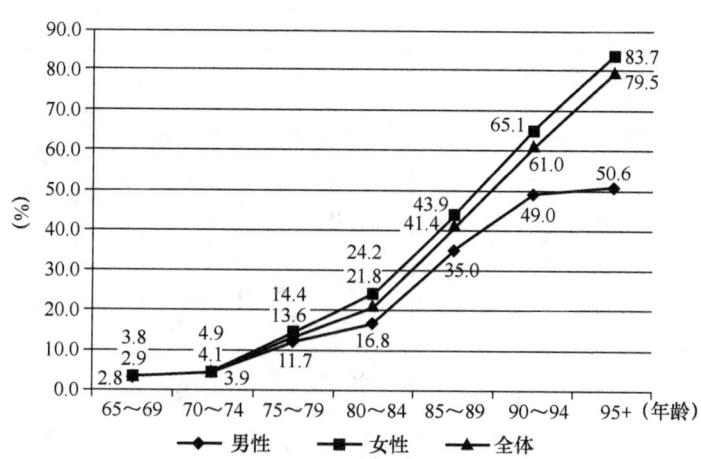

图 4-3 各年龄段认知症发病比例

资料来源：朝田隆. 城市认知症发病率及认知症生活技能障碍的对策（2009—2012 年，厚生劳动省科研项目）.

表 4-16　　　　　　　　日本认知症老年人口未来预测

年份	2012	2015	2020	2025	2030	2040	2050	2060
各年龄认知症发病率固定时的推测人数／（比例）	462 万 15.0%	517 万 15.7%	602 万 17.2%	675 万 19.0%	744 万 20.8%	802 万 21.4%	797 万 21.8%	850 万 25.3%
各年龄认知症发病率上升时的推测人数／（比例）		525 万 16.0%	631 万 18.0%	730 万 20.6%	830 万 23.2%	953 万 25.4%	1 016 万 27.8%	1 154 万 34.3%

资料来源：二宫. 2014 年厚生劳动省科研　日本认知症老年人口未来预测.

表 4-17　　　　　　　　从护理等级看需要护理的主要原因

需要护理等级	第 1 位		第 2 位		第 3 位	
总数	认知症	18.00%	脑血管疾病（中风）	16.6%	老衰	13.30%
需要援助 1 组	关节疾病	20.00%	老衰	18.4%	脑血管疾病（中风）	11.50%

续表

需要护理等级	第1位		第2位		第3位	
需要援助2组	骨折·跌倒	18.40%	关节疾病	14.7%	脑血管疾病（中风）	14.60%
需要护理1级	认知症	24.80%	老衰	13.6%	脑血管疾病（中风）	11.90%
需要护理2级	认知症	22.80%	脑血管疾病（中风）	17.90%	老衰	13.30%
需要护理3级	认知症	30.30%	脑血管疾病（中风）	19.80%	老衰	12.80%
需要护理4级	认知症	25.40%	脑血管疾病（中风）	23.10%	骨折·跌倒	13.30%
需要护理5级	脑血管疾病（中风）	30.80%	认知症	20.40%	骨折·跌倒	10.20%

2000年4月1日开始实施《护理保险法》，日本政府为了应对认知症采取了以下一系列措施，具体包括重视维护服务对象的权利、解决不满（投诉）、评价服务、由公民权利代言人实施监督从业单位公开信息，具体如下。

2001年，认知症团体之家也必须自我评估，2002年开始引进外部评估机制。

2004年，将"痴呆"一词改成认知症。

2005年，在全国范围内开始培养认知症支持者①讲座。

2006年，设立社区紧密结合性服务。

2012年，构建社区综合护理体系、制订橙色计划（推动认知症对策五年计划）。

2015年，橙色计划改为新橙色计划，主要内容有：一是为了加深对认知症的理解，普及、启蒙认知症的疾病知识；二是根据认识症病情，提供及时、适当

---

① 认知症支持者：为了让广大市民正确理解认知症、普及认知症的基础知识、由厚生劳动省在全国范围内实施的培训讲座，通过90分钟的讲座，让社会各界、各个年龄层面的市民了解认知症、正确对待认知症患者。讲座在社区、企业及大中小学校举行。所有参加讲座的人在讲座结束后可以领取一个橙色橡胶手环，手环是认知症支持者的标记。

的医疗、护理机制；三是强化针对中青年认知症对就业、参加社会活动等的政策认知；四是帮助认知症护理人员，减轻患者家属护理人员的精神负担；五是推动对包含认知症老人的温馨社区建设；六是研究和开发认知症的预防、诊断、治疗、康复和护理模式，普及最新科研成果；七是重视认知症患者及其家属。可以说认知症在今后很长时间内都会成为整个日本超级老龄社会需要长期面对的问题。

2019年日本政府内阁大臣会议通过了《推动认知症政策大纲》以替换新橙色计划。大纲基本宗旨是：推迟认知症发病时间，目标是建设一个即使患有认知症，也能够抱着希望过上普通日常生活的社会，站在重视认知症本人及其家属的角度，将"共生"和"预防"作为两个主要手段以推动认知症政策。

三、虐待老年人问题

自20世纪70年代以来，面临老龄化的急剧增长，作为"护理社会化"的标志，日本制定了护理保险制度。与此同时，针对老年人放弃护理、在福利设施捆绑老人身体等问题时有报道，由护理引发的护理人与当事人一同自杀、护理杀人等已被作为社会问题提出。2003年厚生劳动省进行了"关于家庭内虐待老年人的调查"，将当时触目惊心的虐待老年人的情况如实公开。调查报告分析了具体原因并指出：起因于家人、亲属及同居人的虐待老年人问题，大多是没有护理保险服务及护理知识、处在极端孤立无援的状态，或由于护理人独自一人承担老年人护理的全部责任，超过本人承受能力导致使用极端手段，另有护理人本身有残疾或精神疾病而没有接受应有的公共服务。

另外，在福利设施实施护理保险后，日本具体规定捆绑老人身体包含在身体虐待中，除了"情况紧急没有其他办法"（老人会伤害他人或自己等），原则上全面禁止捆绑老人身体。然而来自福利设施从业人员或服务对象家人的举报时有发生。基于上述背景，日本社会呼吁出台《防止老年人虐待法》。经过政府及民间力量的努力，2006年4月日本出台了《防止老年人虐待法》（原名为《关于防止老年人虐待、对老年人养护人支援等法律》），该法律明确规定了老年人虐待的定义，即将虐待老年人划分如下：一是起因于家人、亲属及同居人的虐待；二是起因于福利设施从业相关人员的虐待。同时也将老年人虐待划分为：身体虐待、心理虐待、放弃护理、经济虐待和性虐待。

最重要的是，《防止老年人虐待法》规定了国家、地方政府的责任，护理·福利·保健·医疗等行业从业人员的协力合作，发生老年人虐待时的一系列报警、各相关部门的具体措施。厚生劳动省每年公布全国性的"基于关于防止老年人虐待、对老年人养护人支援等法律的对策情况调查"结果。然而，遗憾的是虽然日本出台了《防止老年人虐待法》，但是从公布的2016年和2017年调查结果发现，老年人虐待的数量反而逐年上升（见表4-18）。今后如何在全社会减少、彻底消除老年人虐待问题已成为日本超级老龄社会的一大课题。

表4-18　　　　　　2016年和2017年老年人被虐待的数量

年度	起因于福利设施从业相关人员		起因于家人、家属及同居人	
	被判定为虐待的数量	咨询/通报数量	被判定为虐待的数量	咨询/通报数量
2017	510件	1 898件	17 078件	30 040件
2016	452件	1 723件	16 384件	27 940件
增减数量	58件	175件	694件	2 100件
（增减比例）	12.80%	10.20%	4.20%	7.50%

资料来源：厚生劳动省. 2018年基于关于防止老年人虐待、对老年人养护人支援等法律的对策情况调查, 2018.

（包敏　东京医科齿科大学）

参考文献

[1] 日本国立社会保障·人口问题研究所. 日本未来人口推测. 佐藤印刷，2017：2.

[2] 社会福祉士养成讲座. 对老年人的支援与介护保险制度［M］. 爱知：中央出版社，2019：133.

［3］厚生劳动省. 日本家庭的未来统计（全国推测）. 2018.

［4］大阪府. 关于介护保险制度. 2018.

［5］厚生劳动统计协会. 国民福祉与介护的动向. 2018/2019.

［6］大和田猛. 对老年人的支援与介护保险制度. 东京：未来社，2015：84-92.

第五章 日本儿童福利

自 20 世纪 60 年代日本"福利六法"体系形成以来,日本建立了综合的社会福利体系,儿童福利是其重要组成部分。步入 21 世纪,人口结构的少子、高龄化是日本面临的重大社会经济挑战之一。为了从长远改善人口结构,近十余年来日本的儿童福利引起了国家、政府、家庭和社会前所未有的高度重视。

在界定儿童福利的基本内涵后,本章的第一节介绍了日本儿童福利法的理念及其体系。第二节分别介绍了普惠型和特惠型儿童福利制度安排,前者面向的是全体儿童与育儿家庭,回应其一般生活与发展需求,后者则面向弱势儿童及其抚养者或抚养机构的特殊需求;受限于篇幅,第二节只精选了典型的三种项目,而儿童贫困、校园反霸凌、儿童医疗以及放学后儿童活动等福利项目在本章并未介绍。第三节介绍了中央与地方实施儿童福利制度的公共部门职能,以及各类儿童福利机构的功能,并以保育服务为例,介绍了儿童福利服务的使用流程。

第一节 日本儿童福利概述

一、日本儿童福利的内涵

在日本,儿童福利首先是社会福利的子概念,因此,1946 年《宪法》为后者所奠定的性质和原则亦适用于儿童福利,即基本人权(第 11 条)、尊严原则(第 13 条)、平等原则(第 14 条)、国家的社会性义务(第 25 条)。首先,社会福利作为一项由宪法予以确认的基本人权,不可侵犯;其次,包括儿童在内的全体国民作为个人受到尊重，为他们谋求生存、自由、幸福的权利应当受到立法和政策的最大尊重；再次，儿童亦享有平等、不受歧视的权利；最后，促进社会福利、社会保障权利的实现是国家的社会性义务，其中当然也包括促进儿童福利的实现。

作为规范儿童福利领域权利与义务关系的专门法律，1947年的《儿童福利法》以及其他具体相关法律为儿童福利事业的发展提供了法律依据。《儿童福利法》明确了儿童福利制度的基本目标，即"全体国民应当致力于儿童身心健康成长""保障和爱护全体儿童的生活"（第1条）。从责任主体来看，该法从原则上规定了中央和地方、保护者以及全体国民的责任（第2条），强调儿童的保护者①是行使亲权②、对儿童进行实际监护者（第6条）。据此可以认为，儿童福利以基于私人责任（个人、家庭）的自助行为为基本，而基于公共责任（中央和地方）的公助行为和基于社会责任（用人单位、公益法人等）的互助行为则是自助行为的补充。③

此外，1951年日本颁布了《儿童宪章》，从应然的角度对儿童权利进行宣示，不仅强调了家庭在儿童福利中的重要作用（第1条、第2条），而且较全面地列举了衣食住行、成长环境、培养内容等一系列应当享有的实体权利（见表5-1）。

表5-1　　　　　1951年日本《儿童宪章》所列举的权利内容

1. 父母责任、儿童身心健康	4. 个性、能力和社会职责教育
2. 家庭抚养、家庭教育内容	5. 自然、科学、艺术和道德观念培养
3. 物质保障、疾病与灾害时的保护	6. 教育及其物质保障

---

① 日语原文称"保护者"，内涵上与"後见人（guardian）"有一定区别，但考虑到在儿童福利语境下二者的内涵与中文"监护人"基本相同，因此在本章均翻译为"监护人"。

② 日本现行《民法》规定，"未成年者，服从父母的亲权"（第818条）；在此语境下，本章所称亲权即监护和教育的权利与义务（第820条）、指定居住地点的权利（第821条）、惩戒权（第822条）、职业许可权（第823条）以及财产管理权和代表权（第824条）。值得一提的是，一段时间以来，不少儿童虐待事件、案件的关键争议点，正是围绕着监护、教育权利义务，以及惩戒权的适当界限问题。于2019年3月通过、即将在2020年实施的《儿童福利法》修订，亦旨在通过强化儿童咨询所等体制机制有效化解这一问题。

③ 社会福祉士养成讲座编集委员会．児童や家庭に対する支援と児童・家庭福祉制度［M］．中央法规，2019：4-5.

续表

7. 接受就业指导	10. 禁止虐待等，对违法违规儿童的保护等
8. 劳动时的保护、教育机会	11. 对残障儿童的治疗、教育、保护
9. 享有良好的游艺与文化设施、场所	12. 引导其团结友爱、为人类和平和文化作贡献

综上所述，可将日本的儿童福利定义为：为了全体儿童的安全生活和全面发展，实现儿童的健康与幸福，以儿童及其抚养者为对象的、由国家或政府政策支持的、各类主体共同参与供给的综合性政策制度体系与政策实践。

二、日本儿童福利的理念

作为儿童福利领域的基本法律，1947年日本《儿童福利法》描绘了儿童福利体系的基本原则和核心框架，是日本现代儿童福利制度正式确立的重要标志。在当时，作为第二次世界大战战败国国民，许多日本民众生活在混乱和贫困中，儿童的成长更是受到极大影响：首先，第二次世界大战后的医疗卫生条件较差，使儿童特别是新生儿的健康状况不良；此外，由于在战火中失去家园、与双亲走失等原因，日本街头孤儿、流浪儿童数量增加，不少流浪儿甚至不得不过着靠盗窃、乞讨为生的日子。在这样的背景下，日本在1945年和1946分别出台了《战争灾害孤儿保护对策纲要》《流浪及其他儿童保护应急措施的相关实施要点》两部规范性文件后，于1947年颁布了《儿童福利法》。该法由儿童福利的总则、福利保障、领养机构、费用、医疗保险相关事宜、审查请求、杂则和罚则八章构成，该法颁布至今在内容上虽历经多次修订，但法律的基本结构维持稳定。当然，在制度初创期，儿童福利政策实际上仍以维持贫困儿童、残疾儿童、流浪儿童等弱势群体的基本生活为主要目标。

20世纪50年代至1973年石油危机爆发以前，日本进入了经济高速发展阶段，为包括儿童福利在内的社会保障制度发展提供了坚实的经济基础；与之相伴而行的是儿童福利体系的迅速扩充，多项儿童福利相关法律正是这一时期颁布的（见表5-2）。此后，日本的经济发展速度相对放缓，人们开始重新评估家庭、国家、企业和社会在儿童福利中的责任分担，一些行业、职业的育儿假制度在这一时期得以建立。

20世纪80年代末至90年代，见证了日本儿童福利从"特惠"开始走向"普惠"、从聚焦儿童的社会保护走向综合性地支持儿童及其抚养家庭全面、自立发展的过程。1989年联合国颁布了《儿童权利公约》，其中"儿童最大利益"[①] 原则涉及儿童的一切行为，必须首先考虑儿童，亦在日本后续的一系列儿童福利政策中得以充分体现。标志着日本儿童福利理念系统转向普惠型发展的有两大事件：一是在1997年《儿童福利法》的修订中，儿童咨询所等为育儿家庭提供建议、支持、指导的体制机制得以系统建立，不仅拥有协调能力，以专业性提升民众的获得感，更重要的是能够更有针对性地为育儿家庭、儿童在现有儿童福利政策框架内提出一揽子福利方案，并定期根据儿童及其家庭的需要调整福利方案，从而大大提升了儿童福利政策供给与需求之间的匹配效率与匹配程度；"教护院"亦更名为"儿童自立援助机构"，体现了保障理念从儿童保护到儿童自立援助的转变。二是1998年由中央社会福利审议会向厚生劳动省和日本民众提交的《有关社会福利基础结构变革》报告。构建面向一般儿童及其家庭的福利项目，营造育儿友好型社会环境，成为改革的关键与重点所在。进入21世纪后，随着日本家庭规模小型化、少子化进程加快，这一理念不断加深，即全社会应当秉持社会团结的原则积极支持家庭育儿。

《儿童福利法》历经多次修订，最近一次修订发生在2019年3月，旨在预防以"管教"为名虐待儿童的现象，强化儿童咨询中心等介入疑似儿童虐待事件的能力。2016年的修订涉及总论部分，联合国《儿童权利公约》中的儿童最大利益原则被写入法律，儿童福利的理念进一步得以明确化。

回顾《儿童福利法》及相关法律的发展及沿革，可以归纳出日本儿童福利的若干基本理念，即平等、自立、共建。首先，全体儿童无论其生理、心理、经济条件、社会适应能力如何，都平等享有安全生活、健康成长、全面发展的权利。为此，日本在数十年的制度建设中，以《儿童福利法》为基本、以其他相关法律为福利事业发展依据，构造出"普惠+特惠"的双层福利体系，不仅充分

[①] The best interests of the child. 有时也称"儿童利益最佳"原则。

考虑孤残儿童、单亲家庭的特殊需求，在少子化态势下也充分考虑一般儿童、育儿家庭的普遍发展需求。

其次，重视家庭的作用，在福利政策实施过程中充分尊重儿童及其家庭的意见，通过综合的政策体系促进儿童及其抚养家庭自立和自我实现。正确理解儿童福利理念中的儿童最大利益原则，不应仅停留在关注提供服务的质量、数量、标准和体系化等供给侧因素，而是应当将儿童本人和育儿家庭的意愿以及儿童所在社区的差异性等需求侧的具体情况统筹考虑在内。为此，20世纪90年代中后期以来，日本的儿童福利政策转向以积极支持育儿家庭为施政重点，以儿童咨询所、无息教育贷款、放学后照料服务等体制机制为抓手，为儿童及育儿家庭赋能（empowerment），努力营造育儿友好型社会。

最后，强调儿童福利的实现是全体国民、全社会的共同责任，除作为第一责任人的监护人外，国家、公益法人、企业、社区及其居民等应当有序协同治理、共同参与建设，使儿童能够有效共享经济社会发展成果。鉴于日本少子化程度不断加深，越来越多的国民意识到，儿童的健康成长和全面发展是全社会的共同财富，是社会经济可持续发展的不竭动力。因此，日本重视家庭在实现儿童福利权利过程中的作用，但也通过税收优惠、育儿假、社区育儿支援等方式，使儿童及其抚养者能够共享经济社会发展的成果。在现行《儿童福利法》中，以上三点理念得到法律的确认，从而从顶层设计上保障了儿童福利政策的相对稳定性。

三、日本儿童福利的法律体系

在日本，一般认为与儿童福利直接相关的法律包括《儿童福利法》《儿童抚养津贴法》《特别儿童抚养津贴支付法》《母子、父子及寡妇福利法》《母子保健法》《儿童津贴法》六部法律，即"儿童福利六法"。此外，与儿童福利相关的主要法律还包括《育儿援助法》及其他两部育儿相关法律（以下简称"育儿援助相关三法"等儿童照顾方面的法律），以及司法保护、教育、医疗、劳动等方面的相关法律（见表5-2）。

表 5-2　　　　　　　　　　"儿童福利六法"及相关法律

法律名称	初次制定时间	简要评述
儿童福利法	1947 年	儿童福利领域的纲领性法律。1997 年后进行较大幅度修订
儿童抚养津贴法	1961 年	面向生活在单亲家庭等的儿童，以促进家庭生活稳定与自立、增进儿童福利为目的发放津贴
特别儿童抚养津贴支付法	1964 年	面向身心障碍的儿童，以增进这些儿童的福利为目的发放津贴
母子、父子及寡妇福利法	1964 年[①]	规定了旨在促进单亲家庭以及寡妇的生活稳定与自立所采取的一系列政策措施
母子保健法	1965 年	旨在增进婴幼儿及其母亲的健康，规定了保健指导、健康检查、医疗等政策措施
儿童津贴法	1971 年	旨在增进育儿家庭或相关机构的生活安定，促进儿童健康成长。由政府和用人单位筹资。每人每月 5 000~15 000 日元不等
育儿与护理休假法[②]	1995 年（1991 年）	旨在支持劳动者协调好工作和育儿或护理家人之间的关系
防止虐待儿童法	2000 年	规定了国家、地方防止虐待儿童的相关责任义务，以及儿童咨询所、相关人员发现和介入儿童虐待事件等规定
育儿援助相关三法	2012 年	构成育儿支援制度的法律框架，由育儿支援给付和育儿支援事业两部分组成
关于推进贫困儿童对策的法律	2013 年	从教育、生活保障、支持抚养者劳动就业、经济保障等多方面着手，旨在构造能让处于贫困状态的儿童也能健康成长的环境
其他儿童保护诸法	—	涉及预防校园霸凌、家庭暴力、儿童色情等内容，以及各类司法保护等

资料来源：作者根据上述相关法律内容整理。

除表 5-2 列举的"儿童福利六法"以及主要相关法律外，其他社会保障项目中与儿童相关的条款，亦是儿童福利法体系的重要组成部分。例如，《残障者

[①] 在当时，法律名称为《母子福利法》；而后，该法历经 1981 年、2003 年和 2014 年三次更名，每次更名都伴随着福利政策所覆盖对象的扩展及其背后的理念变更。

[②] 1991 年颁布的原《育儿休假法》，于 1995 年与新创设的护理休假制度合并，改称《育儿与护理休假法》。

基本法》《发育障碍者支援法》《残障者综合支援法》①《残障者歧视消解法》等都规定了与残疾儿童相关的福利内容；而在《生活穷困者自立援助法》中，亦有支持生活穷困的儿童学习、生活的内容。

可以发现，日本的儿童福利涉及社会福利、教育、劳动、社会保险、司法、医疗与公共卫生等多个领域、多个主管部门；那些涉及重要国家政策的领域，如少子化对策、儿童贫困问题、男女共同参与等，则由内阁府主导、协调各部门共同进行。如此，较高的立法层次，保障了多部门协同的高效性，以及问责的有效性。

第二节　日本儿童福利的种类与内容

一、"普惠型"儿童福利项目：一般生活与发展需求

（一）一般儿童津贴

《儿童抚养津贴法》为所有儿童和育儿家庭提供了一定的经济保障。该法于1971年颁布，历经多次修订，覆盖群体不断扩展，从最初只适用于生育三个或三个以上儿童且总收入在一定水平以下的家庭，一直拓展至每个育儿家庭。筹资来源也从单一的财政拨款渠道拓展至财政与雇主共同出资。日本内阁府《2017年儿童津贴事业年报》显示，2017年共有1 017.6万人领取了儿童津贴，其中超过九成的家庭处于收入限制线以下（923.3万人，约占90.7%）。领取者中，被雇用者756.0万人、非被雇用者170.8万人、公务员90.8万人，惠及1 678.4万名居家抚养儿童和近3.7万名机构照料儿童。财政性收入为其主要筹资渠道，而来自雇主缴费的筹资为4 031.6亿日元，约占该制度年度总收入1.747 92兆日元的23.07%。②

---

① 由2005年《障碍者自立援助法》在2012年的修订中改称而来。
② 内阁府．平成29年度儿童手当事业年报［EB/OL］．［2019-10-01］．https：//www8.cao.go.jp/shoushi/jidouteate/pdf/29_nenpou/zentai.pdf.

任何家庭只要正在抚养未满16周岁①的儿童，均是该福利项目的给付对象。就给付水平而言，儿童津贴制度首先设立了家庭年收入基准线。② 家庭收入超过该基准线限制的家庭，给付水平相对较低，但每抚养一个未满16周岁的儿童，每月亦可获得5 000日元。家庭收入在该限制以下的家庭，根据儿童数量、所抚养儿童的年龄等，也将得到不同标准的给付（见表5-3）。对于由父母指定抚养者以及收养了符合条件的儿童的福利院等儿童福利机构，原则上也可以得到相应的给付。此外，为了提升行政效率、方便国民，儿童保育费用、在校餐费等，市、区、町、村根据情况也可以直接从儿童津贴中直接征收。

表5-3　　儿童津贴的给付标准（单位：日元/抚养的每名儿童每月）

儿童年龄	一般家庭		较高收入家庭
未满3周岁	15 000		5 000
3周岁至小学毕业前	第1个、第2个孩子	第3个孩子及第3个孩子以后	
	10 000	15 000	
小学毕业至16周岁前	10 000		

资料来源：作者根据《儿童津贴法》等法律法规整理而成。

从制度规定的内容来看，日本的儿童津贴制度兼顾了普惠和公平。一方面，对包括生活在较高收入家庭在内的全体儿童发放了儿童津贴，不仅体现了全体国民对育儿责任的支持，更体现了对全体家庭勤恳育儿劳动的认可。另一方面，又充分考虑儿童所在家庭以及儿童年龄的具体情况，设定了不同水平的给付标准，通过向抚育多子女、年轻子女的家庭和一般收入家庭倾斜公共资源，较好地体现了公平性原则。

（二）面向全体家庭的保育服务

根据《儿童福利法》第24条的规定，监护人因为参加劳动或者疾病等原因，

---

① 具体而言，该福利将从儿童出生当年开始发放，一直发放至该儿童15岁生日后的第一个3月31日为止。

② 根据该家庭需要抚养、赡养或无收入的家庭成员数量等实际情况，该收入限制标准有所调整。例如，一个由正式劳动者、全职主妇以及两名需要抚养的儿童组成的四口之家，年收入限制标准为960万日元。

其监护的儿童需要保育时，市町村应当实施保育；该规定不仅明确了基层政府是保育制度的实施主体，更重要的是将"监护人参与劳动"明确作为育儿家庭享受一般性保育服务的认定条件，从而使保育制度成为真正意义上的普惠项目。

有保育需求的家庭等，需先向市町村申请，履行保育需求必要性认定（保育の必要性の認定）程序。该认定由申请事由、分类和优先度三部分组成，在全国统一的基本框架下，具体实施细则由市町村根据实际情况制定。申请事由包括多种形态的劳动就业、孕产、监护人患病或残障、长期照顾其他家庭成员、受灾、求职、接受教育、存在家庭暴力等虐待行为、照顾其他孩子以及其他市町村认为有必要给予保育服务的事由。该认定分为三种类型（见表5-4），保育服务的使用流程与实施情况将在本章专门设立一节详细介绍。

表 5-4　　　　　　　　　保育需求必要性认定结果：三种类型

认定的类型	儿童年龄与需求	可供使用的托幼机构
1号认定	3~5周岁，主要希望接受教育	幼儿园、认定儿童园
2号认定	3~5周岁，监护人存在"需求必要性"	托儿所、认定儿童园
3号认定	0~2周岁，监护人存在"需求必要性"	

资料来源：作者整理。

（三）促进劳动者实现工作与家庭间平衡的育儿假

来自家人特别是父母的陪伴与照顾，对儿童健康成长至关重要，对于新生儿及其抚养者而言尤其如此。因此，面向新生儿家庭的育儿假及其津贴一向是儿童福利制度的重要内容。但是，随着家庭结构的核心化、家庭规模的小型化，抚养、护理等家庭成员之间的相互援助功能日益弱化，劳动者要实现其从事市场劳动与家庭照顾劳动之间的平衡，变得越来越具挑战性。为了减轻这种负担，补充家庭的照顾功能，1991年日本制定了《育儿休假法》，经过多次修订后，新的"育儿、护理休假制度"于2005年开始实施。

抚养未满1周岁儿童的男女劳动者，都可享受育儿休假；所抚养儿童无法进入托儿所等其他情况下，休假期限可延长至该儿童满1岁半。此外，对于未享受育儿假的劳动者，该法律还规定了关于缩短劳动工时、实施弹性工作制等减少或缩短一般劳动时间的制度。

2010年6月正式实施育儿、护理休假修订法案，鼓励与支持劳动者从事育儿等家庭劳动、家庭照顾的福利内容进一步扩大。根据修订后的法律，对于抚养未满3周岁儿童的劳动者，雇主应当对其实施"短时工作制"（每天6小时），缩短其工作时间；此外，如果劳动者提出不加班的要求，雇主应当免除这些劳动者的加班工作安排。对于抚养两个或以上孩子的家庭，在孩子生病时，父母每年可以享受最多10天的病儿看护休假。与此同时，废除了无法享受育儿休假的例外情形，即按照原法律规定，若劳动者的配偶是专业家庭主妇或主夫，则劳动者本人无法享受育儿假，这一规定在此次修法中予以取消。育儿假期间的生育津贴，在180天内按照休假前工资的67%支付，此后按照休假前工资的50%支付。

虽然日本的育儿休假福利制度较丰厚，且面向父母双方，但一方面，希望参与市场劳动的女性为了育儿不得不辞职的现象并不罕见；另一方面，实际上男性享受育儿假的比例非常低。2015年，日本提出了到2020年享受育儿假的男性达到13%的目标，但根据有关调查，这一指标在2016年仅有3.16%。[①] 在此背景下，为了促进该制度的有效贯彻实施，2016年、2017年育儿休假制度进行了两次调整：明确了在劳动者或其配偶在妊娠、产子时，雇主应当单独告知劳动者关于育儿休假等制度；儿童在满1岁半时如果无法进入托儿所，其抚养者可以申请将育儿休假最多延长2个月，相关生育津贴也相应延长至该儿童满2周岁；通过将病儿看护假的最小单位从1天调整为半天，增加儿童福利政策的灵活性；扩大育儿休假的享受条件，例如有希望延长劳动合同的劳动者也可申请；对于阻碍劳动者休假、牟取相关不当得利的行为，亦加强了监督和惩罚措施。

二、"特惠型"儿童福利项目：针对弱势儿童的特殊需求

（一）残障儿童福利

除前述面向全体儿童、育儿家庭的津贴外，日本还建立了支付给残障儿童的特别津贴制度，旨在减轻残障儿童抚养家庭及儿童本人的经济负担。经济保障主

---

① 大津泰子. 児童家庭福祉（第3版）[M]. 京都：ミネルヴァ書房，2018：229.

要包括两大部分：特别儿童抚养津贴和残障儿童福利津贴（见表5-5），其中，前者由中央财政负担，后者由中央财政负担75%、地方财政（都道府县、市以及设立福利事务所的町村）负担25%。

表5-5 针对残障儿童的特别津贴

项目	特别儿童抚养津贴	残障儿童福利津贴
目的	通过发放津贴，增进残障儿童的福利	减轻重度残障儿童的精神、物质负担，以增进残疾儿童的福利
给付条件	（儿童）未满20岁；居家抚养；由父母或其他抚养者受领	（儿童）未满20岁；居家抚养；由儿童本人受领
残障程度与给付水平	1级津贴：身体、精神或智力障碍1~3级（部分），每月51 700日元 2级津贴：身体、精神或智力障碍2~4级（部分），每月34 430日元	身体、精神或智力障碍1~2级（部分），每月14 650日元
人数	243 472人	64 978人

资料来源：日本厚生劳动省官方网站，www.mhlw.go.jp。

注：津贴给付水平为2018年的标准，给付人数为2017年年末数据。

除经济保障外，对残疾儿童的福利服务可大致分为居家·接送型（通所型）和入住型（入所型），其中，入所型机构所提供的服务可以进一步划分为福利型和医疗型（见表5-6）。

根据2012年《儿童福利法》的修订，原针对不同残障类型的各种儿童福利机构进行了一元化改革，与此同时亦广泛发掘所在地区附近的支持体系，形成了现有服务体系。基于《残障者自立援助法》《儿童福利法》的各类机构所提供的残障儿童服务，覆盖了身体、精神和认知等不同类型的残障儿童及其家庭的需求，其中，居家·接送型服务主要由市、町、村政府负责，而都、道、府、县政府则主要负责入住型服务。表5-6归纳了各类残障儿童服务的主要内容。

除了上述专门面向残障儿童的服务外，抚养残障儿童的家庭在申请一般儿童福利时还依法享有优先使用权，例如在申请使用前述保育服务、进行保育需求必要性认定时，残障儿童家庭将享有更高的服务使用优先度。

表 5-6　　　　　　　　　　残障儿童的主要福利服务类别

服务类型		主要内容
咨询支援型	"一揽子"计划咨询支援	协助残障儿童及其家庭制订综合的福利服务使用方案，协助联系福利机构等
		定期审视福利服务等的使用情况，必要时对方案进行更新，并协助联系福利机构等
居家·接送型	儿童发育成长支援	指导残障儿童的日常生活行为、传授知识技能、提供有助其参与集体生活的适应性训练等
	医疗型儿童发育成长支援	包含上述"儿童发育成长支援"内容，加上医疗护理，主要针对有必要医疗服务需求的残障儿童
	放学后日托服务	在上课结束后或者学校休息日，由福利机构和学校提供提升生活能力的必要训练和往返接送，支持和促进残障儿童与社会的交流
	居家与接送型儿童发展支援	对外出访问福利机构非常困难的残障儿童，提供发育成长支援服务，每周两日左右
	托儿所等接送型支援	对正在使用或计划使用托儿所服务等儿童集体生活服务的残障儿童，每两周一次左右，为他们提升集体生活适应能力
入住型	福利型	向居住在福利机构的残障儿童提供保护、日常生活指导以及相关知识技能的传授
	医疗型	向居住在福利机构或指定医疗机构的残障儿童提供同"福利型"的服务内容以及医疗护理，主要针对的是那些需要特定医疗护理的儿童

资料来源：厚生劳働省．障害児支援施策の概要［EB/OL］．[2019-10-07]．https：//www.mhlw.go.jp/content/12200000/000360879.pdf．

（二）单亲家庭支持政策

作为单亲家庭支持政策的基本法律依据，《母子、父子以及寡妇福利法》对单亲家庭有着明确的定义，主要包括因丧偶、离婚而单亲化的家庭。[①] 与残障儿童因先天或后天残障所致的自身脆弱性相比，生活在单亲家庭中的儿童的脆弱性更多地来自家庭相对较弱的经济能力和照顾能力。在母子家庭、父子家庭等单亲

---

① 此外，还包括配偶生死不明（宣告失踪）、被配偶遗弃、配偶因在海外而无法履行抚养义务、配偶因身心障碍而长期无劳动能力等情形。

家庭中，原本往往由夫妻双方共同承担的、维持家庭生计和养育儿童的职责，几乎完全落在了单亲家庭儿童的抚养者一人身上。显然，对单亲家庭的抚养者而言，来自经济、社会、精神、体力等方面的压力剧增，极易影响儿童的健康成长和全面发展，构成了对实现儿童福祉的风险。

值得注意的是，单亲家庭支持政策中对"儿童"的定义为未满20周岁者，这一点与日本儿童福利领域中的典型定义有所不同。随着日本单亲家庭总量与比例持续增加（见表5-7），与丧偶相比，离婚逐渐成为家庭单亲化的原因。厚生劳动省的"国民生活基础调查"显示，2人户的单亲家庭数量总体呈上升趋势：纯母子家庭户数从1986年的60万户增至2017年的76.7万户，而纯父子家庭则从1986年的11.5万户减少至2017年的9.7万户。[①] 如果算上与其他家人共同居住的情况，2016年厚生劳动省实施的全国单亲家庭调查则显示，日本共有141.9万户"广义"单亲家庭（母子家庭123.2万户、父子家庭18.7万户）[②]，其中，离婚是家庭单亲化的主要原因（占母子家庭中的79.5%、父子家庭中的75.6%），大幅度超过因丧偶而单亲化的家庭：因丧偶的单亲化家庭比例从1983年的约40%急剧下降至2016年的8%（母子家庭）和19%（父子家庭）。[③] 除此之外，单亲家庭尤其是母子家庭的经济稳定性和家庭收入水平堪忧。单亲家庭的女性抚养者中，正规就业者的比例仅为44.2%，低于自雇佣者（3.4%）和打零工者（43.8%）比例之和，年均劳动收入约为200万日元；相比之下，父子家庭中抚养者的正规就业者接近七成（68.2%），远超自雇佣者（18.2%）和打零工者（6.4%），年均劳动收入约为398万日元。[④]

日本的单亲家庭支持政策，可大致分为儿童照料与生活支持、就业支持、抚养费支持和经济保障四大方面。此外，专门接受母子临时避难或入住（如遭受家

---

① 厚生労働省. 平成29年度母子家庭の母及び父子家庭の父の自立援助施策の実施状況［EB/OL］. (2018-12-25)［2019-10-03］. https：//www.mhlw.go.jp/content/11920000/000536760.pdf.

② 这里使用的统计口径比前述"2人户单亲家庭"更大，包括了母子或父子以外还存在其他共同居住者的家庭，例如，与被抚养儿童的外婆共同居住的3人户母子家庭。根据厚生劳动省"国民生活基础调查"，只含有母子或父子的、父母未满65周岁、子女未满20周岁的单亲家庭户共有86.4万户，其中母子家庭76.7万户、父子家庭9.7万户。

③④ 厚生労働省. 平成29年度母子家庭の母及び父子家庭の父の自立援助施策の実施状況［EB/OL］. (2018-12-25)［2019-10-03］. https：//www.mhlw.go.jp/content/11920000/000536760.pdf.

庭暴力时）的福利机构①也为单亲家庭提供了综合的支持体系。日本依法设置在各福利事务所等机构的"母子、父子自立援助员"专门负责来自单亲家庭的咨询，与就业支持专员一起为单亲家庭提供全方位服务，例如协助申请职业能力开发相关的给付金、告知并协调托儿所和儿童放学后俱乐部的优先享受手续、提供关于抚养费和经济保障政策的咨询等。通过自立援助员制度，单亲家庭获得相关福利政策的可及性得以提升，2017年，日本共配置了1 764名自立援助员（其中全职者为520名），共计为73.8万个咨询个案提供了服务，咨询类型比例最高的是单亲家庭福利贷款相关的内容（35.1%），其次是儿童抚养津贴相关内容（16.9%）；就业支援专员共61名，共计提供了1.9万次服务。② 可见，最受单亲家庭关注的是经济保障方面的内容（共计52%）。由于篇幅所限，本节将主要介绍单亲家庭经济保障政策中的儿童抚养津贴制度和单亲家庭福利贷款制度。

表 5-7　　　　部分年份单亲家庭的发展趋势（1986—2017 年）

年份	总家庭数（万户）	单亲家庭数（万户）			单亲家庭占总家庭数比例	
			二人户单亲家庭			
			母子家庭	父子家庭		二人户单亲家庭比例
1986	3 754.4	190.8	71.5	60.0	11.5	5.1%	1.9%
1989	3 941.7	198.5	65.4	55.4	10.0	5.0%	1.7%
1992	4 121.0	199.8	56.6	48.0	8.6	4.8%	1.4%
1995	4 077.0	211.2	56.7	48.3	8.4	5.2%	1.4%
1998	4 449.6	236.4	58.0	50.2	7.8	5.3%	1.3%
2001	4 566.4	261.8	66.7	58.7	8.0	5.7%	1.5%
2004	4 632.3	277.4	71.7	62.7	9.0	6.0%	1.5%
2007	4 802.3	300.6	81.7	71.7	10.0	6.3%	1.7%
2010	4 863.8	318.0	78.5	70.8	7.7	6.5%	1.6%

① 即"母子生活支持机构"，是《儿童福利法》所规定的儿童福利机构的一种类型。
② 厚生労働省. 平成29年度母子家庭の母及び父子家庭の父の自立援助施策の実施状況［EB/OL］.（2018-12-25）［2019-10-03］. https：//www.mhlw.go.jp/content/11920000/000536760.pdf.

续表

年份	总家庭数（万户）	单亲家庭数（万户）			单亲家庭占总家庭数比例	
			二人户单亲家庭			
			母子家庭	父子家庭		二人户单亲家庭比例
2013	5 011.2	362.1	91.2	82.1	9.1	7.2%	1.8%
2014	5 043.1	357.6	83.3	73.2	10.1	7.1%	1.7%
2015	5 036.1	362.4	87.1	79.3	7.8	7.2%	1.7%
2016	4 994.5	364.0	80.3	71.2	9.1	7.3%	1.6%
2017	5 042.5	364.5	86.4	76.7	9.7	7.2%	1.7%

资料来源：作者根据日本厚生劳动省"国民生活基础调查"所披露数据整理、计算而成。因发生重大地震灾害等原因，2016年的数据中不含熊本县的数据。原始数据转引自：厚生労働省．平成29年度母子家庭の母及び父子家庭の父の自立援助施策の実施状況［EB/OL］．（2018-12-25）［2019-10-03］．https：//www.mhlw.go.jp/content/11920000/000536760.pdf．

注：此表中的二人户单亲家庭，指的是抚养者未满65周岁（有年满65周岁或以上者的家庭被计入老年人家庭）、所抚养的子女未满20周岁的父子或母子家庭。

1961年颁布的《儿童抚养津贴法》旨在通过发放儿童抚养津贴，确保那些生活在单亲家庭的儿童及其所在家庭的安定，促进其自立，从而提升儿童的福祉。未满18周岁（残障儿童则可延长至20周岁）、符合以下给付要件之一的儿童，其抚养者可享受儿童抚养津贴：一是父母离婚；二是父亲或母亲死亡、达到一定残障等级、生死不明、连续遗弃一年以上、受到来自法院的家庭暴力人身保护令、被拘留一年以上；三是（母子家庭）非婚生子；四是被遗弃儿童等尚不知晓父母是否在世的儿童。

给付水平方面，儿童抚养津贴制度根据家庭规模、所抚养儿童数量和收入水平设置了较详细的给付标准（见表5-8）。以2018年8月母子二人户家庭为例，年收入在160万日元以下的家庭，可以得到全部给付，而年收入达到160万日元且不满365万日元的母子二人户家庭，根据其家庭年收入不同，可得到10 030日元到42 490日元不等的"部分给付"，津贴的给付水平随家庭年收入增加而减少。而抚养多于1名儿童的单亲家庭，则在此基础上追加一定的给付水平；对于年收入高于基准线、只能享受部分给付的家庭，追加额同样随着家庭年收入而有所调整。截至 2017 年 12 月，共有 97.3 万户家庭领取了儿童抚养津贴，其中母子家庭为 88.7 万户，父子家庭为 5.3 万户，其他家庭为 3.3 万户。[①]

表 5-8　　儿童抚养津贴的给付等级与每月给付标准

	所抚养儿童数量		给付水平或追加额
全部给付	1 名儿童		42 500 日元
	2 名儿童以上所追加额度	第二名儿童	10 040 日元
		第三名及以后每名儿童	6 020 日元
部分给付	1 名儿童		10 030~42 490 日元
	2 名儿童以上所追加额度	第二名儿童	5 020~10 030 日元
		第三名及以后每名儿童	3 010~6 010 日元

资料来源：厚生労働省. 平成 29 年度母子家庭の母及び父子家庭の父の自立援助施策の実施状況［EB/OL］.（2018-12-25）［2019-10-03］. https：//www.mhlw.go.jp/content/11920000/000536760.pdf.

注：根据现有规定，因离婚而单亲化的育儿家庭，来自前夫\前妻的抚养费的 80%亦计入单亲家庭的年收入。

儿童抚养津贴在增加单亲家庭总收入的同时，综合考虑抚养人数、家庭收入水平等因素，对超过一定收入的家庭实施阶梯递减式给付，以期达成保障家庭生活和鼓励经济自立两大政策目标的平衡。以表 5-8 汇报的母子二人家庭为例，对年收入 160 万日元及以下的家庭予以等额的全部给付，合计每年 51 万日元；随着家庭年收入逐渐上升至 200 万日元、250 万日元、300 万日元和 365 万日元，儿童抚养津贴的年度给付总额大致下降至 44 万日元、34 万日元、25 万日元和 12 万日元。筹资责任方面，中央财政负担 1/3，其他各级地方财政共同承担 2/3。2018 年，该制度的中央财政预算为 1710.0 亿日元。

与抚养津贴相比，另一项针对单亲家庭的经济保障政策更侧重于促进单亲家庭中的儿童及其抚养人实现经济自立，从而增进这些儿童的福祉，即福利贷款制度（母子父子寡妇福利资金贷付金制度）。该制度以无利率或 1.0%的超低利率为突出特征，贷款申请涵盖创业、技能培训、接受教育、就业与入学生活周转、医疗护理、居住、结婚等 12 种类型，偿还期限从 3 年至 20 年不等。只要满足制

[①] 厚生労働省. 平成 29 年度母子家庭の母及び父子家庭の父の自立援助施策の実施状況［EB/OL］.（2018-12-25）［2019-10-03］. https：//www.mhlw.go.jp/content/11920000/000536760.pdf.

度规定的贷款事由，多数情况下无须保证人亦可申请（见表5-9）。筹资方面，中央财政负担2/3的资金，都道府县和部分城市负担1/3的资金。2017年共计贷出超过180亿日元，其中超过90%的贷款事由、款项均与儿童的教育有关。[①]

此外，国民年金制度和厚生年金制度中都规定了相应的遗属年金，符合条件的家庭或儿童可以领取，亦成为许多生活在单亲家庭中儿童的经济保障，在此不再赘述。

表5-9　　　　　　　单亲家庭福利贷款制度部分贷款项目概要

资金类别	申请事由	贷付上限	偿还时间
营业启动金	单亲家庭中的抚养者为了开始经营饮食、文具、糕点零售等事业而购入设备等	285万日元	7年内
就学资金	儿童从高中、中专到博士研究生等一系列课程的学费、书本费、通勤费等	从中专的每月4.8万日元到博士研究生课程的每月18.3万日元不等	5年内至20年内
入职周转金	购买儿童入职必要的床被、衣服、自行车等	10万日元 特别贷付金30万日元	6年以内
住宅资金	单亲家庭中的抚养者用于建造、购买、修补、改建住宅等	150万日元 特别贷付金200万日元	6年至7年以内

资料来源：作者根据厚生劳动省的《母子父子寡妇福祉资金贷付金の概要》内容整理，转引自厚生劳働省. 平成29年度母子家庭の母及び父子家庭の父の自立援助施策の実施状況 [EB/OL].（2018-12-25）[2019-10-03]. https://www.mhlw.go.jp/content/11920000/000536760.pdf.

（三）为需要保护的儿童提供社会抚养

广义的社会抚养可定义为，当原生家庭无法抚养儿童或抚养行为面临困境时，由中央和地方政府对这些儿童或有关家庭直接或间接地提供临时或长期的支持型、补充型或代替型的抚养服务；而狭义或传统意义上的社会抚养主要指替代型抚养（见图5-1）。受篇幅所限，本节主要介绍替代型社会抚养中的家庭式社会抚养制度；关于机构型社会抚养，参见本章第三节第二部分的"儿童福利机构的类型及其功能工"。

《儿童福利法》对需要接受社会抚养的儿童（或需要保护的儿童）定义为

[①] 厚生劳働省. 平成29年度母子家庭の母及び父子家庭の父の自立援助施策の実施状況 [EB/OL].（2018-12-25）[2019-10-03]. https://www.mhlw.go.jp/content/11920000/000536760.pdf.

"没有监护人的儿童，或者其监护人的监护行为被认定为不适当的儿童"。具体而言，需要社会抚养的儿童一般包括其监护人死亡或下落不明、被拘留、因病接受疗养、因经济原因抚养困难、被认定为实施了虐待行为等。全体国民在发现上述儿童时，有向儿童咨询所或福利事务所通报的义务①，通报手段可包括电话、现场通报、电子邮件、信件等，而接受通报的机构应当对通报者的有关情况保密。在监护人因前述原因临时或永久无法履行保护义务时，国家和地方负有代替监护人抚养儿童的义务②，一般由以福利事务所为代表的枢纽型机构以及以儿童抚养机构为代表的专业型机构具体实施。

很长一段时间以来，包括日本在内的社会抚养政策以儿童抚养机构（原孤儿院）等机构型服务为中心。2009年，联合国通过了《关于替代性儿童照料③的导则》④，提出采用机构照料"应仅限于这种环境对有关儿童特别适当、必要且具有建设性并符合其最大利益的情况"（第21条），强调"确保儿童有一个稳定的家，并满足其基本的安全需要和持续依恋照顾者的需要"（第12条）。有鉴于此，2011年，厚生劳动省颁布了《家庭抚养制度导则》（里親制度ガイドライン）⑤，提出了"家庭抚养优先原则"（里親委託優先の原則）。

前述原则在2016年《儿童福利法》的修订中得以体现⑥，强调当儿童不适合在原有家庭接受抚养或原有家庭抚养儿童存在困难时，国家和地方应当采取必要的措施让儿童在"与家庭同样的抚养环境中"继续接受抚养。此后，以委托家庭抚养（含专门委托抚养）、领养（含特别领养）以及"小规模居住型儿童抚

---

① 《儿童福利法》第25条。

② 《儿童福利法》第2条。

③ 英文原文为child care，其他常见的翻译还包括儿童照护等。但是，在中文语境中，儿童照料、社会照料往往还包括广义社会抚养（见图5-1）中保育服务、日托服务等非替代型抚养模式，考虑本部分重点讨论的"替代型儿童照料"的内涵与中国大陆政策法规中"社会抚养"的概念基本一致，所以本章仍将日文"社会的養護""児童養護施設"翻译为社会抚养、儿童抚养机构——事实上，日本《儿童福利法》上的儿童抚养机构的即"孤儿院"，自1997年该法修订后改为现有名称，所提供的服务属于典型的替代型抚养中机构集中供给模式。

④ 英文版原文及日本厚生劳动省翻译的日文版参见：https：//www.mhlw.go.jp/bunya/kodomo/syakaiteki_yougo/dl/yougo_genjou_16.pdf.

⑤ 厚生労働省．里親委託ガイドラインについて［EB/OL］.（2018-3-30）[2019-10-04] https：//www.mhlw.go.jp/content/000482645.pdf.

⑥ 第3条第2款。

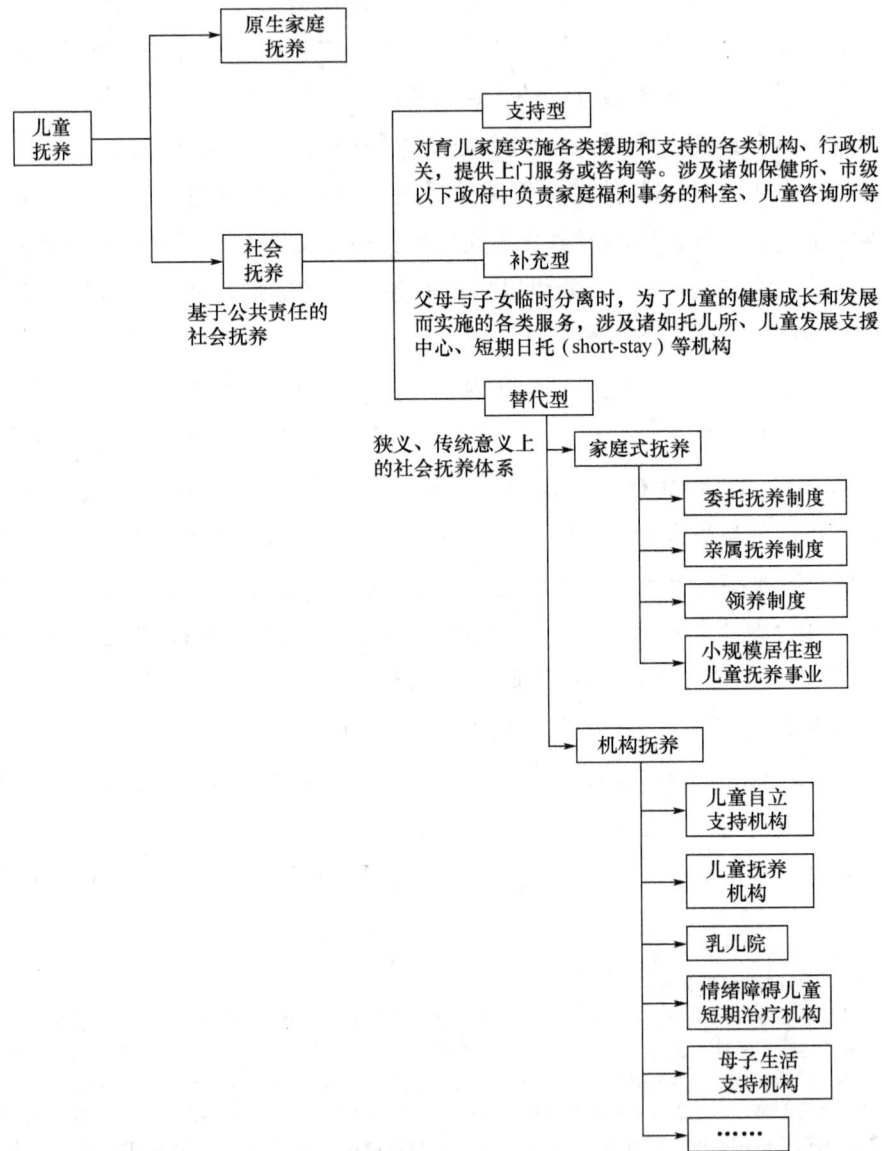

图 5-1 日本的社会抚养体系

资料来源：鈴木力．新しい社会の養護とその内容．青踏社，2012：28；社会福祉士養成講座編集委員会．児童や家庭に対する支援と児童・家庭福祉制度［M］．東京：中央法規，2019：210；作者据前述文献部分内容整合而成。

养事业"① 为主要政策体系的家庭式社会抚养模式得到重视——通过制度化的福利津贴确保其可持续性，而定期登记、培训制度则旨在确保家庭式社会抚养的质量，从而日益彰显其在儿童福利中的重要性。

1. 委托抚养制度

登记注册并接受抚养委托的养父母，每月可得到超过 8 万日元的委托抚养津贴②和超过 5 万日元的一般生活费③，其他诸如幼儿园费用、教育费、入职周转金和医疗费用等，亦由财政支付。上述津贴和培训登记机制的意义十分重大。对孤儿的领养行为自古有之，但通过持续性、常态化的专门领养津贴制度，使得在其他家庭中抚养弱势儿童的国家责任真正落到实处——领养行为不再停留于特定家庭的个别慈善行为，而是得到来自全体国民所缴纳税收的财政所支持的、育儿成本与责任得到合理分担的系统性制度安排。当然，申请并注册登记成为养父母需要通过严格而专业的认定，除经济能力和个人素养外，领养人及其同居者不得有法律所禁止的情形④，还应当参加并通过由都道府县政府组织的培训考试，方可得以注册登记；此后，每五年必须进行一次研究和重新登记。2018 年，登记注册的委托抚养家庭共有 9 592 户，其中受委托正在实施抚养的家庭 3 326 户，抚养儿童数为 4 134 人（上述数据均含专门委托抚养家庭及其抚养儿童）。⑤

在需要保护的儿童中，对于因遭到虐待行为而身心受损的儿童、有违法犯罪等行为的儿童以及残障儿童，将通过专门委托抚养模式予以抚养。专门委托抚养津贴给付水平较高⑥，但与前述一般委托抚养存在以下不同：一是委托期限最长

---

① 该抚养模式于 2008 年《儿童福利法》修订时得以正式制度化，此类事业又称ファミリーホーム（family home），以领养者经验丰富（担任养父母同时抚养两名以上受托儿童达两年以上者）、可抚养多名儿童但又不采用机构式集中抚养（不超过 5~6 名）的模式为显著特征。
② 2018 年标准为每月 8.6 万日元，同时抚养两名及以上受委托儿童时，每额外抚养 1 名儿童每月追加 4.3 万日元。厚生労働省子ども家庭局家庭福祉課. 里親制度（資料集）[EB/OL].（2019-10-01）[2019-10-04] https：//www.mhlw.go.jp/content/000553549.pdf.
③ 用于支付餐费、被子衣物等的费用。2017 年标准为每月 5.06 万日元（新生儿为 5.83 万日元）。
④ 即《儿童福利法》第 34 条第 20 款第 1 项的内容。
⑤ 厚生労働省子ども家庭局家庭福祉課. 里親制度（資料集）[EB/OL].（2019-10-01）[2019-10-04] https：//www.mhlw.go.jp/content/000553549.pdf.
⑥ 2017 年标准为每月 13.7 万日元，同时抚养 2 名及以上受委托儿童时，每额外抚养 1 名儿童追加 9.4 万日元。厚生労働省子ども家庭局家庭福祉課. 里親制度（資料集）[EB/OL].（2019-10-01）[2019-10-04] https：//www.mhlw.go.jp/content/000553549.pdf.

为 2 年，到期后可更新；二是登记注册为专门委托抚养的家庭，除满足一般的认定要件外，还需要满足：履行养父母职责 3 年以上，或在其他儿童福利事业中从业 3 年以上；三是参加并通过专门的委托抚养培训考试；四是登记注册有效期为 2 年，期满后必须重新参加专门培训考试。

值得一提的是，当养父母是受委托儿童父母的亲属时，此类抚养被称为亲属抚养（親族里親）。与一般委托抚养不同的是，亲属抚养的认定批准条件较宽松，例如养父母的经济状况不作为认定要件，且部分培训与考试科目可予免修，抚养关系确立后无须定期延长等。但是，亲属抚养家庭无法得到委托抚养津贴，只能得到一般生活费补贴。

2. 领养制度

与委托抚养原则上设定固定期限、定期更新不同的是，领养制度以构建永远存续所成立的养父母—养子女关系为指导目标，主要面向那些无子女家庭。对想要领养需要保护的儿童者，其资格认定与一般委托抚养中的养父母认定相似，但所接受的培训考试内容有所不同。此外，领养关系的申请与成立，原则上应当通过家庭法院（家庭裁判所）的许可。

区别于一般领养制度的特别领养制度，则以儿童与原生家庭父母关系的结束为特征——当儿童无法从亲生父母那里得到充分的监护时，通过结成新的亲子关系，保障儿童享有"安心的、安全的、持久的"家庭关系。① 特别领养制度对儿童亲生父母的同意权、养父母的年龄、拟领养儿童的年龄以及考察期作出相应规定，具体如下：一是原则上应当取得儿童亲生父母的同意，但儿童遭受其虐待、恶意遗弃等严重损害儿童利益时，或其无法作出意思表示时，不受此限。二是申请成为养父母者应当年满 25 周岁，其配偶应当年满 20 周岁。三是申请成为养父母者，在向家庭法院提出申请时，拟领养的儿童应当未满 6 周岁；但是，如果在拟领养儿童年满 6 周岁前，申请成为养父母者已经开始监护该儿童，那么可以放宽至该儿童年满 8 周岁前进行申请。四是在领养关系成立前，申请成为养父母者应当与拟领养儿童共同生活 6 个月，并对该儿童实施监护；6 个月后，家庭法院

---

① 吉田幸惠，山縣文治. よくわかる子ども家庭福祉［M］. 京都：ミネルヴァ書房，2019：106.

将综合考虑监护状况等因素，作出领养关系是否成立的决定。

3. 小规模居住型儿童抚养事业

最后一种家庭式抚养模式主要是基于《儿童福利法》第6条第3款第8项，其运作模式介于机构集中供养和一般的委托抚养之间。其基本人员配置为两名抚养者（夫妇）加一名辅助人员，或者一名抚养者加两名辅助人员①，具体由儿童咨询所对需要保护的儿童向抚养者进行委托。筹资责任方面，根据《儿童福利法》第53条的规定，由中央财政负责其营运补贴的50%，其他地方财政补贴50%。

这种模式下，有需要的儿童将与经验丰富的抚养者②共同居住在后者的家中，最多可同时收养5~6名儿童。在这样的家庭环境中，可以在尊重儿童独立性的同时充分引导并利用儿童之间的良性互动，建立基本的生活习惯，培养儿童的社会适应能力、交往能力以及自立能力。

表 5-10　　　　　　　　　家庭式抚养的类型与发展规模

种类	一般委托家庭	专门委托家庭	领养家庭	亲属抚养	小规模居住型儿童抚养事业	
目标儿童	需要保护的儿童	受虐待、违法犯罪、残障儿童	需要保护的儿童	①对其依法承担抚养义务的儿童；②有保护需要的儿童	事业数量	347 所
登记数	9 592 户	702 户	3 781 户	560 户	抚养儿童人数	1 434 人
委托数	3 326 户	196 户	299 户	543 户		
委托儿童数	4 134 人	221 人	299 人	770 人		

资料来源：厚生労働省子ども家庭局家庭福祉課.里親制度（資料集）［EB/OL］.（2019-10-01）［2019-10-04］https://www.mhlw.go.jp/content/000553549.pdf；厚生労働省.里親制度等について［EB/OL］.（2017-12-31）［2019-10-04］https://www.mhlw.go.jp/stf/seisakunitsuite/bunya/kodomo/kodomo_kosodate/syakaiteki_yougo/02.html；作者据上述文献整理.

注：除小规模居住型儿童抚养事业为2017年年末数据外，表中报告的其他内容为2018年3月末的数据。

---

① 现行制度规定，抚养者仅限于原本就生活和居住在此住所者，其他人员只能担任辅助人员。

② 作为养父母同时抚养2名以上被委托儿童长达2年以上，或者登记成为养父母长达5年以上且总共抚养了5名以上被委托儿童，或者在乳儿院、儿童抚养机构（原孤儿院）、儿童心理治疗机构等儿童福利事业从事3年以上儿童抚养业务者。

如表 5-10 所示，一般委托家庭抚养超过六成（60.3%）需要保护的儿童，是最主要的替代型家庭抚养供给模式，实际承担委托家庭占登记注册家庭的 34.7%，供给能力较充裕；实际承担抚养委托的领养家庭仅占总登记领养家庭的 7.9%；小规模居住型儿童抚养事业所平均抚养儿童数超过 4 人，接近额定人数的 5~6 人。

第三节　日本儿童福利的实施机制

一、儿童福利的行政、审议和经办机构

儿童福利的供给形式涵盖经济保障、服务输送和社会环境构建等多种渠道，涉及国家与地方、公共部门与私营部门、家庭与儿童本人等多类主体。因此，儿童福利权能否充分实现，除需要一个相对全面、完善的法律法规体系作为基本依据外，也有赖于行政机关与经办机构对儿童福利相关业务流程的有效整合，体现了一个国家和地区治理儿童与家庭领域民生发展问题的效能。日本的儿童福利行政与经办体系分为中央政府、都道府县和市町村三个层级，除了确保行政、经办机构与公共事业的内部有效协调外，随着对儿童福利的认识从单纯的社会保护工具、少子化对策向支持家庭育儿与家庭式抚养的转变，近年来与私营部门的互动也愈发频繁（见图 5-2）。

（一）中央层面

1. 儿童福利行政机关

在国家（中央政府）层面，厚生劳动省[①]全面负责儿童福利的行政性工作，例如发展规划的制定与调整、监督指导、测算与编制所需预算、部门间和各级政府间业务协调等职责，具体业务由儿童家庭局负责。该局是在 2017 年机构改革中，从原先负责推进男女共同参与以及育儿政策的"均等雇佣与儿童家庭局"中，

[①] 当然，与儿童相关的教育、司法保护等职能仍然分别由文部科学省、法务省负责，但与儿童福利相关的主要职能仍然由厚生劳动省管辖，是本章主要论述的内容。

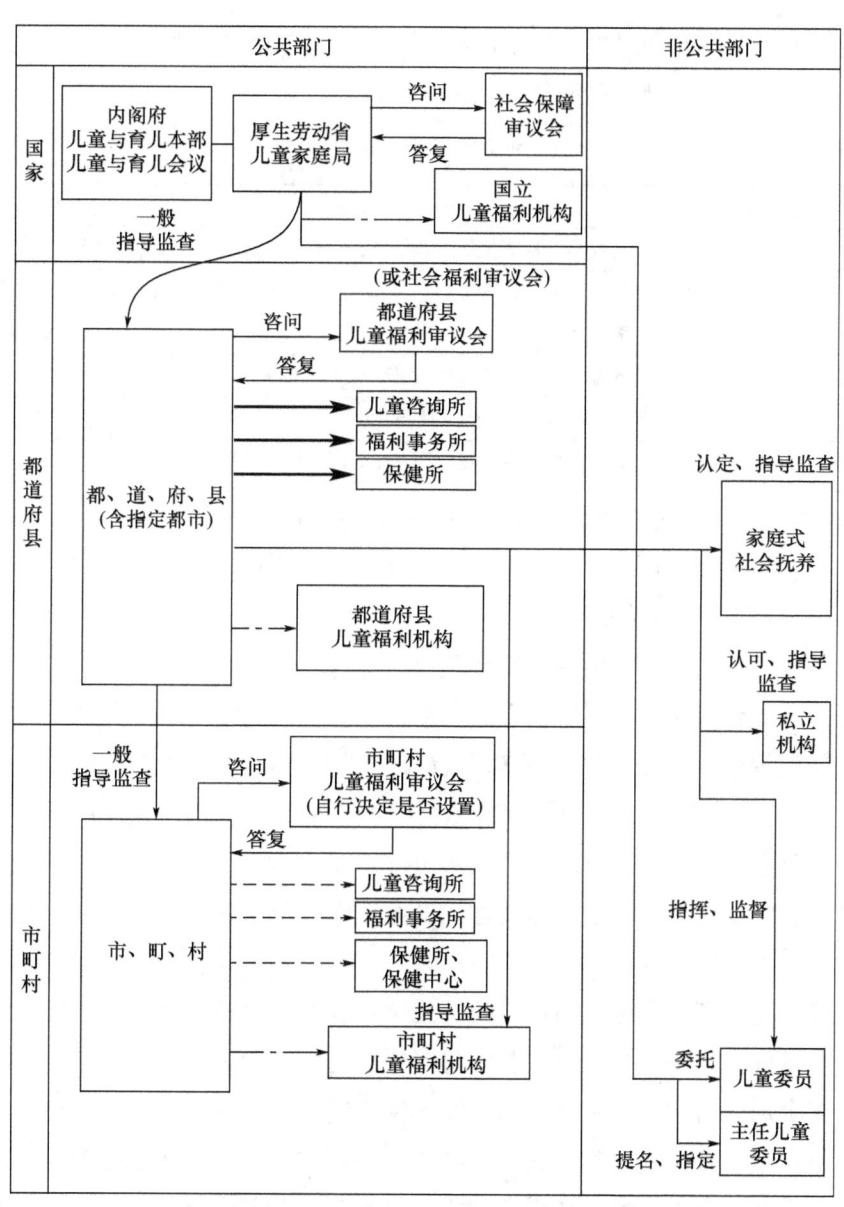

图 5-2 儿童福利行政与经办体系及其业务关系

资料来源：社会福祉士養成講座編集委員会. 児童や家庭に対する支援と児童・家庭福祉制度 [M]. 東京：中央法規，2019：87；作者据前述文献部分内容进行整理修订。

作为强化育儿支援的部门单独设立而成,下设科室包括总务科、保育科、家庭福利科、育儿支援科、母子保健科（见表5-11）。

表5-11　　　　　　儿童福利家庭局下设科室的职能分工

科室	职能
总务科	综合协调儿童家庭局所管辖业务,研究制定少子化对策以及儿童福利相关基本政策
保育科	负责保育服务、托儿所和保育专业人才的相关业务,以及放学后儿童政策、"待机儿童"相关政策、育儿支持政策
家庭福利科	负责防止虐待政策、社会抚养、单亲家庭支持政策等
育儿支援科	负责儿童咨询所、保育和育儿人才队伍建设、育儿机构建设等
母子保健科	负责母子保健相关业务、生殖辅助等方面的医疗政策等

资料来源：吉田幸惠,山縣文治. よくわかる子ども家庭福祉［M］. 京都：ミネルヴァ書房,2019：57.

注：待机儿童指那些符合进入托儿所、幼儿园的条件,但因为供给不足等原因无法进入的儿童。

2. 儿童福利合议制机关

在行政机关之外,在中央层面设置的"社会保障审议会"是重要的独立审议机关,包括社会福利在内的社会保障重大事项,依法接受厚生劳动大臣以及中央政府（内阁府）其他相关行政部门首长的询政,对儿童福利等相关事项进行调查审议。社会保障审议会下设医疗服务、社会福利、长期护理、医疗保险和养老保险等分会,其中社会福利分会又设立了社会福利专委会、儿童福利专委会、身心障碍者专委会等。尽管具体名称和设置规则有所不同,但此类审议会在中央和地方均依法设置。[①]

值得一提的是,作为专门审议调查儿童福利事务的独立合议制国家机关,此类审议会是确保儿童福利政策在制定与实施过程中,能够广泛、民主、深入地了解民生需求现状与政策实施效果的必要体制机制。中央社会保障审议会由厚生劳动省大臣在学识和经验丰富的人士中提名,共计30人。委员确定后,通过相互选举的方式产生会长；根据特别事项或专业事项,也可以设置临时委员或专业委员。所有委员均非专职,任期为2年,到期后亦可连任。

---

① 社会保障审议会基于《厚生劳动省设置法》第6条、第7条,设置在地方的儿童福利审议会或社会福利审议会基于《儿童福利法》第8条。

公立儿童福利机构（含托儿所）在中央和地方均有设立，不属于行政机关，其职能将在本节第二部分详细介绍。

（二）地方层面

1. 儿童福利行政机关

在地方层面，儿童福利相关的公共部门由都道府县（含指定都市①等）和市町村两个层次组成，其行政部门有着相对明确的职能分工。都道府县政府负责所辖行政区划内儿童福利的规划与预算工作、对各类儿童福利机构进行认可与指导监督、决定儿童是否进入除托儿所以外的儿童福利机构、设置运营儿童咨询所等经办机构以及对市町村提供必要的援助；指定都市亦享有同样的权限。

在市町村层次，行政机关负责与所辖地区居民密切相关的各类儿童行政事务，例如设置包括托儿所在内的各类儿童福利机构并提供相应的服务。特别是2003年的《儿童福利法》修订中，实施育儿短期支援事业等各类儿童与育儿支持服务成为市町村的法定义务。此后，基层市町村政府在儿童福利的具体实施中被赋予越来越重要的地位。例如，2004年的《儿童福利法》修订中，原定由儿童咨询所提供儿童福利相关咨询的集中供给体制发生变化，市町村作为最贴近居民的地方自治组织，其政府或社会福利经办机构被赋予"一站式"接待窗口的地位，为辖区内市民提供包括儿童福利在内的各种服务；2016年的《儿童福利法》修订中，市町村政府被赋予努力设立"儿童家庭综合支援处"的义务，该机构旨在为实施儿童和孕产妇相关福利政策提供保障，主要方式包括调查和把握实际情况、提供信息、咨询、指导、联系协调其他相关机构等。

2. 儿童福利合议制机关

各级地方也设置了儿童福利专门的审议会或社会福利审议会。现行法律规定，都道府县和指定都市必须设置儿童福利审议会，其职权与中央社会保障审议会类似，而一般的市町村可根据需要自行决定是否设置。这些儿童福利相关的合议制地方机关接受本级政府行政首长的咨询，在调查审议后予以答复。

---

① 那些人口超过50万人、经相关法规指定的城市被称为指定都市，被赋予社会福利、公共卫生等方面的职权。类似地，人口超过20万人的城市、经相关法规指定的城市被称为中核市，但与指定都市相比有所限制。

3. 儿童福利委员

作为共享、共建、共治理念的重要体现，日本在最基层的市町村层级还设置了儿童委员（含主任儿童委员）这一非专任职位，但不额外给付工资。其产生程序是：各基层政府依法设置的"民生委员推荐会"① 在合适的人选②中推荐儿童委员候选人，由厚生劳动大臣直接委任，由都道府县负责指挥和监督。

这些儿童福利委员被赋予兼职地方公务员的身份，由于儿童委员一般兼任当地的民生委员，所以对基层的社会福利总体情况有更全面、深入的了解，这增强了福利政策的协调性。此外，这些委员也有其他（多数是私营部门的）本职工作或事业，有利于其履行职责：从外部相对独立的视角，切实把握所负责地区的儿童福利实际情况，为地区居民提供儿童福利服务的相关信息和建议，居间协调于私人部门（儿童及其家庭）与公共部门（经办机构、儿童福利机构）之间，通报需要保护儿童的有关情况，与公共部门一道共同增进儿童及其抚养家庭的获得感并提升他们的福祉。截至 2017 年 3 月底，日本共委托 23.07 万名儿童委员，其中主任儿童委员为 21 445 万名；统计数据显示，儿童委员每年人均履行职责 167 次，其中地区福利活动 38.3 次、接受咨询或提供支援 27.9 次、实施调查 25.1 次。③

4. 儿童咨询所

都道府县和指定都市的经办体系由儿童咨询所、福利事务所和保健所组成。④ 与地方厚生劳动省局下辖的其他科室相比，这些经办机构的运作相对独立，负责具体实施儿童福利的相关业务。其中，儿童咨询所在儿童福利实施体系中有着非常重要的地位，承担着应对儿童及其家庭的咨询、把握儿童面临的风险和真实福利需求、考察儿童所生活的环境并为每个儿童及其抚养家庭提供最有效的支持与援助的职责，上述职责通过在所内配置各类专业人员、提供及时准确而

---

① 基于《民生委员法》。
② 例如热心儿童福利事业、为人正直品行高尚、有较高的学识和经验等。
③ 厚生劳働省．民生委员・児童委员参考データ_IFC ［EB/OL］．［2019-10-04］．https：//www.mhlw.go.jp/stf/seisakunitsuite/bunya/hukushi_kaigo/seikatsuhogo/minseiiin/01.html.
④ 三类经办机构在都道府县和指定都市属于依法必须设置的机构。中核市和一般市町村等如果认为需要，也可设置。

有效的咨询服务并切实协调整合各类儿童福利资源达成：儿童福利专员（児童福祉司）作为社会工作者实施全方位调查和指导工作；儿童心理专员（児童心理司）负责与心理有关的面谈、检查与治疗；所内的儿童临时保护所也配置了儿童指导员和保育士；其他专业人士还包括医生、保健师、律师等。

儿童咨询所的四大基本功能包括：面向基层市町村政府协调并援助其履行儿童福利相关职责的功能、面向儿童和育儿家庭等的咨询功能、面向需要保护的儿童提供临时保护的功能以及采取其他必要措施的功能等；此外，还有权向家庭法院提起诉讼，请求其剥夺或停止儿童监护人的监护权等。在行政区域中，每50万人口至少应当设置一个儿童咨询所，具体设置情况由地方政府根据实际情况决定。截至2017年4月1日，日本共设置了210个儿童咨询所。①

厚生劳动省最新公布的福利行政年度报告显示，2017年儿童咨询所共计为466 880件个案提供咨询服务，从儿童咨询所接受的咨询事由来看，与社会抚养相关的个案占比最高（41.9%），共计19.58万件，其中多为与儿童虐待相关的个案（13.38万件）；其次是与儿童残障有关的咨询（39.6%），共计18.50万件；与育儿支持相关的约占一成（9.3%），而其他类型均不超过6%（见图5-3）；从最近五年的数据来看，社会抚养和儿童残障类咨询所占比例较大，二者合计比例一直高于该年度咨询个案总数的75%。②

5. 福利事务所

各级福利事务所是执行"福利六法"的综合性经办机构，截至2017年4月，日本共有1 247所福利事务所。③ 与儿童福利相关的职能包括：一是了解和把握所辖区域的实际情况，例如资产状况调查，调查儿童与育儿家庭所处经济、社会环境等；二是提供儿童以及孕产期妇女相关的咨询服务、实施必要的调查、进行个别和集体指导；三是实施助产或母子保护服务；四是受理与被虐待儿童有关的

---

① 西郷泰之，宮島清. ひと目でわかる保育者のための児童家庭福祉データブック2019 [M]. 東京：中央法规，2018：11.
② 厚生労働省. 平成29年度福祉行政報告例の概況 [EB/OL].（2019-10-30）[2019-11-02]. https://www.mhlw.go.jp/toukei/saikin/hw/gyousei/17/dl/kekka_gaiyo.pdf.
③ 厚生労働省. 福祉事務所とは [EB/OL]. [2019-10-04]. https://www.mhlw.go.jp/stf/seisakunitsuite/bunya/hukushi_kaigo/seikatsuhogo/fukusijimusyo/index.html.

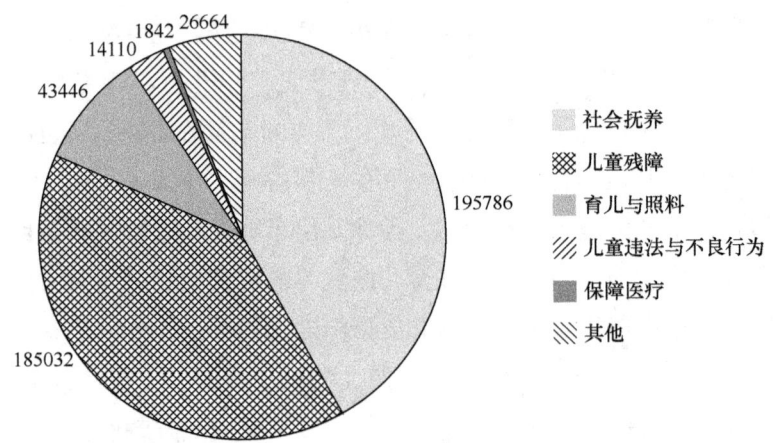

图 5-3　2017 年儿童咨询所提供的各类咨询服务个案数

资料来源：整理自厚生劳働省. 平成 29 年度福祉行政报告例の概况［EB/OL］.（2019-10-30）［2019-11-02］. https：//www.mhlw.go.jp/toukei/saikin/hw/gyousei/17/dl/kekka_gaiyo.pdf.

通报，受理单亲家庭福利贷款申请；五是作出是否需要提供儿童福利、提供什么类型的福利等相关的专门判定，将需要入住有关儿童福利机构的个案移送至儿童咨询所。此外，为了确保经办能力充足，现行制度规定，福利事务所根据管辖地区内家庭户数配置专职工作人员（见表 5-12）。

表 5-12　　福利事务所管辖家庭数与专职工作人员的配置人数

设置主体（层级）	专职工作人员额定人数		追加专职工作人员数	
都道府县级	管辖家庭户数不足 390 户时	6 人	管辖家庭每增加 65 户	1 人
市级	管辖家庭户数不足 240 户时	3 人	管辖家庭每增加 80 户	1 人
町村级	管辖家庭户数不足 160 户时	2 人	管辖家庭每增加 80 户	1 人

资料来源：厚生劳働省. 所员の定数［EB/OL］.［2019-10-04］. https：//www.mhlw.go.jp/stf/seisakunitsuite/bunya/hukushi_kaigo/seikatsuhogo/fukusijimusyo/index.html.

福利事务所与儿童咨询所在儿童福利方面的职能分工主要在于，福利事务所（及其设置的家庭与儿童咨询室）更多的是为紧密联系基层地区的窗口式经办机构，接受与儿童福利相关的各种咨询；而儿童咨询所及其职员有着高度的专业背景，承担着对儿童及其抚养家庭实施一系列更加专业的调查、作出判定等职能，并以此为基础回应各类咨询、提出针对性与操作性强的一揽子儿童福利方案。从所从事的咨询业务上来看，福利事务所侧重于为相对较简单、轻度的儿童问题提供咨询，而儿童咨询所则侧重于为较严重、需要较高专业性的问题提供咨询；福利事务所以儿童会、母亲俱乐部等基层社区组织为中心开展业务、实施政策，而儿童咨询所主要是对儿童和育儿家庭的个别问题进行处理。①

6. 保健所（保健中心）

保健所是依法②实施改善国民营养、环境卫生、母子保健、精神保健等方面一系列政策的公共卫生核心机构，其所涉及儿童福利的职能主要基于母子保健的政策视角。此外，近年来随着日本虐待儿童问题的演化，保健所在新生儿与幼儿健康诊断以及上门访问等环节预防儿童虐待、及早发现虐待现象以及及时通报虐待个案等，亦发挥着重要功能。

母子保健领域的儿童福利服务亦出现向基层下沉的情形，例如1997年的《母子保健法》《地区保健法》等法律的修订规定，原则上将包括母子保健服务在内的一系列福利服务移交给基层市町村政府一并实施（或称"一元化"的服务供给）；此外，一直以来由都道府县保健所实施的早产儿的养育、指导和医疗服务，2013年起亦由市町村提供。因此，尽管目前在都道府县、指定都市、中核市等层次已经设置了486个保健所，但随着儿童福利行政与服务的下沉，基层市町村（根据需要设置的）保健中心的地位亦变得越发重要。

综上所述，目前保健所提供相对更专业、更有针对性的母子保健服务，而基层所设立的保健中心则倾向于提供更基本的母子保健服务，二者在儿童福利领域的基本职能分工如下。

一是在健康诊断方面，保健中心负责实施孕产妇和婴幼儿的一般健康诊断，而保健所则负责诸如先天性代谢异常等专门检查。

二是在保健指导方面，保健中心负责交付母子健康手册、实施育儿教育等，而保健所则提供不孕不育方面的专门咨询以及女性健康教育等。

三是在医疗护理方面，自2013年起早产儿的护理与医疗由保健中心实施，

---

① 当然，设置在都道府县的福利事务所也承担着为市町村基层政府提供育儿支持和较专业的咨询服务的职能，这一点上与儿童咨询所的职能类似。

② 基于《地区保健法》（日文为《地域保健法》）第6条。

保健所提供必要的技术援助。

二、儿童福利机构的类型及其功能

表 5-13 列举了日本各类儿童福利机构及其功能,根据儿童福利机构的使用方式以及功能划分,表 5-14 将日本的各类儿童福利机构的类型进行进一步归纳。这些机构以为儿童及其抚养家庭提供适合的生活环境为目标,通过抚养、保护、培训、指导等多种形式,不断增进儿童福祉。根据儿童福利机构所提供服务与公共部门的关系紧密性强弱,可大致分为两类:第一类儿童福利机构所提供的服务必须有儿童行政与经办机关的决定方可使用,而第二类机构的服务则可由儿童或其监护人选择而自由使用。从产权上来看,第一类机构多为公立机构,而第二类机构则以私营机构为主。

表 5-13　　　　　　　各类儿童福利机构及其主要功能

机构类型		主要功能
助产机构		为经济有困难而无法接受住院助产服务的孕产妇提供助产服务
乳儿院		接受婴儿(特殊情况下也包含幼儿)入院抚养,并为出院者提供咨询等其他援助
母子生活支援机构		接受无配偶的女性(或其他类似情况者)及其监护的儿童入住机构并提供保护,支持其生活并促进其自立,并为退出机构者提供咨询等其他相关援助
托儿所		日常接受监护人的委托,为有需要的婴幼儿提供保育服务
幼保连携型认定儿童园等		为3周岁以上需要教育或保育服务的儿童提供相应的服务,提供有利于这些儿童身心健康成长的环境,并为其监护人的育儿行为提供支持
儿童抚养机构		接受孤儿等没有监护人的儿童(原则上不包括婴儿,但特殊情况下也可接受)、受到虐待的儿童或其他需要保护的儿童等进入机构,由机构进行抚养,并为退出机构者提供咨询及其他促进其自立的援助
入住型残障儿童机构	福利型	接受残障儿童入所,为其提供监护、指导其日常生活、教会其自我独立所需要的知识和技能
	医疗型	基本功能同上(福利型),但同时还对儿童实施治疗
儿童发育成长支援中心	福利型	由监护人将残障儿童日常接送至机构中,指导儿童进行日常生活的基本动作、教会其自我独立所需要的知识和技能,或者为了让其适应集体生活而提供训练
	医疗型	基本功能同上(福利型),但同时还对儿童实施治疗

续表

机构类型	主要功能
儿童心理治疗机构	那些难以适应家庭环境、在学校与同学交往或其他生活环境的儿童,以短期入住机构的形式或监护人日常接送的方式,在机构内为儿童提供必要的心理治疗以及生活指导,并为退出机构者提供咨询及其他促进其自立的援助
儿童自立援助机构	主要针对那些存在不良行为的儿童,以入住的形式或监护人日常接送的形式,根据每位儿童的状况对他们实施生活指导,支持其自立
儿童馆	为儿童的健康成长提供游戏空间,以期增进其健康或陶冶其情操
儿童游乐园	基本功能同上,但根据实际情况强化了预防意外伤害的功能
儿童家庭支援中心	针对基层地区儿童福利的各类相关问题,面向儿童及其抚养家庭等提供咨询、提供专业知识和技术支持、提出必要的建议; 根据市町村的要求,提供技术建议和其他必要的援助,对需要保护的儿童或者其监护人实施指导,协调和联络儿童咨询所、其他儿童福利机构等

资料来源:社会福祉士養成講座編集委員会.児童や家庭に対する支援と児童・家庭福祉制度[M].東京:中央法規,2019:96.

表5-14　　儿童福利机构的功能与儿童生活形态

	入住型	接送型	使用型
社会抚养	婴儿院	(无)	(无)
	母子生活支援机构		
	儿童抚养机构		
	儿童心理治疗机构		
	儿童自立援助机构		
残障儿童	入住型残障儿童机构 (含福利型、医疗型)	儿童发展支援中心 (含福利型、医疗型)	
育儿	(无)	托儿所	儿童馆
		认定儿童园等	儿童游乐园
			儿童家庭支援中心
保健	助产机构	(无)	

资料来源:吉田幸恵,山縣文治.よくわかる子ども家庭福祉[M].京都:ミネルヴァ書房,2019:76.

儿童福利机构的运营标准由各都道府县在国家统一规定的框架①内自行制定条例，对机构配置的职员类型、职员数量、居住场所的床位面积、确保儿童得到恰当对待等营运各方面予以规范。对于跨部门的儿童福利机构（例如幼儿园托儿所合作型儿童园、地区型保育事业等），则由内阁府设立单独的运营标准或由内阁府与文部科学省、厚生劳动省等共同设立。

儿童福利机构所需费用大致分为设备购置费和营运费两大类，由国家、地方、儿童监护人、用人单位等各类公共部门、私人部门主体按照一定比例分担，各类儿童福利给付的分担主体、分担比例有所不同。以儿童保育机构为例，在国家层面测算出实施保育所需的费用后，对于私立保育机构，国家负担50%的费用，都道府县财政和市町村基层财政各负担25%的费用；对于公立保育机构，则完全由市町村负担；此外，用人单位按照一定的费率支付"儿童与育儿费"，作为儿童津贴或地区儿童与育儿支援事业的筹资补充渠道。而对于放学后儿童活动事业、社区育儿支援站点事业等，国家、都道府县和市町村则各自负担1/3的费用。

三、儿童福利服务的使用流程——以保育服务为例

（一）儿童福利服务的三种使用类型

儿童福利服务的使用有三种类型：行政决定型、选择性使用型和服务合同型。第一种基于行政机关的行政决定生效，由行政机关或其经办机构依法主动提供有关服务，并通知有关儿童福利机构、委托抚养家庭（养父母）依法提供儿童福利，例如儿童抚养机构（孤儿院）接受那些有保护需要的儿童。相比第一种，第二种类型中行政机关及其经办机构不主动提供服务，而是依希望使用服务者提交的申请，作出是否提供儿童福利服务的选择；即使存在服务合同，也是由服务提供方和行政机关签订合同，服务使用者并不是合同当事人。例如，受到家庭暴力的女性监护人向都道府县申请使用母子生活支持机构的服务，都道府县政府如无正当理由，应当安排母子入住合适的机构。

---

① 即《儿童福利机构的设备与运营相关标准》（《児童福祉施設及運営に関する基準》）。

随着儿童福利从保护型向普惠型发展，第三类福利服务使用方式，即服务合同型，因其可以从筹资和服务两方面广泛地吸引社会力量参与，近年来愈发得到重视与发展。在这种类型中，服务使用者与行政机关（儿童福利制度的执行者）签订合同，也可以与服务提供方直接签订合同，在条件允许的情况下较大限度地体现了监护人的选择权；服务费用既可以由行政机关支付，也可以由服务使用者直接支付，从而在筹资机制的设计上可以更加灵活、多元化。因第一类、第二类使用方式较简单，本节仅以保育服务为例，说明"服务合同型"福利服务的使用流程。

（二）日本保育服务的发展现状

日本现行的保育服务供给体系由三大部分组成：托儿所、各类认定儿童园、社区与企业保育事业。其中，托儿所系统历史最为悠久，也是服务提供总量最大的子系统。截至2019年4月，托儿所的额定服务儿童数为273.94万人，实际服务儿童数为255.25万人；相比之下，幼保连携型认定儿童园、幼儿园型认定儿童园的额定服务儿童数分别为52.06万人、4.97万人。[1] 总体上来看，日本的保育服务体系的供给能力（额定服务儿童数）约为289万人，实际服务儿童数约为268万人，占额定服务人数的92.8%（见表5-15），而排队等待入托的"待机儿童"数为16 772人。[2]

表5-15　　　日本保育服务机构的服务供给能力（2019年）

	保育机构数量	额定服务儿童数	实际服务儿童数	服务利用率
各类托儿所	28 713 所	2 739 372 人	2 552 529 人	
幼儿园型认定儿童园	1 175 所	49 745 人	45 256 人	92.8%
地区型保育事业	6 457 所	99 042 人	81 866 人	
合计	36 345 所	2 888 159 人	2 679 651 人	

资料来源：厚生労働省. 托儿所等関連状況取りまとめ［EB/OL］.（2019-09-06）[2019-10-04]. https://www.mhlw.go.jp/content/11907000/000544879.pdf.

注：各类托儿所包括托儿所和幼保连携型认定儿童园。幼儿园型认定儿童园在最严格意义上的分类中属于幼儿园，尽管其实际上也确实提供了保育服务。

---

[1][2] 厚生労働省. 托儿所等関連状況取りまとめ［EB/OL］.（2019-09-06）[2019-10-04]. https://www.mhlw.go.jp/content/11907000/000544879.pdf.

认定儿童园系统是目前提供保育服务的第二大子系统。2015年4月开始实施的育儿支援制度主要基于育儿援助相关三法，是对原有保育・学前教育供给与管理体制的综合性改革。其主要改革方向是：将已有的幼儿园和托儿所在满足都道府县政府所设立的标准的前提下，整合为"幼保连携型"认定儿童园（認定こども園），再加上社区型和企业主导型保育托幼事业，由市町村基层政府作为实施主体统一进行给付管理，享受共同的财政支持，旨在打破以往教育领域（幼儿园）与福利领域（托儿所）二元分割的行政管理体制，解决保育服务供给不足、保育质量参差不齐的问题，从量和质两个方面提升保育服务水平。其结果是，保育机构的额定服务人数（定员数）从2011年的220.4万人上升至2019年的288.8万人；实际服务儿童人数从2011年的212.3万人上升至2019年的268.0万人。[①] 日本的幼儿园主要服务3周岁以上的学龄前儿童，而托儿所则主要服务有保育需要的学龄前儿童，二者的服务对象重叠度较高。通过为幼儿园、托儿所增加服务功能，再加上对育儿家庭的保育需求必要性认定，育儿家庭的保育需求得以更充分、高效地满足。具体而言，认定儿童园被分为四类（见表5-16）。

表5-16　　　　　　　　　认定儿童园的类型与特征

细分类型	功能描述
幼保连携型儿童园	同时拥有幼儿园和托儿所的功能
幼儿园型儿童园	这类幼儿园具备托儿所的功能，能为通过了保育需求必要性认定的家庭提供一定时间的保育服务
托儿所型儿童园	这类托儿所具备了一定的幼儿园功能。无论育儿家庭是否通过保育需求必要性认定，这类托儿所都有能力接纳其孩子入园
地方裁量型儿童园	在一些社区，其幼儿园或托儿所无法被认定为以上任何类型儿童园，但仍然发挥着认定儿童园部分或全部必要功能的托幼机构

资料来源：内阁府．認定こども園概要［EB/OL］．[2019-10-01]．https://www8.cao.go.jp/shoushi/kodomoen/gaiyou.html．

第三类保育服务供给体系为社区型保育事业，此类保育服务始于2015年4

[①] 厚生労働省．托儿所等関連状況取りまとめ［EB/OL］．(2019-09-06)[2019-10-04]．https://www.mhlw.go.jp/content/11907000/000544879.pdf．

月儿童与育儿新制度的实施,主要为3周岁以下儿童提供保育服务。从所有制性质看,多数地区型保育事业为私立机构(见表5-17),保育服务的组织和提供形式多样,设置主体包括营利和非营利组织,是广泛动员社会力量参与保育服务供给的一种重要机制。近四年来,服务供给能力迅速上升,从2016年的3 719所增长至2019年的6 457所。

表5-17　　　　　　　社区型保育事业发展状况(2016年)　　　　　　　(所)

	机构数			设置主体			
		公立	私立	社会福利法人	股份有限/有效责任公司	个人	其他
家庭保育事业	958	117	841	31	13	756	41
小规模保育事业	2 429	64	2 365	363	1 015	470	517
居家访问型	9	0	9	1	6	0	2
企事业单位内部	323	2	321	87	106	4	124
合计	3 719	183	3 536	482	1 140	1 230	684

资料来源:西郷泰之,宮島清.ひと目でわかる保育者のための児童家庭福祉データブック2019[M].東京:中央法規,2018:39.

注:"其他"类设置主体包括非营利法人、学校法人、一般社团或财团法人、医疗法人等。

企事业单位内设立的社区型保育事业亦不局限于单位员工——附近居民如有保育需求,亦可申请使用。设置在企事业单位内的保育事业,依据额定托育儿童数而定,遵循小规模保育事业(19人或以下)或认定托儿所的营运基准。

(三)保育服务使用的基本流程

1. 进行保育需求认定

如前所述,育儿家庭等履行监护义务的主体在使用保育服务之前应当先向市町村等基层政府进行保育需求认定。

2. 确定保育服务时间

在监护人获得2号或3号认定后(1号认定的监护人被认为其家庭需要的是学前教育),还将细分为"需要短时间保育服务"和"需要标准时间或长时间的保育服务"两类,分别对应监护人从事兼职或灵活就业和全职就业两种劳动工时类型。标准时间或长时间的保育服务为平均每日11个小时,而短时间保育服务为平均每日 8 个小时，具体的详细规定由市町村根据实际情况设定。

3. 选择保育机构

监护人携带由市町村发放的认定证，前往希望使用其服务的保育机构履行申请手续。

4. 市町村对符合保育服务使用条件的申请人进行调整

考虑日本还存在"待机儿童"现象，许多时候当出现保育服务供不应求时，还需要由市町村根据儿童是否单亲家庭等情况，对各个育儿家庭的入所入园先后次序进行调整。提升某一家庭的服务使用优先权的事项包括（由高到低）：

①单亲家庭（2人户的单亲家庭优先度高于有其他同居者的单亲家庭）；

②接受社会救助的家庭；

③申请接受保育服务的儿童，希望进入或转移进入其兄弟姐妹所在保育机构；

④监护人预计将准备使用产假或育儿假；

⑤申请接受保育服务的儿童已经排队等候6个月以上；

⑥其他优先使用的情形。

5. 签订保育服务合同、支付费用

当使用不同类型的保育机构时，监护人签订合同、支付费用的方式有所不同。

①当使用认定儿童园、幼儿园、公立托儿所、地区型保育事业时，保育服务的使用者（监护人）与机构或保育事业经营者签订合同，基于"法定代理受领"向机构或经营者支付费用。

②当使用私立托儿所时，市町村委托保育事业经营者履行市町村实施保育的法定义务，因此，监护人此时是与市町村签订合同，保育费由市町村向监护人征收，而后向私立托儿所支付。

（蔡泽昊　中国劳动关系学院）

参考文献

木村容子，有村大士. 子ども家庭福祉［M］. 2版. 京都：ミネルヴァ書房，2018.

第六章　日本残疾人福利

本章重点介绍日本残疾人的现状、残疾人福利制度体系及其服务体系，内容由四个部分构成：首先阐述日本残疾人的定义及分类，介绍残疾人的现行制度体系，并阐释主要法律的构建过程，根据政府的统计数据分析各类残疾人口现状，详述日本残疾人服务体系。

第一节　日本残疾人的定义及分类

一、日本残疾人的定义

按照年龄来分，18周岁以上的称为残疾人（障害者），未满18周岁的称为残疾儿童（障害儿）。本文在没有特殊说明的情况下，"残疾人"一词泛指残疾人和残疾儿童。1993年公布实施的《残疾人基本法》第2条明确了残疾人的定义："身体残疾，智力残疾，精神残疾（包括发育残疾）以及其他的身心功能障碍的人，还有因残疾及社会障碍而导致日常生活和社会生活受到持续性、一定程度限制的人。"这里所说的"社会障碍"泛指"对残疾人的日常生活及社会生活造成障碍的社会事物、制度、惯例等一切事物"。《防止虐待残疾人法》（2011）、《消除歧视残疾人法》（2013）等法律都沿用了此定义。

二、日本残疾人的分类及等级

这里首先介绍各类残疾人的分类和等级，其次，介绍各类残疾人能够持有的残疾证。残疾证样本如图 6-1 所示。

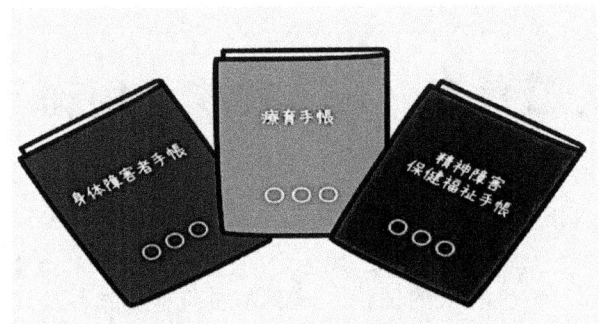

图 6-1 日本残疾证的样本

（一）身体残疾

根据《身体残疾人福利法》第 4 条的规定，"身体残疾人"是指，18 周岁以上身体有残疾并获得都道府县知事颁发的身体残疾证的人。身体残疾具体可分为视力残疾、听力残疾及平衡功能障碍，发声功能、言语功能和咀嚼功能障碍，肢体残疾，心脏、肾脏和呼吸器功能障碍（内部残疾）5 大类，见表 6-1。

根据《身体残疾证制度》的规定，身体残疾可分为 1~7 级，其中 1 级的残疾程度最重，7 级最轻。1~6 级有单独的残疾证，7 级没有单独的残疾证，如有 2 种以上多种 7 级残疾的相当于 6 级残疾。身体残疾证由都道府县知事、指定都市的市长或核心都市的市长颁发。

表 6-1 　　　　　　　　《身体残疾人福利法》附表

一、永久性的视力残疾
1. 双眼的视力（国际标准视力表测量的数据为准，视力异常者以矫正视力的测量数据为准）都在 0.1 以下
2. 一只眼的视力 0.02 以下，另一只眼的视力 0.6 以下
3. 双眼可视范围在 10 度以内
4. 双眼的可视范围不足二分之一
二、永久性的听力残疾及平衡功能障碍
1. 双耳的听力都在 70 分贝以上
2. 一只耳朵的听力在 90 分贝以上，另一只耳朵的听力在 50 分贝以上

续表

| 3. 双耳的言语识别率小于50% |
| 4. 平衡功能有明显障碍 |
| 三、发声功能，言语功能，咀嚼功能的障碍 |
| 1. 发声功能，言语功能，咀嚼功能丧失 |
| 2. 发声功能，言语功能，咀嚼功能有明显的永久性障碍 |
| 四、肢体残疾 |
| 1. 单侧上肢，单侧下肢，躯干有明显的永久性残疾 |
| 2. 单侧上肢的大拇指没有指间关节（从根部向上第一关节），或者没有大拇指和食指 |
| 3. 单侧下肢没有趾跗关节以上部位 |
| 4. 双侧下肢都没有脚趾 |
| 5. 单侧上肢的大拇指有明显的功能障碍，或者连同食指在内单侧上肢有3根手指有明显的永久性的功能障碍 |
| 6. 以上的5种以外，经判定比以上5种残疾程度更高的残疾 |
| 五、心脏，肾脏，呼吸器的功能障碍，或者其他内阁命令判定的永久性残疾且对日常生活有明显制约的残疾（内部残疾） |
| 注："其他内阁命令判定的永久性残疾"是指，膀胱或者直肠功能，小肠功能，人体免疫力不全病毒免疫功能，肝脏功能的障碍 |

（二）智力残疾

《智力残疾人福利法》对智力残疾人的定义没有作出明确的规定。厚生劳动省实施的《智力残疾人的基础调查》中指出"智力残疾人"是在发育期（大概在18周岁之前）显现出智力功能障碍，对日常生活造成障碍，需要某种特殊援助的人。

根据《智力残疾证制度》的规定，智力残疾分为重度（A）和其他（B）2级。重度（A）是指，（1）智商大概在35以下，有下列情况之一的人：①吃饭、穿衣、排泄、洗脸等日常生活需要照顾；②有异食症、兴奋等问题行动；（2）智商大概在50以下，盲、聋哑、肢体残疾的人。其他（B）是指，重度（A）以外的人。

智力残疾证由都道府县知事、指定都市的市长给儿童咨询所和智力残疾人社会康复咨询中心判定的智力残疾人颁发。

（三）精神残疾

根据《精神保健福利法》第5条的规定，"精神残疾人"是指，精神分裂症，因精神活性物质而导致的急性中毒及精神活性物质成瘾，智力残疾、精神病患者或有其他精神疾病的患者。

《精神残疾保健福利证制度的实施要领》将精神残疾的等级分为1~3级，其中1级最重，3级最轻。1级是指无法识别日常生活的精神残疾；2级是指日常生活受到明显限制或者是日常生活明显需要加以限制的精神残疾；3级是指日常生活和社会生活受到一定限制或者是日常生活和社会生活需要一定限制的精神残疾。精神残疾保健福利证由都道府县知事颁发。

（四）发育残疾

根据《发育残疾人援助法》第2条的规定，"发育残疾"是指由内阁命令规定的自闭症、阿斯伯格综合征及其他的普通发育残疾、学习障碍、注意力缺陷、多动症及类似的脑功能障碍，这些症状通常都在低年龄段人群中出现。"发育残疾人"是指有上述的发育残疾并因发育和社会障碍使日常生活和社会生活受到限制的人。

发育残疾的等级没有明确的制度规定，也没有单独的残疾证。如果发育残疾达到智力残疾和精神残疾指标，可颁发这两种残疾证（见图6-2）。但根据厚生劳动省《生活辛苦程度调查（全国居家残疾人实况调查）》的统计来看，发育残疾人可持有身体残疾证、智力残疾证和精神残疾保健福利证。

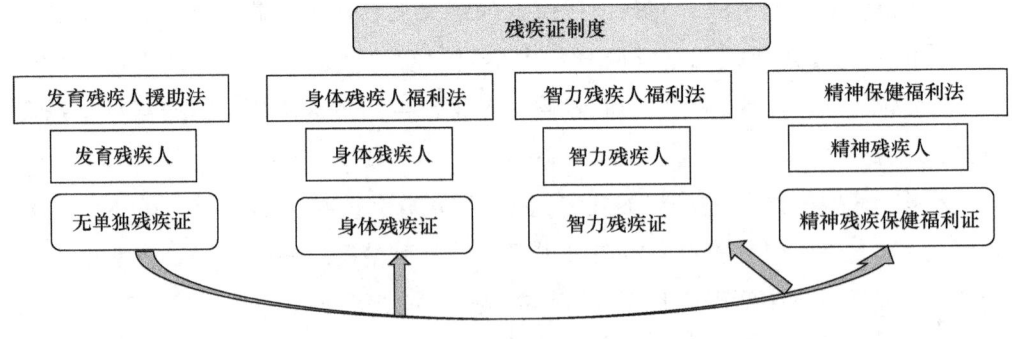

图6-2 日本残疾证制度

资料来源：总务省.给发育残疾人颁发智力残疾证（概要）——基于行政投诉救助推进会议意见的通知［DB/OL］.

（五）高度脑功能障碍

日本国立残疾人康复中心下设的高度脑功能障碍情报援助中心将"高度脑功能障碍"定义为，因受伤或疾病造成的脑损伤而引起的记忆障碍、注意力障碍、执行功能障碍、社会行动障碍等全部的认知障碍，这些障碍限制了日常生活和社会生活。高度脑功能障碍的主要症状见表6-2。高度脑功能障碍没有具体的等级标准，根据其症状及发病时间不同取得的残疾证也不同，具体见表6-3。

表6-2　　　　　　　　　　高度脑功能障碍的主要症状

记忆障碍
1. 忘记东西放在哪里
2. 记不住新发生的事情
3. 反复问同一件事情
注意力障碍
1. 注意力不集中，错误多
2. 无法同时进行两件事情
3. 无法长时间地持续作业
执行功能障碍
1. 无法顺利实施自己制订的计划
2. 没有他人的指示什么也干不了
3. 不遵守约定的时间
社会行动障碍
1. 有兴奋、暴力倾向
2. 出现意料之外的情况时就会发出很大的声音、狂躁
3. 自我中心

资料来源：国立残疾人康复中心高度脑功能障碍情报援助中心．高度脑功能障碍的理解［DB/OL］．

表6-3　　　　　　　　　高度脑功能障碍相对应的残疾证

残疾证的名称	高度脑功能障碍相对应的情况
身体残疾证	身体麻痹，失语症（言语功能障碍），视力残疾等
智力残疾证	未满18周岁发病或受伤导致的智力残疾
精神残疾保健福利证	记忆障碍，注意力障碍，执行功能障碍，社会行动障碍等

资料来源：根据东京都福利保健局《高度脑功能障碍者地区援助手册》内容修改引用。

(六)难病

根据《残疾人综合援助法》第 4 条第 1 项的规定,"难病"是指精神残疾人中 18 周岁以上且疾病没有明确治疗方法,以及内阁命令规定的经厚生劳动大臣判定的其他特殊疾病的患者。难病患者成为残疾人福利的服务对象必须具备以下 3 个条件:一是疾病的治疗方法不明确;二是需要长期疗养;三是符合客观的诊断标准。

2013 年,难病患者最初成为残疾人服务对象时疾病种类只有 130 种,后经 5 次修正(见表 6-4),截至 2019 年 7 月疾病种类增至 361 种。难病没有明确的等级标准。根据厚生劳动省社会援护局残疾保健福利部 2018 年公布的《残疾人综合援助法残疾援助等级——难病患者的判定手册》所述,难病患者可以获得身体残疾证、智力残疾证以及精神残疾保健福利证。

表 6-4　　　　　　　　难病患者疾病对象修正

2015 年 1 月	第 1 次疾病对象修正	130 种疾病→151 种疾病
2015 年 7 月	第 2 次疾病对象修正	151 种疾病→332 种疾病
2017 年 4 月	第 3 次疾病对象修正	332 种疾病→358 种疾病
2018 年 4 月	第 4 次疾病对象修正	358 种疾病→359 种疾病
2019 年 7 月	第 5 次疾病对象修正	359 种疾病→361 种疾病

资料来源:根据厚生劳动省《修正残疾人综合援助法的疾病对象》作者制表。

(七)重度多种残疾,重度身心残疾,全身性残疾

多种残疾是指视力残疾、听力残疾、平衡功能障碍、发声和言语功能障碍、咀嚼功能障碍、肢体残疾、身体内部残疾、智力残疾以及精神残疾等,持有上述残疾类型中 2 种以上的残疾状态。多种残疾加上重度身体残疾的称为重度多种残疾,没有明确的残疾等级。也有学者将自我伤害、自我破坏行为等需要日常照顾的残疾称为重度多种残疾。[①] 从厚生劳动省的参考资料来判断,"持有 2 种以上身体残疾的多种残疾,可根据身体残疾的等级指数进行加算,并对残

---

① 小泽温. 残疾人福祉[M]. 东京:Mineruvu-a 书房,2016:46.

疾等级进行综合的判定。但是有关智力残疾和精神残疾的多种残疾没有纳入规定的范畴"。

2008年社会保障审议会残疾人部会的采访资料《重度身心残疾儿童设施的说明资料及需求事项》，将重度身心残疾定义为有重度的肢体残疾和重度的智力残疾的多种残疾状态。如果患有这种残疾的儿童称为"重度身心残疾儿童"，成年人则称为"重度身心残疾人"。重度身心残疾不是医学上的专业疾病名称，而是《儿童福利法》中的定义。日本国内对此没有明确的判断标准，主要采用大岛一良提出的分类方法来判定（见图6-3）。对重度身心残疾证也没有明文规定，但是根据上述定义判断，可颁发身体残疾证和智力残疾证。从地方实施的重度身心残疾的相关政策来看，例如东京都江户川区实行的"重度身心残疾人津贴"的申请条件是须持有身体残疾证和智力残疾证。此外，埼玉县秩父郡长静町实施的"重度身心残疾人医疗费支付制度"的支付对象必须持有身体残疾证1~3级，智力残疾证A或B，精神残疾保健福利证1级中的任何一种。由此可见，重度身心残疾人可持有3种残疾证，但是各地方政府的规定不尽相同。

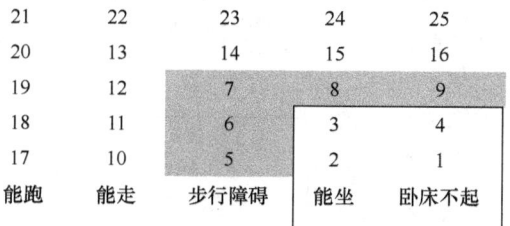

图6-3　根据大岛分类法的分类

资料来源：原东京都立府中疗养中心院长大岛一良设计的判定方法。

全身性残疾是指不只是上半身或者下半身残疾，而是上下肢和躯干全身性功能障碍的人。导致全身性残疾的原因有很多，其中代表性的原因有脑瘫、脊椎损伤、颈椎损伤、进行性肌肉萎缩及肌营养不良等。由上述定义来判断，全身性残疾人可持有身体残疾证。

第二节 残疾人福利的现行制度体系及构建过程

本节首先介绍与残疾人相关的制度框架,其次介绍残疾人福利的现行制度体系,最后阐述身体、智力、精神残疾人福利制度的构建过程。

一、日本残疾人的现行制度体系

(一)残疾相关制度的整体框架

日本政府在残疾人各领域制定了相关制度,形成了图6-4所示的残疾人制度体系。该制度体系涉及残疾人的医疗、工伤事故、雇佣、年金、护理五大社会保险、社会福利、社会救助、残疾儿童的教育、维权、住宅、无障碍设施等各领域。这些制度形成了一个有机的整体,从各个方面援助残疾人。

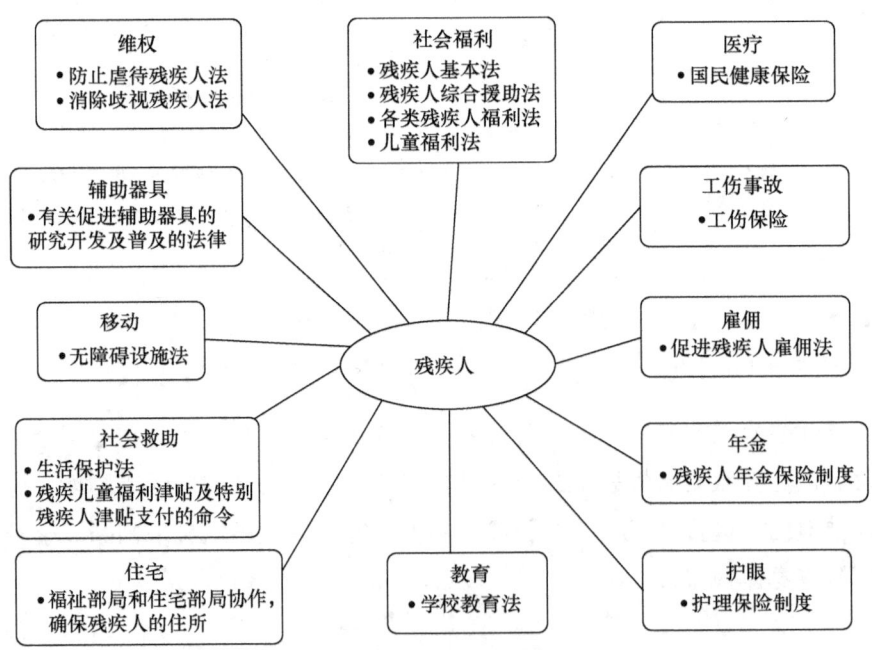

图6-4 残疾人相关制度的整体框架

（二）残疾人福利现行制度体系

日本残疾人福利现行制度体系如图6-5所示。总体上来看，日本残疾人福利现行制度按照残疾人的分类呈现出纵向分布的特征。首先，残疾儿童福利没有专门立法而是包含于儿童福利法之中。其次，与身体残疾、智力残疾、精神残疾相对应的有身体残疾人福利法、智力残疾人福利法以及精神保健福利法。2004年，日本政府对发育残疾进行了专门的立法并颁布了《发育残疾人援助法》。在此之前发育残疾包含在智力残疾和精神残疾之中，但因为身体残疾和精神残疾无法全部显示发育残疾的特征，其局限性逐步显现。

《残疾人基本法》对残疾人领域共同的基本事项，如残疾人的医疗、护理、年金、教育、疗养、就业咨询、雇佣、选举、司法及国际合作等项目作出了详细的规定。

《残疾人综合援助法》对残疾人的福利服务，如服务体系、服务设施、残疾福利计划、服务费用，以及（对服务不满时的）投诉申请等作出了详细的规定。此项内容在本章的第四节详细介绍。

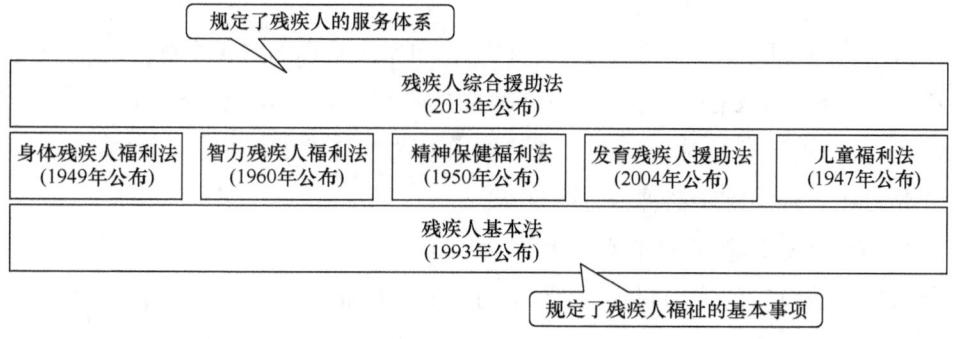

图6-5 残疾人福利的现行制度体系

资料来源：伊藤总研资格取得援助中心. 社会福祉士国家考试指南2020 [M]. 东京：中央法规出版社，2020.

二、残疾人福利制度的构建过程

以下主要介绍残疾人福利制度的出台背景和形成过程，见表6-5。其次着重介绍残疾人福利领域的身体残疾人福利制度、智力残疾人福利制度以及精神保健福利制度的构建过程。

（一）残疾人领域的相关制度

1. 残疾人福利三大领域的法律出台背景

为了解决战争孤儿、流浪儿、贫困儿童等突出的儿童问题，日本于1947年颁布了《儿童福利法》。此法也包括对残疾儿童的援助，主要是在收容设施内提供疾病的长期疗养、疾病诊断和日常生活咨询等援助内容。然而，超过18周岁的智力残疾人不再是《儿童福利法》的援助对象，他们需要离开儿童收容设施回归社会，当时社会上却没有接收他们的相关机构。智力残疾人的问题成为当时急需解决的难题，在此背景下政府于1960年颁布了《智力残疾人福利法》。

此外，近50万人的残疾军人从海外战场归来，对他们的生活予以照顾和救助也成为当时急需解决的社会问题。为此，日本于1949年颁布了《身体残疾人福利法》。当时的援助对象仅限于身体残疾的军人，后经法律修正将援助对象的范围扩大到一般的身体残疾人。

日本借鉴了欧美先进的精神卫生的思想和疗法，再加之日本国内对精神残疾人必须关在家里监护抚养的反对呼声越来越强烈，1950年日本颁布了《精神卫生法》。此法废除了精神残疾人必须关在家里监护抚养的条例，要求都道府县内设立公立精神科病院和精神卫生咨询所。

2. 残疾人贫困救助的相关法律

为解决战争后的贫困问题，日本于1950年颁布了（新）《生活保护法》，此法也包括对贫困残疾人的社会救助。1975年厚生省（现厚生劳动省的前身）发布了《残疾儿童福利津贴及特殊残疾人津贴支付的命令》，规定对未满20周岁的重度残疾儿童和20周岁以上的重度残疾人发放福利津贴。

3. 残疾人的医疗保险和年金保险制度

随着《国民健康保险法》（1958）、《国民年金法》（1959）的颁布（两部法律于1961年开始施行），日本走上了"国民皆保险，皆年金"的发展道路。当然，"国民"中也包含了残疾人。1986年，《国民年金法》的修正创建了残疾人基础养老保险金制度。

4. 国际残疾人运动的影响

为迎接1981年国际残疾人年，日本政府特地成立了"国际残疾人年推进本部"组织。2014年国会通过了《残疾人权利条约》。

5. 残疾人的共同法律

日本于1970年颁布的《身心残疾人对策基本法》规定了身体残疾人和智力残疾人福利的基本事项，但将精神残疾人排除在外。1993年颁布的《残疾人基本法》取代了《身心残疾人对策基本法》，将精神残疾人也纳入了援助对象。这部法律的颁布标志着纵向分布的残疾人领域的共同基本事项实现了一体化。该法要求国家、都道府县、市町村各级政府分别制订残疾人基本计划。2018年开始已经进入第4期残疾人基本计划（2018—2022年）阶段。

截至2003年，残疾人服务实施的是措置制度。① 随着2000年《护理保险法》的实施，自我决定、自我选择、合同制、固定比例的费用负担等服务理念的普及也应用到残疾人领域。于是，在残疾人领域2003年颁布实施了《援助费制度》，采用类似于护理保险的服务方式。该制度实施后出现了服务对象剧增、国家财政严重赤字、地区间和残疾类别间的不公平等问题。因而，日本政府于2005年出台了《残疾人自立援助法》。此法实施后服务对象的费用负担过高成为争议的焦点。2009年，政府提出了《残疾人自立援助法部分修正的法律草案》，服务对象的费用负担得到了调整。恰逢同年7月众议院解散，9月民主党和自民党的政权交替，《残疾人自立援助法》被废除。2012年通过了《残疾人综合援助法》，并于2013年4月开始施行，此法确立了残疾人福利的现行服务体系。

（二）身体残疾人福利制度的构建过程

日本身体残疾人福利制度的构建过程体现了法律制定、组织建设、雇佣、调查研究及无障碍设施的五大特征，见表6-6。第一，身体残疾人法律制定方面，

---

① 措置制度是指行政部门针对福利服务对象的需求，决定提供何种服务的行政权限和行政制度。

1949年制定了《身体残疾人福利法》。第二，身体残疾人的组织建设方面，相继设立了视力残疾中心、国立身体残疾人康复中心、日本残疾人康复协会、全国身体残疾人综合福利中心等组织。第三，身体残疾人雇佣方面，与后文提及的智力残疾人和精神残疾人的雇佣制度相比，身体残疾人雇佣制度立法最早，援助力度也最高。1960年颁布实施了《促进身体残疾人雇佣法》。2018年的《促进残疾人雇佣法》也是在本法的基础上制定的。第四，身体残疾人现状的调查研究方面，1951年厚生省组织实施了《身体残疾人实况调查》，此调查每五年进行一次，一直延续至今。调查内容主要包括各年龄段残疾人分类和残疾等级的人数、需要的护理等级、外出情况、津贴和年金的发放情况、就业情况、居家服务的利用情况等。第五，身体残疾人的无障碍设施建设方面，主要包括：①视力残疾人的盲字、导盲犬、盲道的设置；②听力残疾人的手语翻译员制度；③肢体残疾人的轮椅和其他的无障碍设施，如身体残疾人的公共交通的无障碍设施、特定建筑物的无障碍设施、身体残疾人的通信及媒体播放事业的无障碍设施和通用设计。

表6-5 残疾人领域相关制度的构建过程

年份	法律、制度、政策	备注
1947	儿童福利法	包括残疾儿童在内的儿童援助
	工伤保险	包括残疾人在内的劳动者的工伤保险
1949	身体残疾人福利法	最初以残疾军人为援助对象，之后的法律修正将援助对象扩大到一般的身体残疾人
	生活保护法	其中包括残疾人的社会救助
1950	精神卫生法	∗废除了精神残疾人必须在家监护抚养 ∗都道府县内设立公立的精神科病院 ∗都道府县内设立精神卫生咨询所
1958	国民健康保险法	其中包括残疾人的医疗
1959	国民年金法	残疾人年金
1960	精神薄弱者福利法	1998年，改称为智力残疾人福利法
	促进残疾人雇佣法	促进残疾人就业的法律
1970	身心残疾人对策基本法	规定了身体残疾人和智力残疾人福利相关的基本事项

续表

年份	法律、制度、政策	备注
1975	残疾儿童福利津贴及特殊残疾人津贴支付的命令	残疾儿童津贴，特殊残疾人的津贴
1981	国际残疾人年	1980年日本政府为了国际残疾人年特成立"国际障碍者年推进本部"机构
1986	国民年金法的修正	残疾人基础年金制度的创设
1993	残疾人基本法	身体、智力、精神残疾人领域基本事项的规定
1993	残疾人基本计划	＊以残疾人基本法为依据 ＊第1期1993—2002年，第2期2003—2012年 第3期2013—2017年，第4期2018—2022年
2003	援助费制度	＊自我决定的尊重 ＊利用者本位 ＊服务对象和服务机构的对等关系 ＊服务的自我选择 ＊服务利用以合同形式为主 ＊重视服务质量的提高
2004	发育残疾人援助法	发育残疾人援助的专门法律
2005	残疾人自立援助法	＊最大的争议点：利用者负担过高（利益负担：费用10%的负担）
2006	有关促进高龄者和残疾人移动的便利性的法律（无障碍设施新法）	关于老年人和残疾人无障碍设施的规定
2006	残疾福利计划	＊以残疾自立援助法为依据 ＊3年一期，现在是第5期残疾福利计划（2018—2021年）
2011	有关防止残疾人虐待，援助残疾人抚养人的法律（略称，防止虐待残疾人法）	防止残疾人虐待的专门立法

续表

年份	法律、制度、政策	备注
2013	有关推进消除以残疾为由的歧视的法律（略称，消除歧视残疾人法）	消除残疾人社会歧视的专门立法
2013	残疾人综合援助法	*替代了2005年的残疾人自立援助法 *利用者负担：应能负担，即根据收入的高低决定负担的比例 *将发育残疾和难病列入残疾人的范畴 *确立了自立援助协会的法律位置 *残疾援助等级制度的导入，即残疾人根据残疾援助等级的评估结果来选择服务项目 *共同生活护理和共同生活援助的一体化
2014	残疾人权利条约	国会批准了国际残疾人权利条约

资料来源：作者制表。

表6-6　　身体残疾人福利制度的构建过程

年份	法律、制度、政策	备注
1948	日本盲人会连合（日盲连）	日本视力残疾人团体的全国性的联合组织
1948	国立光明寮	*视力残疾中心 ①国立函馆视力残疾中心（1954年） ②国立盐原视力残疾中心（1948年开设，2013年闭馆） ③国立神户视力残疾中心（1951年） ④国立福冈视力残疾中心（1969年）
1949	身体残疾人福利法	最初以残疾军人为服务对象，后经法律修正将服务对象扩大到一般的身体残疾人
1951	身体残疾人实况调查	*身体残疾人现状调查研究 *每5年进行一次调查 *调查内容：残疾人分类、残疾等级及人数、护理等级、外出情况、津贴和年金、就业、居家服务等

续表

年份	法律、制度、政策	备注
1960	促进身体残疾人雇佣法	*身体残疾人雇佣制度立法 *2018年颁布实施的《促进残疾人雇佣法》在本法的基础上制定
1964	国立残疾人康复中心	*1964年，国立身体残疾中心成立 *1979年，国立身体残疾中心、国立东京视力残疾中心、国立听力言语障碍中心三所合并成立了国立身体残疾人康复中心 *2008年，改称国立残疾人康复中心
1964	日本残疾人康复协会	从事国内外有关残疾人康复的调查研究，并加强国际合作，致力于残疾人康复事业的发展
1984	全国身体残疾人综合福利中心	国家为了纪念国际残疾人年而设立，运营委托给日本残疾人康复协会
1993	为增进身体残疾人的便利性推进身体残疾人顺利地利用通信及放送事业的法律	随着社会经济情报的发展，确保身体残疾人的电子通信的利用机会，推进身体残疾人顺利地利用通信，力求情报事业的协衡发展
1994	有关促进老年人和身体残疾人顺利地利用特定建筑物的法律	推进特定建筑物的无障碍设施化建设
2000	有关促进老年人和身体残疾人顺利地利用公共交通工具的法律	推进公共交通，特别是电车车站区域的无障碍设施化建设
2002	身体残疾人辅助犬法	*身体残疾人辅助犬的训练 *辅助犬有导盲犬、介助犬、听导犬三种
2006	有关促进老年人和残疾人顺利移动的法律	特定建筑物法和交通无障碍设施法两者合并

资料来源：作者制表。

（三）智力残疾人福利制度的构建过程

智力残疾人福利制度的构建过程大体上可以分为以下五个方面来细述，见表6-7。

表 6-7　　　　　　　　智力残疾人福利政策的构建过程

年份	法律、制度、政策	备注
1947	儿童福利法	智力残疾儿童收容所的设立
1952	精神薄弱者儿童育成会（手牵手家长会）（现称全国手牵手育成联合会）	日本第一家由智力残疾儿童的家长发起的当事人组织
1953	精神薄弱儿童对策基本纲要	强化智力残疾儿童收容所的建设
1957	精神薄弱儿童托儿所	＊标志着智力残疾儿童的居家服务政策的开始 ＊18 岁以上的智力残疾人退园后没有地方可去成为问题
1957	东京都立青鸟养护学校	第一家公立的智力残疾儿童养护学校
1958	国立智力残疾儿童设施秩父学园	1963 年，改称国立秩父学园
1959	全国精神薄弱儿童实况调查	智力残疾儿童的实况调查
1960	精神薄弱者福利法（1998 年改称智力残疾人福利法）	智力残疾人的专门立法，精神薄弱者的援助设施的法律化，收容设施的制度化
1964	重度精神薄弱儿童抚养津贴法（1966 年，特殊儿童抚养津贴法）（1974 年，有关特殊儿童抚养津贴等支付的法律）	重度智力残疾儿童的社会救助
1967	日本精神薄弱者福利协会（1998 年改称日本智力残疾人福利协会）	＊智力残疾人的调查研究 ＊智力残疾人相关的设施、服务机构的援助和运营指导 ＊智力残疾人的专业人才的培养（例研究会）
1973	智力残疾证制度纲要	智力残疾人的等级评估和智力残疾证
1983	促进身体残疾人雇佣法的修正（1987 年，有关促进残疾人雇佣等法律）	智力残疾人的雇佣问题提上了议事日程
1989	精神薄弱者地区生活援助事业（共同居住型智力残疾人之家的制度化）	＊智力残疾人的地区福祉政策开始 ＊创建了设施以外的生活场所，现行的共同居住型残疾人设施援助事业

资料来源：作者制表。

1. 智力残疾儿童的援助

智力残疾儿童的援助具有以下特点：第一，在法律制度方面，智力残疾人的福利制度是从智力残疾儿童的福利政策开始的，《儿童福利法》要求建立智力残疾儿童收容设施。1953年出台的《精神薄弱儿童对策基本纲要》强化了智力残疾儿童收容所的建设，1964年出台了重度智力残疾儿童的社会救助制度《重度精神薄弱儿童抚养津贴法》。第二，智力残疾儿童的设施和学校建设方面，1957年日本开设了智力残疾儿童托儿所，同年东京都立青鸟养护学校开设，次年国立智力残疾儿童设施秩父学园开设。第三，智力残疾儿童的组织建设方面，1952年由智力残疾儿童家长发起成立的"精神薄弱儿童育成会"（别称"手牵手家长会"，现称"全国手牵手育成联合会"）是日本第一家当事人组织。第四，智力残疾儿童调查研究工作开展方面，日本于1959年开始了"全国精神薄弱儿童实况调查"。

2. 智力残疾人福利制度的制定

为解决智力残疾人从智力残疾儿童设施退所（园）后，回到社会（地区）没有地方可去的问题，1960年日本颁布实施了《精神薄弱者福利法》，此法于1998年改称为《智力残疾人福利法》。1973年出台的《智力残疾证制度纲要》规定了智力残疾人的等级评估标准。

3. 智力残疾人的组织建设

日本于1967年成立了"日本精神薄弱者福利协会"（1998年改称为日本智力残疾人福利协会），此协会的前身是知名学者石井亮一于1934年成立的"日本精神薄弱者爱护协会"。

4. 智力残疾人的雇佣政策

1983年《促进身体残疾人雇佣法》的修正中将智力残疾人的雇佣问题提到了议事日程。

5. 智力残疾人之家的制度化

1989年智力残疾人之家的制度化（别称精神薄弱者地区生活援助事业），创建了除收容所等设施之外的残疾人生活场所，开启了残疾人地域福利政策的先河。

（四）精神残疾人福利制度的构建过程

精神残疾人福利制度的构建过程可以归纳以下5个特点，具体见表6-8。

表 6-8　　　　　　　　精神残疾人福利制度的构建过程

年份	法律、制度、政策	备注
1900	精神病患者监护法	*日本第一部精神保健制度 *亲族4代之内负有监护义务，在家监护抚养为主
1919	精神病院法	*精神残疾人的医疗政策 *设置公立精神科医院
1950	精神卫生法	*都道府县内精神科医院设置的强制性 *对精神疾病的预防和保健有关的精神卫生咨询和上门指导 *强制住院（不经本人和家人的同意）
1952	国立精神卫生研究所成立	*1986年，国立精神神经中心（国立武藏疗养所神经中心和国立精神卫生研究所合并） *2010年，国立精神神经医疗研究中心（国立精神神经中心和国立国际医疗中心合并）
1965	精神卫生法的修正	*受美国驻日大使埃德温·奥德法特·赖孝和刺伤事件的影响（1964年） *精神卫生中心（现精神保健福利中心）的设立 *强化居家残疾人的上门指导和咨询 *住院治疗向门诊治疗的转换 *门诊治疗费的公费负担
1965	全国精神残疾人家庭联合会（略称全家连）	2007年，全国性组织解散
70年代中后期	小规模保护作坊	*精神病患者的家庭联合会为中心建立 *小规模
1987	精神保健法	*受1984年的宇都宫病院事件（精神科医院护士的暴行导致精神病患者的死亡事件），要求维护精神残疾人权利 *精神卫生鉴定医向精神保健转变 *行政强制住院向精神病患者本人任意住院转变 *精神病患者回归社会
1995	精神保健福利法	*法律的目的：促进精神病患者的自力更生和社会参与 *精神残疾人保健福利证制度的导入 *明确了市町村的职能 *重视残疾人的人权

续表

年份	法律、制度、政策	备注
1997	精神保健福祉士法	对精神残疾人援助的专业人士的立法
2003	心神丧失者医疗观察法	重大犯罪行为的精神残疾人的医疗
2004	精神保健医疗福利改革远景	*住院治疗为中心向地区生活为中心转变
2006	全国精神保健福利联合会	全国性的精神残疾人家庭联合会
2018	促进残疾人雇佣法	精神残疾人成为援助对象之一

资料来源：作者制表。

1. 精神残疾人福利制度的历史

精神残疾人的福利制度经历了精神病患者监护法（1900年）→精神病院法（1919年）→精神卫生法（1950年）→精神保健法（1987年）→精神保健福祉法（1995年）的构建过程。

2. 精神残疾人的组织建设

1952年日本成立了国立精神卫生研究所，1986年该所与国立武藏疗养所神经中心合并为国立精神神经中心，2010年该中心与国立国际医疗中心合并为国立精神神经医疗研究中心。日本的另一精神残疾人组织是2006年成立的全国精神保健福利联合会，其性质是全国性的精神残疾人家庭组织。从构建过程的实际情况来看，"全国精神残疾人家庭联合会"1965年组建2007年解散。解散的主要原因是全国精神残疾人家庭联合会的职能逐步被2005年颁布实施的《残疾人自立援助法》所代替。

3. 精神残疾人的特定医疗制度

精神残疾与身体残疾、智力残疾不同，需要长期的医学治疗。2004年出台的《精神保健医疗福利改革远景》指明了精神残疾人的保健医疗福利的发展方向，即从"住院治疗为中心"向"地区生活为中心"转变。此外，2003年出台的《心神丧失者的医疗观察法》对有重大犯罪行为的精神残疾人的医疗援助内容作出了明确的规定。

4. 精神残疾人的雇佣

20世纪70年代中后期由精神病患者的家庭联合会牵头在各地区成立了许多小规模保护作坊，让患有精神病的子女在作坊中工作。如上文中提及的身体残疾人和智力残疾人的雇佣也较早地被纳入了《促进残疾人雇佣法》，而精神残疾人的雇佣于2018年4月才被纳入法律之中。

5. 精神残疾人援助的职业资格

1997年出台的《精神保健福祉士法》对精神残疾人援助的专业人士进行了专门的立法。身体残疾人和智力残疾人的援助专业人士没有专门立法，他们是社会福祉士服务对象的一部分。

第三节 残疾人的现状

一、残疾人的现状

（一）残疾人的总数及居住情况

日本内阁于2019年刊发的《残疾人白皮书》的统计结果显示，见表6-9，截至2017年，身体残疾人总数为436.0万人，其中居家生活者428.7万人，占98.3%；智力残疾人总数为108.2万人，其中居家生活者96.2万人，占88.9%；精神残疾人总数为419.3万人，其中居家生活者389.1万人，占92.8%。由此可以得出两个结论：一是残疾人的总数由多到少依次是身体残疾人、精神残疾人、智力残疾人。二是残疾人的生活场所主要是居家为主，入住设施为辅。设施入住者的数量由多到少依次是精神残疾人、智力残疾人、身体残疾人。

表6-9　　　　　　　　　　残疾人的数量　　　　　　　　　　（万人）

残疾人分类	总数	居家生活者	设施入住者
身体残疾人	436.0	428.7（98.3%）	7.3（1.7%）
智力残疾人	108.2	96.2（88.9%）	12.0（11.1%）
	总数	门诊患者	住院患者
精神残疾人	419.3	389.1（92.8%）	30.2（7.2%）

资料来源：内阁府. 2019年版残疾人白皮书［DB/OL］.

注：1. 身体残疾人和智力残疾人的居家生活者的数量统计来自厚生劳动省社会援护局残疾保健福利部2016年的《生活辛苦程度调查（全国居家残疾人的实况调查）》。

2. 精神残疾人的数量统计是厚生劳动省社会援护局残疾保健福利部根据厚生劳动省政策统括官附属保健统计室2017年的《患者调查》数据汇总的。

（二）身体残疾人口状况

居家生活的身体残疾人数的发展变化情况，如图 6-6 所示，总人数在逐年增多，其中 65 岁以上老年人的所占比例最高，2016 年高达 72.6%。由此可以看出身体残疾老年人的居家护理已经成为日本的社会问题。

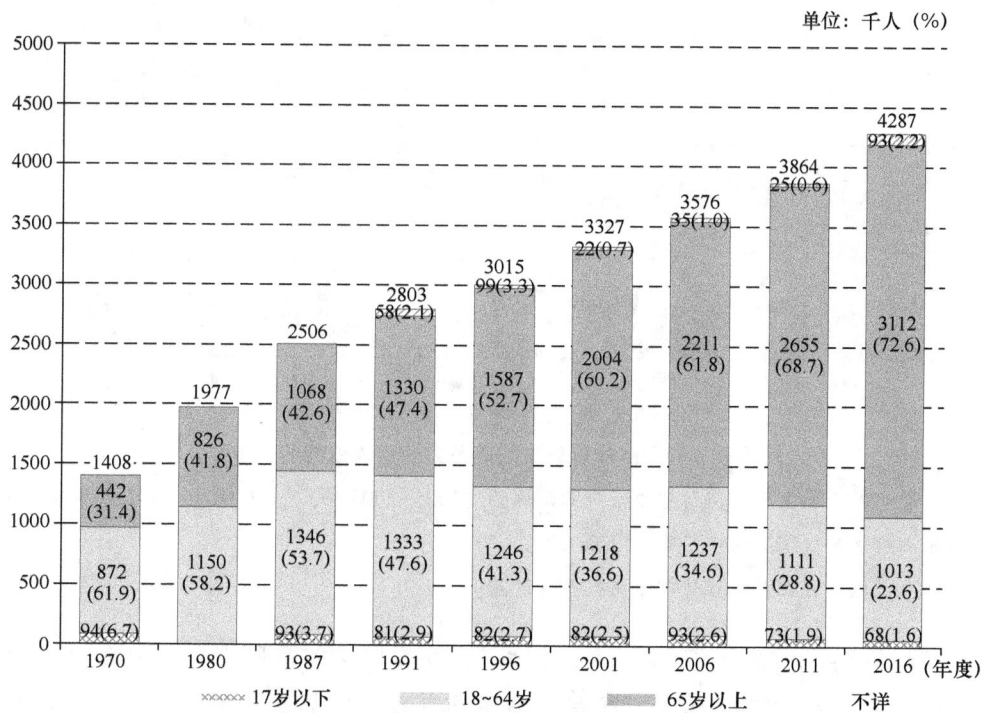

图 6-6　各年龄段居家生活的身体残疾人数的年代推移

资料来源：厚生劳动省. 身体残疾人实况调查（1970-2006 年）[DB/OL]；厚生劳动省. 生活辛苦程度调查（2011-2016 年）[DB/OL].

注：1. 1980 年 17 岁以下的身体残疾儿童没有统计数据。

2. 统计数据经过四舍五入处理后总数稍有误差。

（三）智力残疾人口状况

各年龄段居家生活的智力残疾人数如图 6-7 所示，总数逐年增多，其中 18～64 岁所占比例最多，2016 年超过了 60%。

（四）精神残疾人口状况

各年龄段居家生活的精神残疾人数如图 6-8 所示，总数逐年增加，其中

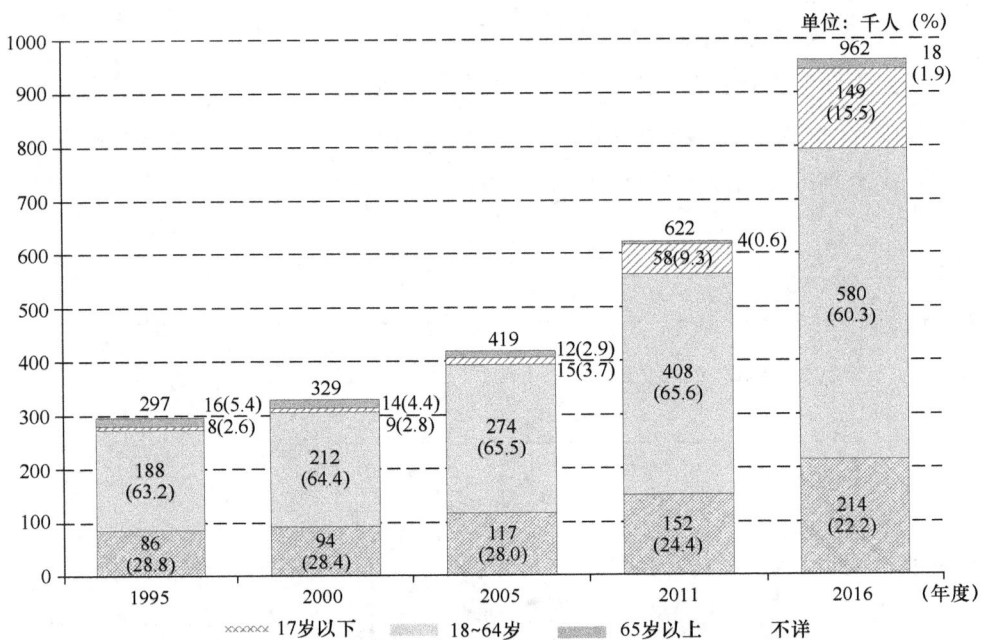

图 6-7 各年龄段居家生活的智力残疾人数的年代推移

资料来源：厚生劳动省．智力残疾基础调查（1995-2005 年）［DB/OL］；厚生劳动省．生活辛苦程度调查（2011-2016 年）［DB/OL］．

注：数据经过四舍五入处理后总数稍有误差。

65~74 岁老年人数为 47.8 万人，特别是 75 岁以上的高龄老年人数最多高达 84.9 万人。由此可以看出，患有精神疾病老年人的居家护理已成为突出的社会问题。

二、残疾证持有者的现状

（一）身体残疾证持有者的数量

根据厚生劳动省社会援护局残疾保健福利部 2018 年公布的《生活辛苦程度调查"全国居家生活残疾人实况调查"》显示，见表 6-10，2016 年身体残疾证持有者数量为 428.7 万人，其中肢体残疾的持证者数量为 193.1 万人，占 45.0%；其次是内部残疾人持证者数量为 124.1 万人，占 28.9%，多重残疾持证者数量为 76.1 万人，占 17.7%。

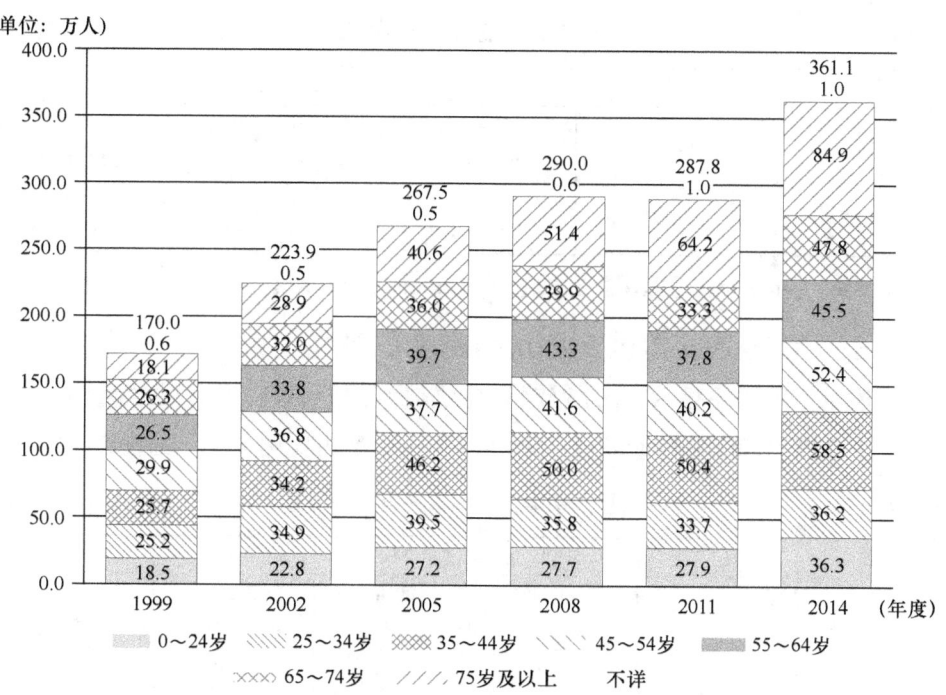

图6-8 各年龄段居家生活的精神残疾人数的年代推移

资料来源：厚生劳动省社会援护残疾保健福利部根据《厚生劳动省．患者调查（2014年）》统计汇总．

注：1. 2011年因东日本大地震造成宫城县的一部分地区和福岛县的统计数据缺失。
2. 数据经过四舍五入处理后总数稍有误差。

表6-10　　　　　　　　身体残疾证持有者的数量　　　　　　　　（万人）

年度	总数	视力残疾	听力言语障碍	肢体残疾	内部残疾	种类不详	多种残疾
2011	386.4	31.6 (8.2%)	32.4 (8.4%)	170.9 (44.2%)	93.0 (24.1%)	58.5 (15.1%)	17.6 (4.6%)
2016	428.7	31.2 (7.3%)	34.1 (8.0%)	193.1 (45.0%)	124.1 (28.9%)	46.2 (10.8%)	76.1 (17.7%)

资料来源：厚生劳动省．生活辛苦程度调查（全国居家生活残疾人实况调查）2016年［DB/OL］．

（二）智力残疾证持有者的数量

上述调查结果还统计了2016年智力残疾证持有者数量为96.2万人，其中重度（A）37.3万人占38.8%，其他（B）55.5万人占57.7%，见表6-11。

表 6-11　　　　　　　智力残疾证持有者的数量　　　　　　　　　　（万人）

年度	总数	重度（A）	其他（B）	不详
2011	62.2	24.2 (38.9%)	30.3 (48.7%)	7.7 (12.4%)
2016	96.2	37.3 (38.8%)	55.5 (57.7%)	3.4 (3.5%)

资料来源：厚生劳动省. 生活辛苦程度调查（全国居家生活残疾人实况调查）2016 年 [DS/OL].

（三）精神残疾保健福利证持有者的数量

上述调查结果还显示，2016 年精神残疾保健福利证持有者的数量为 84.1 万人，其中 2 级的持证者数量最多，为 45.2 万人，所占比例过半，见表 6-12。

表 6-12　　　　　　精神残疾保健福利证持有者的数量　　　　　　　（万人）

年度	总数	1 级	2 级	3 级	不详
2011	56.8	11.5 (20.2%)	30.4 (53.5%)	12.9 (22.7%)	2.0 (3.5%)
2016	84.1	13.7 (16.3%)	45.2 (53.7%)	20.4 (24.3%)	4.8 (5.7%)

资料来源：厚生劳动省. 生活辛苦程度调查（全国居家生活残疾人实况调查）2016 年 [DB/OL].

三、其他残疾人口状况

（一）发育残疾人的判定数量及残疾证持有者的数量

2016 年发育残疾人的判定数量为 48.1 万人，其中残疾证持证者的数量为 36.8 万人，非持证者数量为 10.3 万人，见表 6-13。从持有的残疾证种类来看，智力残疾证持有者的数量最多，达到 26.6 万人。

表 6-13　　　　发育残疾人的判定数量及残疾证持有者的数量　　　　（万人）

年度	发育残疾人总数	残疾证持有者				非持证者	不详
		持证者总数	身体残疾证	智力残疾证	精神残疾保健福利证		
2011	31.74	24.57	5.60	18.97	5.21	6.68	0.49
2016	48.1	36.8	5.5	26.6	10.8	10.3	1.0

资料来源：厚生劳动省. 生活辛苦程度调查（全国居家生活残疾人实况调查）2016 年 [DB/OL].

（二）高度脑功能障碍者的判定数量及残疾证持有者的数量

2016年高度脑功能障碍者的判定确诊数量为32.7万人，其中残疾证持有者的数量为21.7万人，非持有者的数量为7.8万人，见表6-14。从持有的残疾证种类来看，身体残疾证持有者的数量最多达到19.3万人。

表6-14　　高度脑功能障碍者的判定数量及残疾证持有者的数量　　（万人）

年度	总数	残疾证持有者				非持有者	不详
		持证者总数	身体残疾证	智力残疾证	精神残疾保健福利证		
2011	42.22	27.82	23.25	2.75	5.65	12.24	2.16
2016	32.8	21.7	19.3	1.8	3.4	7.8	3.3

资料来源：厚生劳动省. 生活辛苦程度调查（全国居家生活残疾人实况调查）2016年［DB/OL］.

（三）难病患者的判定数量及残疾证持有者的数量

2016年难病患者的确诊数量为94.2万人，残疾证持有者的数量为53万人，非持有者的数量为30.2万人，见表6-15。从持有的残疾证种类来看，身体残疾证持有者最多达到50.1万人。

表6-15　　难病患者的判定数量及残疾证持有者的数量　　（万人）

年度	难病患者总数	残疾证持有者				非持有者	不详
		持证者总数	身体残疾证	智力残疾证	精神残疾保健福利证		
2016	94.2	53.0	50.1	3.7	4.5	30.2	11.0

资料来源：厚生劳动省. 生活辛苦程度调查（全国居家生活残疾人实况调查）2016年［DB/OL］.

注：2011年《生活辛苦程度的调查（全国居家生活的残疾人实况调查）结果》中没有难病患者的统计数据。

第四节　残疾人福利服务体系

一、服务对象

《残疾人综合援助法》第4条规定，该法的服务对象是"残疾人"和"残疾儿童"。残疾人是指18周岁以上有以下4种残疾之一的人。4种残疾是指：①身体残疾人（《身体残疾人福利法》第4条规定的）；②智力残疾人（《智力残疾人福利法》规定的）；③精神残疾人（《精神保健福利法》第5条规定的，包括发育残疾人）；④难病（治疗方法不确定，达到经厚生劳动大臣判定的内阁命令规定的残疾等级的其他特殊疾病）。残疾儿童是指《儿童福利法》第4条第2项规定，未满18周岁有以下4种残疾之一的儿童。4种残疾是指：①身体残疾儿童；②智力残疾儿童；③精神残疾儿童（包括发育残疾儿童）；④难病儿童。

二、残疾援助等级评估

（一）残疾援助等级

残疾人利用各项残疾人福利服务时，什么程度的残疾能够利用什么样的服务需要一定的衡量标准，因而《残疾人综合援助法》制定了"残疾援助等级"评估制度。残疾援助等级是指符合厚生劳动省规定的，对残疾人多样性的特征以及其他的身心状况进行评估，是反映残疾人需要援助程度的综合指标。残疾援助等级分为1~6级，如图6-9所示。

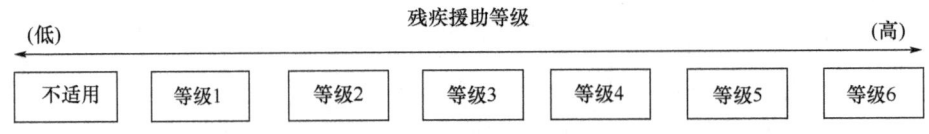

图6-9 残疾援助等级

资料来源：厚生劳动省.残疾人综合援助法，残疾援助等级的概要［DB/OL］.

（二）残疾援助等级评估过程

残疾援助等级评估过程如图6-10所示。市町村受理残疾人本人或家人等代理人申请后，评估调查员（有相关专业知识和技术的市町村工作人员）使用"概况调查表"、"评估调查表"（80个调查项目）、"特定事项"对申请对象的实际情况进行评估调查，并将调查数据输入电脑。与此同时，市町村请申请对象的主治医生或是市町村指定的医生填写"医生意见书"（由选择项目和特别记入项目构成），并将数据输入电脑。用电脑评分软件对"评估调查表""医生意见书"

(24 项) 等相关项目进行评分，根据分数判定残疾援助等级，称为第一次判定。市町村审查会①根据第一次判定结果，再综合"特定事项"和"医生意见书"（第一次判定项目除外）开会讨论该残疾人的援助等级进行第二次判定。最后市町村将最终的评估结果通知申请人。

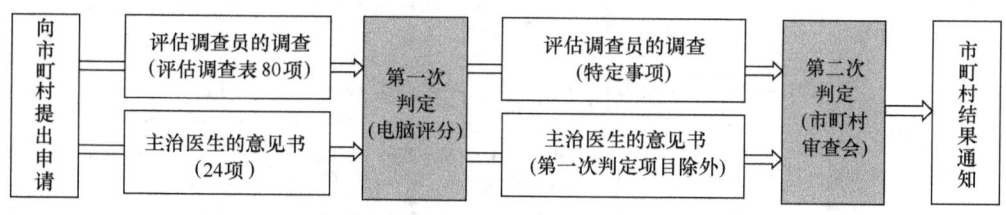

图 6-10　残疾援助等级评估过程

资料来源：厚生劳动省．残疾人综合援助法，残疾援助等级的概要 [DB/OL]．

（三）残疾儿童服务给付评估

残疾儿童在利用服务之前也需要通过残疾儿童服务给付评估，如图 6-11 所示。首先，残疾儿童及监护人向市町村提出给付申请，市町村工作人员对残疾儿童的情况进行概况调查，在概括调查的阶段根据服务项目的不同调查的项目也有所不同。例如居家护理和短期入住设施的情况要进行 5 个领域 11 项调查。根据调查结果市町村召开审查会并听取审查会的意见。其次，进行注意事项调查，听取残疾人本人及监护人的服务利用意向，综合以上信息制定服务利用计划书，最后市町村下达给付决定。需要注意的是重度上门护理的情况，残疾儿童本人及监护人向市町村提出给付申请后，市町村长接到儿童咨询所长的通知后开始概况调查，之后的评估过程相同。

三、服务体系

残疾人福利的服务体系内容包括自立援助给付和地区生活援助事业两大类，

---

① 市町村审查会是在市町村内设置，负责残疾援助等级审查评估业务并接受是否符合残疾援助等级标准的咨询的专门组织。审查会的委员是由熟知残疾人实情，具有残疾人保健福利知识和经验，能够站在中立公正的立场实施审查的人员组成。委员任命时需考虑身体、智力、精神、难病等各类残疾人领域的人员构成的平衡。委员的一般任期是 2 年，到期后可以连任。

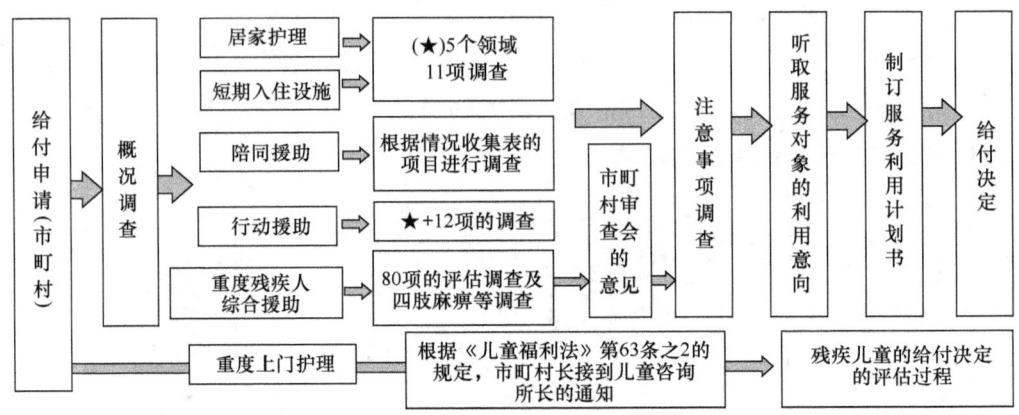

图 6-11 残疾儿童服务给付决定的评估过程

资料来源：伊藤总研资格取得援助中心. 社会福祉士国家考试指南 2020 [M]. 东京：中央法规出版社，2020.

如图 6-12 所示。

（一）自立援助服务体系

自立援助服务体系内容包括残疾人福利医疗服务、咨询援助、费用减免、辅助器具费用补贴及残疾儿童福利等内容，具体服务内容如下。

1. 残疾人福利服务

残疾人福利服务主要有护理服务（见表 6-16）和训练服务（见表 6-17）两项内容。其中，护理服务内容有居家护理、重度上门护理、陪同援助、行动援助、重度残疾人综合援助、短期入住设施援助、疗养护理、生活护理以及长期入住设施援助。护理服务根据残疾援助等级不同提供的服务不尽相同。

训练服务内容有自立训练（主要包括机能训练和生活训练）、自立生活援助、就业过渡援助、就业稳定援助、就业继续援助、共同居住型残疾人设施援助（残疾人之家）。训练服务没有残疾援助等级的要求限制。

2. 残疾人医疗

残疾人医疗由自立援助医疗和疗养护理医疗两部分组成。其中，自立援助医疗是为了减轻或消除身心残疾，减轻自己负担医疗费的公费医疗制度。自立援助医疗有残疾人为对象的康复医疗、残疾儿童为对象的育成医疗以及精神疾病患者

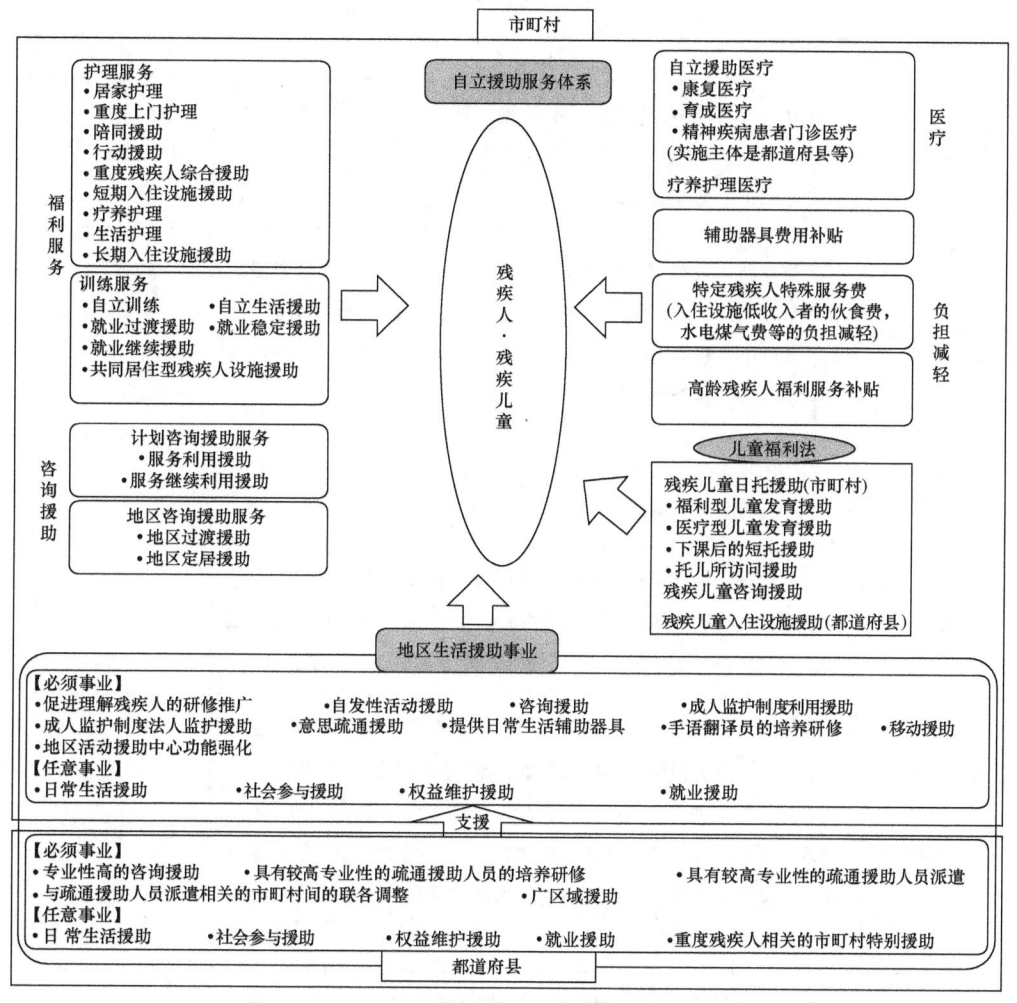

图 6-12 残疾人福利的服务体系

资料来源：参考内阁府《2015年残疾人白皮书（全文版）》中的残疾人综合援助法的服务给付和事业图，作者添加了负担减轻和残疾儿童服务的内容。

门诊医疗 3 类（见表 6-18）。

疗养护理医疗是指为长期住院的残疾人提供日间的身体机能训练和疗养上的管理及看护，在医学指导的基础上进行护理和日常生活的照顾。疗养护理医疗兼具疗养和护理双重功能的医疗制度。

表 6-16　　　　　　　　　　残疾人护理服务的内容

服务名称	服务内容	残疾援助等级
居家护理	在残疾人家里为其提供：①洗澡、排泄、吃饭等日常护理；②洗衣做饭、打扫卫生、购物等家务事援助；③与生活相关的咨询和生活上的全方位援助	1级以上
重度上门护理	为重度肢体残疾，行动困难的智力残疾人和精神残疾人等需要日常护理的残疾人，在残疾人家里提供身体护理，家务事援助包括育儿援助、移动援助等综合性服务。2018年4月开始为残疾人提供住院或入住设施时的意思疏通及其他援助	*4级以上 *6级以上住院时可利用意思疏通援助
陪同援助	陪同因视力残疾而移动非常困难的残疾人外出，为其提供移动的必要信息和移动援助，以及外出时其他的必要援助	无
行动援助	为了让因智力残疾和精神残疾造成行动明显困难且时常需要护理的残疾人行动时回避危险而提供的必要援助，外出时提供护理、排泄、吃饭等必要的援助，以及残疾人行动时其他的必要援助	3级以上
重度残疾人综合援助	时常需要护理的，意思疏通明显困难，四肢麻痹及瘫痪状态的残疾人以及智力残疾和精神残疾而引起的行动明显困难的残疾人，为其提供居家护理、重度上门护理、陪同援助、行动援助、生活护理、短期入住设施、自立训练援助、就业过渡援助、就业继续援助、就业稳定援助、自立生活援助、共同居住型残疾人设施援助等多项综合性援助	6级以上
短期入住设施援助	残疾人的护理人员生病或其他原因无法护理残疾人时，残疾人短期入住残疾人援助设施和儿童福利设施等设施，在设施内享受洗澡、排泄、吃饭等护理及其他援助	1级以上
疗养护理	为时常需要在医院进行身体机能训练，并需要医疗服务和看护，且日常生活需要护理的残疾人，在医院为其提供身体机能训练、疗养所需的医疗服务和看护，并在医学指导下为其提供白天的护理和日常生活照顾。疗养护理在提供医疗服务的同时也提供与医疗相关的疗养所需的生活护理服务	5级或6级以上

第六章　日本残疾人福利

续表

服务名称	服务内容	残疾援助等级
生活护理	在残疾人援助设施和其他提供相关服务的设施内提供洗澡、排泄、吃饭等护理，提供创作性活动和生产活动的机会，以及其他的必要援助；为时常需要护理的残疾人提供日间的洗澡、排泄、吃饭等护理，洗衣做饭，打扫卫生等家务事援助，与生活相关的咨询和必要的日常生活援助，提供创作性活动及生产生活的机会，提高其他的身体机能和生活能力的必要援助	3级以上（50周岁以上者2级以上）
长期入住设施援助	为入住残疾人援助设施的残疾人提供夜间的洗澡、排泄、吃饭等护理服务，以及与生活相关的咨询和其他日常生活上的必要援助	4级以上（50周岁以上者3级以上）

资料来源：参考《社会福祉士国家考试指南2020》和厚生劳动省《有关残疾福利服务》作者制表。

表6-17　　　　　　　　　　残疾人训练服务的内容

服务名称	服务内容
自立训练（机能训练）	在残疾人援助设施和残疾人福利服务中心内，或者在残疾人家里，为其提供理学疗法和作业疗法以及其他的康复疗法，与生活相关的咨询以及其他的必要援助
自立训练（生活训练）	在残疾人援助设施和残疾人福利服务中心内，或者在残疾人家里，为其提供洗澡、排泄、吃饭等与日常生活相关的自立援助，与生活相关的咨询以及其他的必要援助
自立生活援助	为居家生活的单身残疾人能够自立生活，提供定期巡回访问或者24小时随时通报、随时咨询和对应，了解他们居家日常生活上的各种困难，提供必要的信息和咨询并与相关机构取得联络和合作
就业过渡援助	为希望在一般企业就职的残疾人，提供：①生产活动，职场体验及其他就业活动机会；②必要的就业知识和能力提升训练，求职活动的相关援助；③开拓适合残疾人的职场；④就职后能够在职场稳定的相关咨询和其他的必要援助
就业继续援助A型（雇佣型）	为在一般企业就职困难但进行适当援助能够按照雇佣合同就业的残疾人，提供生产活动及其他的活动机会，必要的就业知识和能力提升训练，以及其他的必要援助（一般在福利型企业就职）

165

续表

服务名称	服务内容
就业继续援助 B型（非雇佣型）	为在一般企业就职困难且因年龄和身心健康或其他情况无法持续在同一企业就职的残疾人，通过就业过渡援助也无法在一般企业就职的残疾人，提供生产活动及其他的活动机会，必要的就业知识和能力提升训练，以及其他的必要援助（一般在福利型企业就职）
就业稳定援助	接受生活护理、自立训练、就业过渡援助或者就业继续援助后，在一般企业就职成功的残疾人，为了使他们能够在该企业里持续工作，企业和残疾人福利服务中心及医疗机构等互相合作，为他们提供因工作引起的日常生活和社会生活上的各类问题的咨询、指导和必要援助
共同居住型残疾人设施援助	在残疾人之家等共同居住型残疾人设施内，提供咨询、洗澡、排泄、吃饭护理和日常生活上的必要援助，主要以夜间服务为主

资料来源：参考《社会福祉士国家考试指南2020》和厚生劳动省《有关残疾福利服务》作者制表。

表6-18　　　　　　　　　　　自立援助医疗

种类		对象
康复医疗 （残疾人为对象） 育成医疗 （残疾儿童为对象）		·康复医疗是18周岁以上持有身体残疾证的残疾人 ·育成医疗是未满18周岁持有身体残疾证的残疾儿童
	视力残疾	白内障→晶体摘除术，视网膜脱离→视网膜脱离手术，等等
	听力残疾	鼓膜穿孔→鼓膜穿孔修复术，外部听力损失→外耳道成形术，等等
	言语障碍	外伤性或术后引发的发声构音障碍→整形术，口盖裂→整形术，等等
	肢体残疾	关节挛缩，关节僵硬→整形术或人工关节置换术，先天性股关节脱臼，脊椎侧弯→关节整形术，等等
	内部残疾	<心脏>先天性疾患→气门，室间隔缺损手术 <肾脏>肾脏功能障碍→人工透析疗法，肾脏移植术（包括抗免疫疗法） <肝脏>肝脏功能障碍→肝脏移植术（包括抗免疫疗法） <小肠>小肠功能障碍→完全胃肠外营养 <免疫>HIV免疫功能障碍→抗HIV疗法，免疫疗法，等等

第六章 日本残疾人福利

续表

种类	对象
精神疾病患者门诊医疗	精神残疾或因精神残疾引起的疾病，不需要住院治疗的精神残疾人（精神分裂症，情绪障碍，癫痫，神经症，使用精神作用物质引起的精神和行动障碍等）

资料来源：参考《社会福祉士国家考试指南2020》和厚生劳动省《自立援助医疗的实施》作者制表。

3. 残疾人咨询援助

残疾人咨询援助主要有计划咨询援助服务、地区咨询援助服务及基本咨询援助三项内容（见表6-19）。其中，计划咨询援助务有服务利用援助和服务继续利用援助两项内容，地区咨询援助服务有地区过渡援助和地区定居援助两项内容。

表6-19　　　　　　　　残疾人咨询援助

计划咨询援助	服务利用援助	为残疾人解决问题和提供合适的服务内容，填写服务利用计划案，并在服务给付结果下达后，与服务机构敲定服务利用计划书
	服务继续利用援助	在服务给付期间，定期地评估服务利用计划书的实施情况，并进行适时的修改
地区咨询援助	地区过渡援助	*为入住残疾人援助机构的残疾人和精神病医院住院的精神残疾人平稳地过渡到地区生活，确保其住所，提供有关地区生活过渡活动的咨询，实施残疾人福利服务机构的陪同援助 *2014年开始扩大了服务对象：①生活保护法规定的贫困收容所及更生设施内的残疾人；②监狱及少年劳教所等矫正设施内的残疾人；③入住在更生保护设施及寄宿在自力更生促进中心，就业援助中心，自立准备之家内的残疾人，也成为此项服务的对象
	地区定居援助	为居家生活的单身残疾人建立的24小时咨询援助体系，确保24小时联络机制的畅通，应对紧急事态的咨询和处理
基本咨询援助		解决地区生活的残疾人福利的各类问题，解答残疾儿童的监护人和残疾人的护理人员的咨询并为其提供必要的信息和建议，同时取得残疾人和市町村及指定的残疾人福利服务机构间的联系和合作。基本咨询援助是计划咨询援助和地区咨询援助的起点

资料来源：大阪府. 咨询援助手册（残疾人篇）第1章咨询援助制度概要 [DB/OL].

注：1. 更生设施是根据生活保护法设置的，对因身体和精神疾病而需要疗养和生活指导的人员实施社会救助的收容设施之一。

2. 更生保护设施是为了防止刑满释放的残疾人因无家可归而再次犯罪，对其实施保护和援助的设施。

4. 费用减免服务

费用减免服务主要有特定残疾人特殊服务费和高龄残疾人福利服务补贴两部分内容。其中，特定残疾人特殊服务费是指对入住设施的低收入残疾人的伙食费和水电煤气费等费用进行部分减免。

5. 辅助器具费用补贴

市町村根据身体残疾康复咨询所的意见，对残疾人使用的辅助器具实施费用补贴的制度。残疾人根据与服务机构签订的合同，可以享受购买、租借、修理辅助器具的服务。辅助器具的种类有假腿、脚环固定器、坐姿保持装置、轮椅和电动轮椅、步行器、拐杖、假眼和眼镜、盲人拐杖、助听器、重度残疾人用的意思传达装置。

6. 残疾儿童福利服务

如表6-20所示，残疾儿童福利服务从内容上来看，主要由残疾儿童日托援助、残疾儿童入住设施援助、残疾儿童咨询援助三部分组成。其中，残疾儿童日托援助主要有福利型儿童发育援助、医疗型儿童发育援助、下课后的短托援助、托儿所访问援助等内容。残疾儿童入住设施援助主要有福利型和医疗型两种类型。残疾儿童咨询援助有残疾儿童服务利用援助和残疾儿童服务继续利用援助两项内容。

表6-20　　　　　　　　　　残疾儿童福利内容

残疾儿童日托援助（市町村为服务主体）	
福利型儿童发育援助	不仅为利用托儿所的残疾儿童提供服务，还为该地区的残疾儿童及其家庭提供援助，访问托儿所里的残疾儿童为其提供援助，是居民身边的残疾儿童援助专门设施
医疗型儿童发育援助	为残疾儿童能够养成日常生活习惯进行基本动作指导，为提高残疾儿童社会生活适应性开展知识技能训练和集体生活的适应训练，理学疗法等训练，以及医疗指导下的相关援助
下课后的短托援助	为中小学的残疾儿童放学后或者寒暑假等长假期间，提供持续性的生活能力训练，与学校教育相辅相成促进残疾儿童的自立，而设置的放学后的活动学习场所。提供的服务主要有4项内容：①日常自立生活的必要训练；②创作性活动，作业辅导；③提供地区交流机会；④休闲娱乐

续表

托儿所访问援助	为了托儿所，幼儿园，小学在籍的残疾儿童能够适应集体生活，由访问援助员为其提供身体、精神、环境的适应援助。援助内容有：①对残疾儿童本人的援助主要是适应集体生活的训练；②对托儿所、幼儿园、小学教职员的援助主要是进行教育方法的指导
残疾儿童入住设施援助（都道府县为服务主体）	
福利型残疾儿童入住设施	为残疾儿童提供入住、保护、日常生活的指导，传授自立生活必要的知识技能，提供福利服务的设施。主要服务内容有：①吃饭、排泄、洗澡等日常护理；②日常生活上的咨询；③提高身体能力和日常生活能力的训练；④文体娱乐活动等社会参与活动的援助；⑤社会交际的援助
医疗型残疾儿童入住设施	为残疾儿童提供入住、保护、日常生活的指导，传授自立生活必要的知识技能，提供福利服务的同时提供医疗服务的设施。主要服务内容有：①疾病治疗；②看护；③医学指导下的吃饭、排泄、洗澡等日常护理；④日常生活上的咨询；⑤提高身体能力和日常生活能力的训练；⑥文体娱乐活动等社会参与活动的援助；⑦社会交际的援助
残疾儿童咨询援助（市町村）	
残疾儿童服务利用援助	提交残疾儿童日托援助申请时，根据残疾儿童的身心状况及环境，残疾儿童及家长的意见制定《残疾儿童服务利用计划案》。计划案审批通过后，与服务提供机构取得联系，根据双方决定的服务内容制定《残疾儿童服务利用计划书》
残疾儿童服务继续利用援助	对正在利用中的残疾儿童日托服务的实施情况进行定期地评估，对《残疾儿童服务利用计划书》进行修正，并提出计划的变更申请

资料来源：参照《社会福祉士国家考试指南2020》和厚生劳动省《有关残疾儿童援助》作者制表。

（二）地区生活援助事业

地区生活援助事业主要有市町村组织实施的地区生活援助事业和都道府县组织实施的地区生活援助事业两项。市町村组织实施的地区生活援助事业是基础和核心，都道府县组织实施的地区生活援助事业主要是支持和协助市町村的地区生活援助事业。

市町村组织实施的地区生活援助事业的内容繁多，可分为必须事业和任意事业。其中，必须事业的服务内容有促进理解残疾人的研修推广、自发性活动援助、咨询援助、成人监护制度利用援助、成人监护制度法人监护援助、意思疏通

日本社会福利

援助、提供日常生活辅助器具、手语翻译员的培养研修、移动援助及地区活动援助中心功能强化事业（见表6-21）。任意事业的服务内容有日常生活援助、社会参与援助、权益维护援助及就业援助事业（见表6-21）。

表6-21　　市町村地区生活援助事业（必须事业）

事业名称	内容
促进理解残疾人的研修推广事业	为了消除残疾人日常生活和社会生活上的社会障碍，通过开展加深对残疾人理解的研修和推广活动发动地区居民，实现共生社会
自发性活动援助事业	为了残疾人日常生活和社会生活能够自立，对残疾本人及其家庭和地区居民开展的自发性活动进行援助，实现共生社会
咨询援助事业	解答残疾人及残疾儿童监护人和残疾人护理人员的各类咨询，通过提供必要的情报和维权援助来实现残疾人日常生活和社会生活的自立。此项服务的提供主体是基本咨询援助中心
成人监护制度利用援助事业	从利用残疾人福利服务的观点出发来看，利用成人监护制度颇有成效的智力残疾人和精神残疾人，为其提供成人监护制度的利用援助以维护残疾人的合法权益
成人监护制度法人监护援助事业	建立能够公平公正地实施成人监护制度履行监护业务的法人体系，与此同时援助包括市民监护人在内的法人监护活动，维护残疾人的合法权益
意思疏通援助事业	为因听觉功能、言语功能、发声功能、视觉功能障碍及其他的残疾而造成意思疏通上有障碍的残疾人，为其派遣手语翻译员和书写员，通过手语翻译和文字书写等方法，使残疾人与他人之间的交流能够顺利进行
提供日常生活辅助器具事业	给残疾人提供或租借自立生活援助的辅助器具，为其日常生活提供方便，有助于增进残疾人福利
手语翻译员的培养研修事业	培养用手语进行日常会话的手语翻译员，为其提供必要的手语词汇及手语表现技术培训，帮助意思疏通有障碍的残疾人实现日常生活和社会生活的自力更生
移动援助事业	为室外移动困难的残疾人提供外出时的必要援助，促进残疾人在该地区内自立生活和社会参与
地区活动援助中心功能强化事业	根据利用服务的残疾人状况和地区实情，提供创作性活动和生产活动机会，强化地区活动援助中心在促进残疾人与社会交流方面的功能，并且促进残疾人地区生活援助

资料来源：参照《社会福祉士国家考试指南2020》和厚生劳动省《有关地区生活援助事业》作者制表。

都道府县组织实施的地区生活援助事业也是由必须事业和任意事业组成。其中，必须事业的内容主要有5项，包括专业性高的咨询援助、专业性高的意思疏通援助人员的培养研修和专业性高的意思疏通援助人员的派遣、与意思疏通援助人员派遣相关的市町村间联络调整事业以及广区域援助事业（见表6-22）。任意事业的服务内容有日常生活援助、社会参与援助、权益维护援助、就业援助以及与重度残疾人相关的市町村特别援助。

表6-22　都道府县地区生活援助事业（必须事业）

专业性高的咨询援助事业	为使残疾人日常生活和社会生活能够自立，提供专业性较高的咨询和必要的情报。援助内容主要是发育残疾人援助中心的运营事业和高度脑功能障碍及与之相关的残疾人援助普及事业
专业性高的意思疏通援助人员的培养研修事业	为了因听觉功能、言语功能、发声功能障碍而带来的意思疏通有障碍的残疾人的日常生活和社会生活能够自立，培养手语翻译员、书写员、聋哑人的翻译员和护理员等专业人员。援助内容主要有手语翻译员、书写员培养研修事业和聋哑人的翻译员和护理员培养研修事业
专业性高的意思疏通援助人员的派遣事业	建立专业性高的意思疏通援助人员的派遣体系，实现广范围内的派遣和缓解市町村内派遣困难等情况，最终实现意思疏通困难的残疾人日常生活和社会生活的自立。援助内容有手语翻译员、书写员的派遣事业和聋哑人的翻译员和护理员的派遣事业
与意思疏通援助人员派遣相关的市町村间联络调整事业	建立与手语翻译员和书写员派遣相关的市町村间的联络调整体系，使广范围内的派遣工作顺利实施，实现听力残疾人等残疾人日常生活和社会生活的自立
广区域援助事业	为使残疾人日常生活和社会生活能够自立，实施超出市町村范围的广区域的援助

资料来源：参照《社会福祉士国家考试指南2020》和厚生劳动省《有关地区生活援助事业》作者制表。

四、服务过程

（一）残疾人福利服务的利用过程

残疾人福利服务的利用过程如图6-13所示，主要有以下流程：

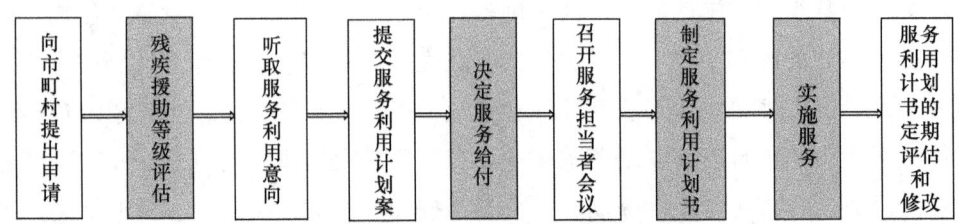

图 6-13 残疾人福利服务的利用过程

资料来源：厚生劳动省．有关残疾福利服务的利用（2018年4月版）[DB/OL]．

①残疾人本人或家人等代理人到市町村窗口提交服务利用申请。
②市町村受理申请后进行残疾援助等级的评估并将结果通知申请人。
③市町村"指定特定咨询援助机构"听取残疾人的服务利用意向，提交"服务利用计划案"。
④市町村决定服务给付。
⑤指定特定咨询援助机构，在服务给付决定后召开服务担当者会议。
⑥与相关服务机构联络调整，制定服务利用计划书。
⑦实施服务。
⑧进行定期的服务评估，适时地修改服务利用计划书。

（二）残疾儿童日托援助的利用过程

残疾儿童日托援助的利用过程如图 6-14 所示。

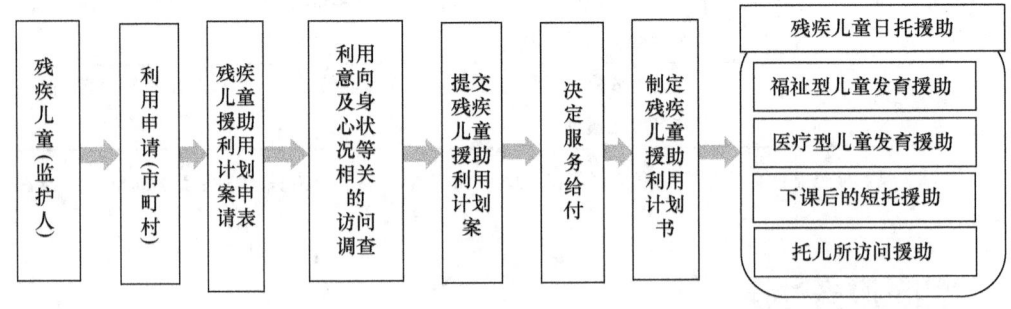

图 6-14 残疾儿童日托援助的利用过程

资料来源：参照厚生劳动省《残疾儿童日托援助的利用过程》作者制图。

①首先残疾儿童本人或监护人向市町村提出利用申请,拿到残疾儿童援助利用计划案的申请表。

②市町村实施利用意向及身心状况等相关的访问调查。

③残疾儿童本人或监护人提交残疾儿童援助利用计划案。

④市町村决定服务给付并向申请人交付"日托利用许可证"。

⑤制定残疾儿童援助利用计划书。

⑥残疾儿童本人或监护人选择残疾儿童日托援助服务机构,签约,开始利用服务。

(三)残疾儿童入住设施的利用过程

残疾儿童入住设施的利用过程如图6-15所示。

① 残疾儿童本人或监护人向都道府县提出利用申请。

② 都道府县听取主要事项并对申请进行审查。

③ 决定入住设施服务给付。

④ 向申请人交付"入住利用许可证"。

⑤ 残疾儿童及监护人选择入住设施、签约、开始服务利用。

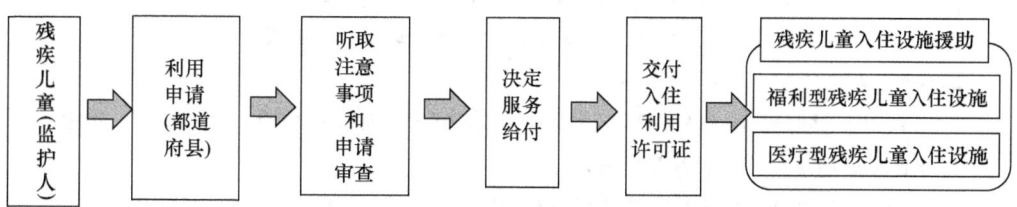

图6-15 残疾儿童入住设施的利用过程

资料来源:参照神奈川省内残疾福利服务综合情报网《服务利用步骤,残疾儿童日托援助》作者制图。

五、费用负担

(一)本人费用负担的上限额度

原则上费用负担是利用者本人支付总费用的10%,但考虑有些残疾人需要利用大量服务而造成负担过重难以承担的问题,因而设立了残疾人本人负担费用的每月上限额度制度，见表 6-23，服务费用超出上限额度的部分无须服务利用者本人承担。

表 6-23　　　　　　　本人费用负担的每月上限额度

等级	家庭收入状况	负担上限额度
生活保护法	生活保护法的利用家庭（注 1）	0 日元
低收入	市町村地方税的非课税家庭（注 2）	0 日元
一般 1（残疾人）	市町村地方税的课税家庭（注 3） *入住设施的 20 周岁以上的利用者，残疾人之家的利用者除外（注 4）	9 300 日元
一般 1（残疾儿童）	市町村地方税的课税家庭（注 5） 日托设施和家政服务的利用者（1） 入住设施的利用者（2）	（1）4 600 日元 （2）9 300 日元
一般 2	上述以外	37 200 日元

资料来源：厚生劳动省. 有关残疾福利服务的利用（2018 年 4 月版）[DB/OL].[2020-02-20].

注：1. 家庭是指生计在一起的生活共同体，政府统计的基本单位。18 周岁以上残疾人家庭的范围是指残疾人本人和配偶。残疾儿童的范围是残疾儿童监护人户籍登录的家庭。

2. 3 人之家，有残疾人基础年金 1 级，年收入大概在 300 万日元以下的家庭。

3. 年收入大概在 600 万日元以下的家庭。

4. 如果入住设施的利用者和入住残疾人之家的利用者是市町村地方税科税缴纳者，归入"一般 2"。

5. 年收入大概为 890 万日元以下的家庭。

（二）高额残疾福利服务给付费

以家庭为核算单位，当残疾人服务总费用超出基准额度时，超出的部分由"高额残疾福利服务给付费"制度来支付。

基准额：

①市町村地方税的课税家庭所属成员（一般 1，2）	37 200 日元
②市町村地方税的非课税家庭所属成员（低收入家庭和生活保护法的贫困家庭）	0 日元

高额残疾福利服务给付费的计算：

> 每人支付金额=(利用者家庭负担的总金额−基准额)×每人的支付比例
> 每人的支付比例=每人的支付金额÷利用者家庭负担的总金额

具体事例：

> 父亲 A，母亲 B（残疾人），孩子 C（残疾儿童）的 3 人家庭。C 利用残疾儿童日托服务（30 000 日元），B 利用残疾人服务（20 000 日元）和辅助器具费用（30 000 日元）。家庭高额残疾福利服务给付费的基准额为 37 200 日元。
>
> C 的支付金额（由 A 代交）：
>   [（30 000+20 000+30 000）−37 200]×30 000/（30 000+20 000+30 000）
> = 16 050（日元）
>
> B 的支付金额：
>   [（30 000+2 000+30 000）−37 200]×(20 000+3 000)/（30 000+20 000+30 000）
> = 26 750（日元）

资料来源：全国社会福祉协议会．障碍福祉服务的利用［EB/OL］.

（三）其他费用的减免

除了上述费用减免制度外，残疾人根据服务类型承担一部分实际费用，各服务类型也都设有个人付费上限额度，具体不再赘述。

实际费用负担的例子：

生活护理、疗养护理、就业过渡援助、就业继续援助、自立训练、伙食费等的减免。

入住设施、入住残疾人之家、伙食费、水电煤气费、日用品、房租等的减免。

六、残疾人服务的专业人员

残疾人服务的专业人员涉及福利、医疗、保健、学校教育等很多领域。首先福利领域的专业人员主要有社会福祉士、介护福祉士、精神保健福祉士、家政服务人员（home helper）。保健医疗领域的专业人员主要有医生、护士、理学疗法士、作业疗法士、语言治疗师。其他领域主要有学校特殊教育协调员、职场适应指导员（job coach）。这些专业人员不是单独地提供服务，而是以工作团队的形式通力合作共同为残疾人提供专业服务，见表6-24。

表6-24　　　　　　　　　　残疾人服务的专业人员

专业人员名称	主要的工作职责
社会福祉士	*运用专业知识和技能，为身体残疾人、精神残疾人和因环境原因造成日常生活有障碍的残疾人提供有关福利的咨询、建议和指导 *主要以咨询援助为中心
介护福祉士	*运用专业知识和技能，根据身体残疾人、精神残疾人和因环境原因造成日常生活有障碍的残疾人的身心状况提供护理服务，以及为残疾人的护理人员和家人提供护理援助 *主要以护理援助为中心
精神保健福祉士	*运用专业的精神保健和福利的专业知识和技能，为精神残疾人提供精神保健和福利方面的咨询、建议和指导 *以精神残疾人的医疗保健咨询、住院出院咨询、社会康复援助、维权活动援助为主
家政服务人员	为残疾人提供居家上门服务，为其提供洗澡、排泄、吃饭等身体护理，洗衣做饭，打扫卫生等家务援助，以及日常生活上的相关咨询和指导等服务
医生	*为残疾援助等级的评估出具医生的意见书 *医生的意见书上的记载项目有疾病名称、症状的稳定性、特殊医疗的必要性等项目
特殊教育协调员	*根据学校教育法的修正，特殊教育学校里必须配备特殊教育协调员 *联络调整校内各相关部门，为教师和残疾儿童家长提供咨询援助，寻求特殊教育学校和医疗及福祉机构的合作 *从长期援助角度出发，从特殊教育学校的校内援助到毕业后的就业过渡援助和地区自立援助等，放眼于残疾人的生涯援助
职场适应指导员	*面向残疾人的工作职场，指导残疾人适应职场，并对残疾人、用人单位和其他的从业人员进行建议和指导 *在就业过渡援助事业上发挥了很大的作用

资料来源：伊藤总研资格取得援助中心．社会福祉士国家考试指南2020［M］．东京：中央法规出版社，2020．

（茆海燕　日本城西国际大学）

参考文献

[1] 残疾人职业综合中心. 第1章有关多重残疾的残疾等级判定的现状和法律制度. 调查研究报告书 NO. 72 [R/OL]. [2019-08-17]. http：//www. nivr. jeed. or. jp/download/houkoku/houkoku72_02. pdf.

[2] 长野省. 身体残疾证，肢体正常（损伤，功能全废）参照表 [DB/OL]. [2019-08-16]. https：//www. pref. nagano. lg. jp/rehabili/kose/techo/documents/phy_fig. pdf.

[3] 大冢晃. 残疾人基本法律的概要 [M] //社会福利法人全国社会福利协会《社会福利学习双书》编辑委员会. 残疾人福祉论——残疾人的援助和残疾人自立援助制度. 东京：全国社会福利协会，2018：101-132.

[4] e-Gov. 残疾人综合援助法 [DB/OL].[2019-08-19]. https：//elaws. e-gov. go. jp/search/elawsSearch/elaws_search/lsg0500/detail？lawId=417AC0000000123.

[5] e-Gov. 儿童福利法 [DB/OL].[2019-08-19]. https：//elaws. e-gov. go. jp/search/elawsSearch/elaws_search/lsg0500/detail？lawId=322AC0000000164_20180402_429AC0000000069&openerCode=1.

[6] e-Gov. 防止虐待残疾人法 [DB/OL].[2019-08-16]. https：//elaws. e-gov. go. jp/search/elawsSearch/elaws_search/lsg0500/detail？lawId=423AC1000000079.

[7] e-Gov. 发育残疾人援助法 [DB/OL].[2019-08-16]. https：//elaws. e-gov. go. jp/search/elawsSearch/elaws_search/lsg0500/detail？lawId=416AC1000000167.

[8] e-Gov. 精神保健福利法 [DB/OL].[2019-08-16]. https：//elaws. e-gov. go. jp/search/elawsSearch/elaws_search/lsg0500/detail？lawId=325AC1000000123.

[9] e-Gov. 身体残疾人福利法 [DB/OL].[2019-08-16]. https：//elaws. e-gov. go. jp/search/elawsSearch/elaws_search/lsg0500/detail？lawId=324AC1000000283.

[10] e-Gov. 消除歧视残疾人法 [DB/OL].[2019-08-16]. https：//elaws. e-gov. go. jp/search/elawsSearch/elaws_search/lsg0500/detail？lawId=425AC0000000065.

[11] 横仓聪. 我国的精神保健医疗福利施策——从100年的历史里学到的东西 [J]. 东洋英和女学院（人文，社会科学论集），2017（35）：137-157.

［12］厚生劳动省. 残疾儿童日托援助的利用过程［DB/OL］.［2020-02-20］. https：//www. city. ota. tokyo. jp/seikatsu/kodomo/hattatsu/syougaituusyo. files/tuusyonon-agare. pdf.

［13］厚生劳动省. 残疾人的范围（参考资料）［DB/OL］.［2019-08-16］. https：//www. mhlw. go. jp/shingi/2008/10/dl/s1031-10e_0001. pdf.

［14］厚生劳动省. 残疾人综合援助法残疾援助等级，难病患者的判定手册［DB/OL］.［2019-08-16］. https：//www. mhlw. go. jp/file/06-Seisakujouhou-12200000-Shakaiengokyokushougaihokenfukushibu/9. pdf.

［15］厚生劳动省. 残疾人综合援助法残疾援助等级，市町村审查会委员手册［DB/OL］.［2019-08-20］. http：//www. kaigoseido. net/sienho/14/140401kubun-nintei/140401shinsakai-manual. pdf.

［16］厚生劳动省. 残疾人综合援助法疾病对象（难病等）的修正［DB/OL］.［2019-08-16］. https：//www. mhlw. go. jp/content/000526647. pdf.

［17］厚生劳动省. 精神残疾保健福利证制度实施要领［DB/OL］.［2019-08-16］. https：//www. mhlw. go. jp/web/t_doc? dataId = 00ta4614&dataType = 1&pageNo = 1.

［18］厚生劳动省社会援护局残疾保健福利部. 高额残疾福利服务费［DB/OL］.［2019-08-20］. https：//www. town. setana. lg. jp/uploads/documents/730964. pdf.

［19］厚生劳动省社会援护局残疾保健福利部. 残疾援助等级评估的实施［DB/OL］.［2019-08-20］. https：//www. pref. aomori. lg. jp/soshiki/kenko/syofuku/files/2014-0304-1728. pdf.

［20］厚生劳动省. 生活辛苦程度调查（全国居家生活的残疾人的实况调查）结果 2011 年［DB/OL］.［2019-08-18］. https：//www. mhlw. go. jp/toukei/list/dl/seikatsu_chousa_c_h23. pdf.

［21］厚生劳动省. 身体残疾判定标准［S/OL］.［2019-08-16］. https：//www. mhlw. go. jp/shingi/2008/10/dl/s1027-11d. pdf.

［22］厚生劳动省. 身体残疾证制度的概要［DB/OL］.［201-08-16］. https：//www. mhlw. go. jp/bunya/shougaihoken/shougaishatechou/dl/gaiyou. pdf.

［23］厚生劳动省. 有关残疾儿童援助［DB/OL］.［2020-02-20］. https：//

www. mhlw. go. jp/file/05-Shingikai-12601000-Seisakutoukatsukan-Sanjikanshitsu_Shakaihoshoutantou/0000096740. pdf.

［24］厚生劳动省. 有关地区生活援助事业的实施［DB/OL］.［2020-02-20］. https：//www. mhlw. go. jp/file/06-Seisakujouhou-12200000-Shakaiengokyokushougaihokenfukushibu/chiiki. pdf.

［25］厚生劳动省. 智力残疾人基础调查：用语解说［DB/OL］.［2019-08-16］. https：//www. mhlw. go. jp/toukei/list/101-1c. html.

［26］厚生劳动省. 智力残疾证制度［DB/OL］.［2019-08-16］. https：//www. mhlw. go. jp/content/11920000/000462034. pdf.

［27］厚生劳动省. 自立援助医疗制度的概要［DB/OL］.［2020-02-20］. https：//www. mhlw. go. jp/stf/seisakunitsuite/bunya/hukushi_kaigo/shougaishahukushi/jiritsu/gaiyo. html.

［28］内阁府. 残疾人白皮书2017年版［DB/OL］.［2019-08-19］. https：//www8. cao. go. jp/shougai/whitepaper/h29hakusho/zenbun/pdf/ref1. pdf.

［29］内阁府. 残疾人白皮书2018年版［DB/OL］.［2019-08-17］. https：//www8. cao. go. jp/shougai/whitepaper/h30hakusho/zenbun/pdf/ref2. pdf.

［30］内阁府. 残疾人基本法［DB/OL］.［2019-08-16］. https：//www8. cao. go. jp/shougai/suishin/kihonhou/s45-84. html.

［31］全国社会福祉协议会. 残疾福利服务的利用［DB/OL］.［2019-08-20］. https：//www. shakyo. or. jp/news/kako/materials/pdf/pamphlet_201504. pdf.

［32］日本重症儿童福利协会. 社会保障审议会残疾人部会采访资料，重症身心残疾儿童设施的说明资料及要求事项［DB/OL］.［2019-08-17］. https：//www. mhlw. go. jp/shingi/2008/08/dl/s0820-2a. pdf.

［33］社会福利法人全国重度身心残疾儿童守护会. 大岛分类［EB/OL］.［2020-02-20］. https：//www. normanet. ne. jp/~ww100092/network/inochi/page1. html.

［34］神奈川省内残疾福利服务综合情报网. 服务利用步骤，残疾儿童日托援助［EB/OL］.［2020-02-20］. http：//www. rakuraku. or. jp/shienhi/guide/process/007. html.

［35］远藤兴一. 第 2 章残疾人福利的历史［M］//志村健一，岩田直子. 残疾人的援助与社会福利——残疾人福利入门. 东京：Mineruvu-a 书房，2008：19-37.

［36］中国残疾人联合会. 中华人民共和国国家标准残疾人残疾分类和分级［S/OL］.［2019-08-16］. http：//www.cdpf.org.cn/ywzz/jyjyb/jy_254/jyzcfg/201703/P020170314345928864808.pdf.

第七章 日本女性福利

在日本，女性福利作为一个特殊的领域始终贯穿于日本社会福利体制发展过程中。第二次世界大战期间，大量男性劳动力死于战场，战争遗孀和孤儿问题以及战争期间从事风俗业的女性贫困成为影响社会治安的社会问题引起关注。在此背景下政府不得不出台各种应对措施，解决战争遗留下来的孤儿寡母问题，女性作为一个独立的援助对象在战争后得以确立。但是经历了经济快速发展、经济低速发展以及进入21世纪以后，女性福利伴随少子化、老龄化、国际化的社会潮流，特别是传统的女性贫困以及近年来显现出的家庭暴力、性暴力问题，形成女性福利需要对应的两大主题。

本章首先对女性福利制度发展路径进行梳理，然后介绍女性福利法体系以及制度安排，最后重点介绍女性贫困、家庭暴力的政策实施状况以及女性福利机构的分类和功能。

第一节 女性福利政策发展路径

1937年日本发动侵华战争时期，为了配合战争局势需求曾公布《母子保护法》，部分条款明确了将军人家属母子家庭作为特殊援助对象给予经济和生活上的援助，虽然没有把母子家庭中的女性作为独立的政策对象定位，但是已经显现了政策对这一特殊女性群体的关注。现代意义上女性福利政策确立于第二次世界大战以后。按照这一思路可以将女性福利政策发展路径分为四个时期加以考察。

一、创建女性福利法（1945—1974 年）

1937 年颁布《母子保护法》，并依法设置福利设施"母子寮"（以单亲家庭为对象的福利机构）以解决战争遗孀和战争孤儿的生活贫困问题。1945 年日本战败以后，在美国占领军提出的社会福利非军事化基本原则指导下，于 1946 年废除了《母子保护法》，将儿童救助功能移转到 1946 年颁布的《儿童福利法》中。为了解决由于战争带来的人口急剧减少问题，1948 年 9 月颁布《优生保护法》，对女性妊娠期保护和婴儿保护进行了法律规范。这一时期正值日本战败之后，经济和社会发展进入了一个最为困难的时期，长期的战争和战乱，劳动力人口急剧减少成为主要社会问题。法律的主要目的是解决战争带来的人口匮乏问题，奖励多生和优生。法律规定了对妇女和婴幼儿的健康给予一定的保护和福利援助的条款，丰富了女性福利政策的内容。但是，其政策是为了配合稳定社会治安的需求，并不是从女性解放以及女性权利保护的角度出发的，保留了很浓厚的战时救助色彩。

1956 年颁布了《防止卖春法》，规定各个地方政府依法设置妇人咨询所、妇女保护设施等，对有卖淫行为的女性进行医疗、心理上的治疗和辅导，对没有生活来源的女性给予设施收养或者职业介绍等。《防止卖春法》主要限定在对鉴于生活贫困不得已陷入娼妓业，而后因身体疾患陷入贫困女性给予经济的和生活的救助。此法在一定程度上体现了《日本宪法》第 25 条规范的"保障全体国民健康的，文化的最低限度的生活权利"① 意识，根据法律规定，各地方政府相继设置了"妇女咨询所"公共设施，为妇女提供免费咨询以及临时住宿服务。同时，政府行政体系内设置妇女咨询窗口以及"妇女咨询员"职务，专门用来解决有关女性救助、福利和就业斡旋问题。所以，《防止卖春法》的颁布和实施，被认为是开创了以保护女性生存权利为目的的女性福利政策的先河。

进入经济快速发展时期的 20 世纪 60 年代，由于离婚、劳动、交通事故等原因，导致母子家庭和丧偶单身女性家庭增加等社会问题显现。1946 年废除《母

---

① 《日本宪法》第 25 条。

子保护法》以后，针对母子以及丧偶单身女性的对应法律处于空白状态，作为战争遗留问题的母子寡妇救助以及经济快速发展出现的由于离异和工伤交通事故而导致的母子家庭等问题相互交叉，迫切需要法律政策的对应。1964年针对上述问题，政府颁布了《母子及寡妇福利法》，其目的是为处于上述现状的家庭儿童、妇女的基本生活，提供一定的福利性服务和经济援助。《母子及寡妇福利法》的政策倾向表现为以下几个方面：第一，基于平等的理念。第二，以已婚女性弱势群体为救助的对象。第三，以提供就业条件和经济救助为主要手段，以生活安定为主要目的。第四，开设了专门为单亲家庭和丧偶妇女提供社会福利援助的设施。

根据此法规定，单亲家庭以及丧偶女性可以享受以下由政府提供的福利待遇：①母子福利资金无息贷款；②对提供母子福利的福利团体提供贷款；③免除偿还各种债务义务；④可以居家开办老人、儿童照顾的福利服务事业；⑤可以开办小卖店从事商业服务；⑥可以开办制作香烟等小手工业业务；⑦优先为其提供入住公营住宅；⑧促进企业对其的雇佣。

根据此法规定，地方政府应该设置以下的单亲家庭福利设施：①母子福利服务中心；②母子疗养设施；③母子家庭咨询站。

二、女性劳动权益保障（1975—1994年）

1975年到1995年期间，国际社会在推动男女平等、争取女性权益保障上有过几次重大的国际性活动。首先是1975年，第一次世界女性会议在墨西哥召开，会议发表了"平等·发展·和平"的会议宣言。根据会议宣言的宗旨，1976年联合国提出了"世界妇女发展十年行动计划"。这次的世界女性大会对日本国内妇女运动和女性福利发展提供了一个非常重要的契机。这一时期日本政府采取的举措有：在内阁成立了"推进妇女发展执行总部"，内阁总理亲自担任总部长职务，表现了政府对实现男女平等的重视；1977年制订了旨在提高女性社会地位的"国内行动计划"，对提高女性经济地位、政治地位、家庭地位等方面提出了具体的社会政策和目标。

其次是1980年在丹麦首都召开的第二次世界女性会议。会议提出了女性的

"雇佣·健康·教育"三个时代的主题；同时，还发表了《废除歧视女性条约》，诸多国家积极响应签署条约，日本也于1985年签署了这项条约，并在国内积极推动有关政策。根据第二次世界女性会议提出的主题，日本国内"推进妇女发展执行总部"再次制订了提高女性在各个领域的社会地位行动计划。在法制建设上，日本颁布了《男女雇佣机会均等法》（1985年5月），此法在总则中对其目的作了以下的概述："保护女性在就业、劳动上的男女机会均等以及劳动报酬上的男女平等权利，发展女性劳动者的福利。"此法规定雇主不得以结婚、怀孕、生育等理由，解雇女性劳动者，规定女性劳动者在怀孕、生育、养育期间享有休假的权利，还规定地方政府应委任劳工团体设置"机会均等调停委员会"，对因歧视女性劳动者引起的劳动纠纷予以调停等。1984年日本还对《国籍法以及户籍法》进行了修订，将以父系血统为户籍登记的基本原则改为以父母两系血统为原则，将以夫为国籍婚姻户籍登记的条件改为夫妻双方自由选择。并于1985年，在肯尼亚召开的第三次世界女性会议上提出了依法确保女性雇佣、健康、教育权利的倡议。

此后，日本国内的主要动向是制定了女性发展的《面向2000年的国内行动计划》，动员社会的全体力量，关注和改善男女不平等的社会现状。同时，日本将在法律和政策中的妇女用词改换为女性，将"男女共同参加"社会发展改为"男女共同参画"社会发展。① "参加"与"参画"虽然只有一字之差，但是它表现了女性的主体性地位，女性不是被动地参加，而是主动地参与从制定规划到规划实施的全过程。以上从文化意识上的政策推进，在社会意识层面上展现了女性的新形象。1991年日本颁布了《关于育儿·老人照顾休假法》，规定不论是男性职工还是女性职工，都可以同等地享受育儿·照顾老人的休假，体现了男女在家务劳动领域的平等权利和义务。这一时期，日本国内积极配合联合国组织发起了《国际家庭年》《儿童权利条约》等国际社会战略规划，进一步推动了日本女性福利政策的发展。

在这一阶段，女性福利发展出现了以下几个明显特征：首先，女性福利的对

---

① 1999年颁布的《男女共同参画社会基本法》显示了日本政府为提高日本妇女地位，从制度上创造条件实现男女一起参与社会发展建设。

象从单亲家庭女性、贫困女性等特殊群体扩展到一般的女性群体，特别是女性劳动者群体。其次，伴随职业女性的增加，福利援助的内容不再仅仅局限在经济生活的援助上，更注重女性的劳动权利保护。最后，强调家庭生活领域中的男女平等权利和义务。

三、性别平等政策（1995—2007年）

1995年在北京召开的第四次世界女性会议，提出了在12个领域开发女性能力的社会目标。日本各个女性社会团体代表纷纷自发组织积极参与北京会议。这一迹象表明日本的男女平等、女性福利问题从依靠政府的推动逐步转向女性自发的参与和推动的趋势。

北京会议之后，日本国内出现向性别平等政策转换趋势，相继出台了体现性别平等的法规和行动规划，主要政策有：制定《男女共同参画2000年规划》；设置男女共同参画常设机构；颁布《男女共同参画基本法》（1999）；修改《农业基本法》；重新颁布《食料、农业、农村基本法》，增加了确保农村女性参与农业经营活动的权利等条文；还发布《家庭内部暴力防止法》《性干扰防止法》等，以保障女性在家庭领域生活的权利。

这一时期日本国内所进行的福利改革也表现了极力推进旨在消除性别歧视的性别政策倾向。比如，在1990年以后开展的福利改革中，其中一个最重要的改革是，社会保险的计算单位将逐步由以家庭为单位转向以个人为单位，保护女性经济独立和个人自我决定权。迄今为止，日本的社会福利是以家庭为计算单位，丈夫作为家庭的代表，作为全家的社会保险投保人。如果妻子是家庭主妇或者是非正式就职者，妻子的养老金和孩子的各种社会福利保险费用都从丈夫的工资里扣除。妻子到了65岁以后，从丈夫年金保险账户领取养老金。即使妻子正式就职、妻子的纳税以及交纳保险金也都与丈夫的收入相联系。这项改革，对推动女性经济独立有积极意义。

此外，2000年4月开始实施的《护理保险法》明确表明了护理照顾老人的责任在于社会，而不在于家庭，由此而规定子女照顾病卧的父母，可以依法领取一定的报酬。根据日本的传统观念，长子的配偶照顾年迈的公婆是义不容辞的责任。因而，不少职业妇女为了履行这一职责，不得不退职回家，担负照顾老人的责任。《护理保险法》中的这一原则，目的是试图将女性从无偿的繁重家务劳动中解脱出来。

第三发展阶段是日本女性福利发展的一个重要时期。与第二发展阶段相比，有一个明显的变化是社会政策从女性这一狭窄的视野扩展到男女共同的社会问题上，而解决问题的方式也采取了综合社会政策的方法，不仅仅关注女性劳动和社会参与问题，并将私人生活领域的家庭问题和夫妇问题纳入社会政策对应中来。但是，通观日本女性社会福利政策推行的过程，可以看到，联合国有关女性发展的倡议和行动计划成为推动日本国内发展的主要动力。也可以说，由于日本男性主宰意识根深蒂固，因而不得不借助国际社会力量实现政策目标。因而，日本的女性社会发展被称为外部推动型发展模式。表现在女性福利政策上，这种模式虽然加快了发展的进程，但是，其所提出的目标和规划，与国内面临的实际问题脱钩，导致女性群体之间两极分化，成为之后面临的重要课题。

四、工作与生活平衡政策（2007年至今）

第四发展阶段的显著特征是走出女性救助和女性福利政策这个框架，立足性别平等的视角将政策调整到"男女共同参画"以及实现"工作与生活平衡"这一更广阔的政策领域，体现普惠价值。

2007年日本政府和经济界携同推出《工作与生活平衡宪章》，并通过行政体系进行广泛的社会宣传和普及。宪章中对"工作与生活平衡"做了这样的表述："让每个国民都能通过劳动感到工作的价值和充实感，在完成工作责任的同时，在家庭和社区生活中，也能够在育儿期、中老年期等人生各个不同阶段，享有选择各种不同生活方式并加以实现的社会"[1]。学者从尊重个人主体选择的立场阐述了"工作与生活平衡"的内涵，指出这项政策是指"不分男女，尊重对每一个人在'工作与生活平衡'选择上的个人主体性；并要对个人的选择和实现其

---

[1] 日本内阁府 HP. 工作与生活平衡宪章. http://wwwa.cao.go.jp/wlb/government/20barrier_html/20html/charter.html.

目标提供生活保障和制度安排"。①

近年来,日本加快了推进"工作与生活平衡"政策的力度,改革主要体现在以下几个方面:

第一,建构生活保障体系。对夫妇连带保险制度进行改革,将夫妇连带养老金体制逐渐过渡到女性个人独立体制。2017年进行养老金制度改革,将领取厚生养老金的参保年限从25年降为10年,将灵活就业和非正规就业女性覆盖到厚生养老保险体制内,逐步确立女性独立年金体系,完善生活保障体系。

第二,增加公共型家庭服务的数量和质量,减轻由家庭提供"无酬照料劳动"的负担,提高女性劳动参与率。具体从三个方面进行改革:首先是增加幼儿园、托儿所数量,让所有想进幼儿保育机构的家庭都能得以进入。2015年以后,在扩大常规幼儿保育机构数量之外,积极推广就近入托的社区型幼儿设施。2015年社区型保育所全国共有2 737所,2018年增加到5 814所,新创幼保一贯制教育的"儿童园"设施2015年有1 931所,2018年增加到4 521所。② 其次,增加学龄前儿童财政支出,减轻育儿家庭经济负担。从近期的财政投入状况看,2014年度政府对学龄前儿童投入财政2兆1 089亿日元,2015年2兆3 439亿日元,2016年2兆6 265亿日元。2015年度与2014年度相比增加了11.1%,2016年比2015年度增长了12.1%。③ 2019年10月起,有3~5岁儿童的原则上所有家庭,以及有0~2岁幼儿的免除居民税的低收入家庭,将分别无须缴纳政府认证的保育园、儿童园和幼儿园的使用费。今后,政府对学龄前儿童财政投入会进一步扩大。最后,老年人照料社会化。2000年实施护理保险制度,对需要照护的老人和家庭提供公共护理服务,个人负担10%~20%,其余由护理保险制度负担。家庭服务公共化,使很多家庭在从事带薪工作的同时能够照护孩子和老年人,获得了良好的政策效果。但是,政府对家庭领域的那些部分介入,介入到何种程度,尚有争议和诸多政策课题。

---

① 田中弘美. 稼得とケアの調和モデルとは何か——男性稼ぎ主モデルの克服[M]. 京都:ミネルヴァ書房,2017:43.
② 日本内阁府2019年6月《子供・若者白書》。
③ 竹泽纯子. 新制度实施后的就学前教育・保育支出——2015年度基数的试算与国际比较[J]. 社会保障研究,2019,3(2206).

第三,围绕着实现"工作与生活平衡"政策目标,改革劳动方式。首先是改革休假制度。2017年对《育儿·照护休假法》进行改正,目的是提高利用育儿和护理休假率。在育儿休假政策上,男性的使用率一直徘徊在6%以下,为促进男性积极参与家庭儿童照护,各级地方政府设置咨询窗口并开办各种类型的讲习班。女性利用育儿休假率近年来一直维持在80%以上。[①] 但是,长期以来,生育原因离职女性比例一直居高不下。为了改变现状,法律改正重点强调企业的责任和义务,规定企业以及上司不得以任何理由阻止员工利用照护休假制度,并责成企业制订休假复归计划,保证休假复归者不会因休假而失去原来的职务和待遇;同时规定免除育儿期间需要缴纳的社会保险费用,免除缴纳期间可计算为缴纳年限。育儿·护理休假者,可根据法律规定通过个人申请从政府掌管的雇佣保险中获取休假津贴。

其次是引入弹性工作制,推行雇佣方式多样化、工作时间多样化、工作场所多样化的弹性工作制。法规规定了授予有育儿或者老年人照护需求者申请弹性工作制的权利,职工可以根据家庭生活需求,自己决定劳动方式、劳动场所和劳动时间,雇主和被雇佣者通过签订劳动契约方式计算劳动时间和劳动报酬。为了确保实现上述政策目标的,近年来又相继出台了一系列有关法规,2015年9月颁布《活跃女性职业生活促进法》,2016年公布《劳动方式改革》大纲,2019年2月颁布实施《劳动方式改革相关法》。以实现"工作与生活平衡"为目标的政策改革,正在逐步渗透于各个领域,并推动日本进入了以实现工作与生活平衡为目标的政策转型。

第二节 女性福利法体系

女性福利法体系分为两个层面:第一层面是面向一般女性福利需求而制定的纲领性基本法,具有综合性和普惠性的特点,如《男女共同参画基本法》(1999)、

---

① 日本厚生劳动省2018年《雇佣均等基本调查》报告。

《活跃女性职业生活促进法》（2015）。第一层面的法律是随着女性福利需求的变化和扩大以及实现普惠原则而颁布的基本法。这些法律大多是进入 21 世纪以后，随着女性基本权利的意识以及女性主体性作用的不断深化，基于保障女性基本权益的理念而出台的。第二层面的法律主要是面向具有特殊需求以及陷入贫困状态的女性为主要对象的实体法，具有特殊性和选择性特点，如早期制定的《防止卖春法》《母子及寡妇福利法》以及进入 21 世纪之后制定的《防止配偶间暴力及保护被害者法》《制约跟踪/尾随行为法》等。

一、纲领性女性福利法

针对全体女性权益保护的政策纲领性法律，大多是在 20 世纪 80 年代之后根据性别意识和女性权益保护意识不断增强而出台的。代表性法律如下：

（一）《男女雇佣机会均等法》（1985 年 5 月）

此法是根据 1972 年颁布的《勤劳妇人福利法》进行大幅度修改的，来弥补以往重点强调女性福利保护而忽视男女平权的不足，并以《男女雇佣机会均等法》新名称重新颁布。长期以来，日本社会男主外、女主内的性别分工观念根深蒂固，制度设计上也有意回避与歧视女性社会观念正面交锋，1972 年实施的《勤劳妇人福利法》就是一个例子。其法把女性限定于一个与社会分割的特定环境，进行特定对应，而没有将其定位于全体社会共同关注的社会问题之中。重新颁布《男女雇佣机会均等法》试图突破以往的局限，将女性和男性置于平等的位置，特别是在劳动领域，不仅要确保女性在劳动领域与男性享有平等权利，同时也要解决与劳动相关的其他社会领域排斥女性、歧视女性的社会问题。该法明确其目的是确保女性在劳动领域与男性享有平等权利，规定了女性在工资、晋升等方面的同等权利，还规定了雇佣者不得以结婚、怀孕或生育为由解雇女性或者给予不适当的待遇。

1985 年颁布的《男女雇佣机会均等法》中仍然存在着诸多局限，如该法关于男女均等待遇方面，对教育培训、福利待遇以及解雇、退休、退职方面的女性歧视作了没有罚则的"禁止规定"，但是对招工、录用以及工作安排、晋升方面的女性歧视只规定为"努力义务"。

该法实施后经历了多次修改，1997年修改规定了雇主需要制定母性管理措施，如发现有法不服从者，将企业名称公之于众。同时，基于女性劳动保护观点，对女性的深夜劳动和多胎生育女性的休假制度进行了详细规定等。

2007年进行的法律修改，增添了禁止在录用、工作安置、升迁、教育训练、福利待遇、退休解雇、工种变更等问题上有性别歧视行为的规定；同时，要求雇主有义务定期进行预防性骚扰职业伦理教育以及制定咨询和对应机制，并具体规定了性骚扰的类别、企业事业单位的责任和性骚扰者的法律责任。

2017年再次修改此法，引人注目的一点是，修改前规定为禁止雇主以妊娠、生育、育儿休假、护理家人为由，对雇员提出不利的要求以及歧视和不当待遇，修改后的条文追加规定了禁止上司以妊娠、生育、育儿休假、护理家人为由，对本人提出不利的要求以及歧视和不当待遇。

以下是2017年修改法体现的重点：（1）禁止以性别为由歧视女性；（2）禁止以结婚、怀孕、生育等理由，给女性以不利的待遇；（3）制定有关预防和惩处性骚扰和性别歧视对策；（4）制定女性健康管理措施；（5）此法适用于临时工、合同工等所有人员；（6）对从事深夜工作的女性劳动者的劳动时间给予必要的限制。

（二）《男女共同参画基本法》（1999年）

1999年6月开始施行的《男女共同参画基本法》属于社会基本法，是为了从性别平等视角使每个社会成员都能够享有政治、经济、社会文化等方面权益与义务的纲领性法律。

该法从五个方面提出了实现男女共同参画目标：第一，尊重男女享有平等权益；第二，实现与国际社会的协调发展；第三，逐渐消除传统旧习的阻碍；第四，家庭生活、社会生活、职业生活的平衡；第五，政策立案与政策决策领域实现男女共同参画。

该法还提出了重点从职业生活、家庭生活、社区生活的三个领域积极推进的方法与步骤。

颁布基本法向社会传递了新的理念，即实现男女共同参与社会发展，男女在各个领域平等地发挥才能，自愿自主地选择自己的生活方式，度过健康充实的人生需要社会全体的理解和支持。一个真正的男女共同参与社会规划是在尊重人个性能力的前提下，由自己来决定自己的生活方式而不是以性别、社会文化来决定社会规范。同时，无论是男性还是女性在家庭、地域、工作单位等所有领域都能实现共同参与社会规划，每个人尽可能地发挥自己的能力和创造力。《男女共同参画基本法》显示了日本政府为提高日本妇女的地位，实现与男性一起参与社会目标的积极态度和努力方向。

（三）《活跃女性职业生活促进法》（2015年）

《活跃女性职业生活促进法》于2015年9月颁布，2016年4月实施，2019年第一次进行修改。制定此法的主要目的是推动家庭和个人实现"工作与生活平衡"发展，鼓励女性选择自己的劳动和生活方式，鼓励企业和社会积极开创实现"工作与生活平衡"的劳动环境，从性别平等的视角对社会保障制度、劳动制度、社会意识等进行改革。

该法提出了三项基本原则：第一，在劳动雇佣和职务升迁上实现男女平等；第二，开创"工作与生活平衡"的劳动和生活环境；第三，在实现"工作与生活平衡"的过程中，尊重女性自身的选择和决定。

该法针对300人以上的企业，提出了四项考核指标：第一，保持女性雇佣比例平衡；第二，男女在连续工作年限上的差距；第三，劳动时间状况；第四，管理层女性比例。

配合该法的颁布，2016年政府还公布了《劳动方式改革》大纲，2019年2月颁布实施了《劳动方式改革相关法》。

二、以特殊女性群体为对象的实体法

部分实体法律颁布于女性福利政策的第一、第二发展阶段，主要是为了解决由于战争以及社会变动导致女性陷入经济贫困的问题，是以对女性进行社会救助为主要议题。而在第三、第四发展阶段颁布的实体法律，较多是为了解决由于家庭暴力以及性骚扰而给女性带来的不利于身心健康以及生活安定等问题。代表性法律有以下几种。

（一）《防止卖春法》（1956年）

《防止卖春法》是有关女性福利政策制定和实务操作的重要法律依据。法律颁布的初衷是对由于种种原因陷入风俗行业的女性进行保护和辅导教育进行规制。20世纪50年代是日本第一次社会转型的重要时期，社会急剧变动的一个侧面是，一方面加剧了男性农村人口向城市的流动，另一方面带来了家庭破裂而导致的女性的贫困问题加剧。此法的主要目的并不是对陷入风俗业有卖淫行为的女性给予处罚，而是针对由于贫困不得已涉足风俗业的女性予以保护和辅导教育，使她们重新回归社会，重点体现对女性的福利救助。

《防止卖春法》第四章"更生保护"①中对设置"妇人咨询所""妇人咨询员""妇女保护设施"作了具体规范，并提出通过社会福利救助机制的健全及时发现、咨询、调查、辅导、设施保护等一系列举措，规定了对需要保护的女性提供福利性的辅导和救助的法律责任。

（二）《母子及寡妇福利法》（1981年）

《母子及寡妇福利法》于1981年颁布实施。此法第1条明确表明了其目的是为了保障母子家庭、寡妇家庭的生活安定以及生活提高提供必要的援助，使其享有其他家庭拥有的基本福利服务和福利权利。2014年法修改时，该法又更名为《母子父子及寡妇福利法》，将父子家庭列入保护对象。

以上家庭面临的主要问题是经济收入普遍较低，以及儿童保育和生活照顾面临困难等。依法设置的母子与父子及寡妇福利支援事业具体指对母子、父子家庭与寡妇本人等日常生活进行援助。另外，此法还具体规定了对上述家庭的社会津贴和社会救助基本实施方式。比如，母子家庭"儿童津贴"、学费减免措施等，对母亲经济援助除了社会救助金之外，还设定有专项母子福利资金的长期无息借贷等。

该法在实施之前，对应单亲家庭的法律有《母子福利法》，1981年更名为《母子及寡妇福利法》，将子女成年离开家庭后留守的母亲也作为救助对象纳入法定程序。2002年法修改时，进一步拓宽了以下援助项目：（1）将婴幼儿保

---

① 以通过辅导教育，使其重返社会为目的。

育等服务扩大到父子家庭；（2）提供单亲家庭父亲或者母亲就业援助服务；（3）配合《民事执行法》修改，提出切实履行父母离异之后，父方应该承担的抚养费义务；（4）具体施行法律时由厚生劳动大臣确定基本方针，各都道府县市依照基本方针制订各自的自立促进计划，地方政府可以根据各地区需求制订计划方案。2014年法修改时，该法又更名为《母子父子及寡妇福利法》，在法律名称上确立了父子家庭与母子家庭具有同等权利和地位。目前由于母子家庭收入普遍较低，因此是否通过进一步修法来加强对母子家庭的经济支援被提上了议题。

其他法体系中与单亲家庭及寡妇家庭的福利密切相关的法律还有社会津贴法体系中的《儿童扶养津贴法》（1961年实施）。2002年在法修改时兼顾了父子家庭和祖孙家庭，2010年修法时，父子家庭正式列为儿童津贴的给付对象，2012年修法时，取消了因遭受家庭暴力家暴夫妇分居情形下的儿童津贴给付限制。

总之，相关法律的理念逐渐从对母子单亲家庭的经济支援，转向对更广泛家庭类型的就业援助和生活自立综合援助。

（三）《规制跟踪行为法》（2000年）

此法于2000年11月实施，规定了对于跟踪、尾随以及性骚扰行为的罚则之外，重点对被害者的身心、自由、名誉、生活安全保护以及为被害者提供福利援助等，提出一系列法律规范。制定该法的契机是，1999年在琦玉县桶川市发生了一起女大学生被尾随随后被杀害的案件，引起社会震惊和对此问题的关注。在女性政治家推动以及社会运动压力下，国会迅速通过了这项法案。此法明确规定了跟踪行为、监视女性行为、骚扰女性、名誉损害的处罚以及对受害者的保护措施。

该法第1条明确了制定该法的目的不仅是对跟踪行为者进行处罚和规制，同时也是防止损害个人的身体、自由以及名誉的问题发生，以保护国民生活的安全和安稳为目的。法律规定如果受到上述行为骚扰，无论是本人还是家属以及他人，都有权力向执法部门报告，并能够及时获得人身安全保护。

法律规定的跟踪行为主要分两类：第一，对特定对象怀有恋爱情结或者好感，但遭到对方拒绝或者无视，未满足自己的欲求而抱有怨恨，对对方以及对方家属纠缠不休者。第二，对对方进行监视、跟踪行为者。条例规定对以上违法行为者的惩罚为一年以下徒刑或者 100 万日元罚款；执法不遵守者两年以下徒刑或者 200 万日元罚款。

（四）《防止配偶间暴力及保护被害者法》（2001 年）

此法制定于 2001 年 4 月，实施于同年 10 月 13 日，宗旨是防止来自配偶间的暴力以及对受害者提供保护与援助。2004 年、2007 年、2013 年经过三次大幅度修改，从 2014 年 1 月开始实施的法律修改将适用对象扩大到非婚同居伴侣，同时，离婚后仍很有可能受到前配偶的暴力威胁等行为也属于保护对象。

该法规定在受害人遭到家庭内暴力或者生命安全受到威胁时，可通过合法渠道申请紧急"保护命令"，及时接受法律所规定的女性保护服务。对违反保护命令者可以处以一年以下徒刑或 100 万日元以下罚款。保护申请要向地方法院提出，如果申请书造假，将被处以 10 万日元以下罚款。

保护命令有以下五种形式：第一，6 个月之内不准接近被害者；第二，限定在 2 个月之内搬出与被害者同居的住所；第三，禁止要求与被害者会面、电话、监视以及其他的骚扰行为；第四，禁止接近被害者的子女；第五，禁止接近被害者的亲属。

根据该法的规定，各级政府要设立配偶暴力咨询援助中心保护机构，保护受害者的基本权益以及对受害者的基本生活进行援助，使其尽快走向生活自立。

（五）《反对拐卖妇女儿童行动计划（2009—2014 年）》

此项行动计划主要配合国际社会遏制拐卖女性以及儿童行动计划。日本虽然是发达国家，但是国内性产业领域多有拐卖外国妇女以及未成年儿童事件发生，严重侵犯妇女儿童人身权利，对被拐卖妇女儿童身心健康造成巨大伤害，并由此引发一系列社会问题，严重影响社会和谐稳定。为有效预防、制裁拐卖妇女儿童犯罪活动，日本政府签署联合国倡导的行动计划，颁布《反对拐卖妇女儿童行动计划（2009—2014 年）》，积极推动国内对受害者的救助和生活援助。

第三节 女性贫困状况与福利援助

一、女性贫困化状况

近年来，女性贫困化现象引起了社会的极大关注。女性贫困化现象是一个综合性的社会问题，既有历史性原因，也有现代社会病理原因。在日本，女性贫困群体主要集中在单亲家庭，单身高龄女性·无家可归的流浪女，被排斥在家庭和劳动领域之外。

（一）单亲家庭的贫困

在日本家庭经济构造中，男性收入依然是家庭生活的主要经济来源。由于离婚或者丈夫离世等原因成为母子单亲家庭之后，家庭经济收入陡然下降，家庭经济生活落差非常大。2001年，日本厚生省曾经进行过一次家庭经济生活意识调查，在这项调查中凸显了母子单亲家庭生活困窘状况。

表7-1反映出母子单亲家庭感到生活非常苦以及生活比较苦高达81.5%，感到生活富裕者仅有0.8%，几乎大多数母子单亲家庭都面临着经济生活困难问题。

表7-1　　　单亲母子与单身高龄女性家庭经济主观判断状况

家庭状况	生活非常苦/%	生活比较苦/%	生活一般/%	生活富裕/%	生活非常富裕/%
平均值	20.2	31.2	43.7	4.3	0.5
单身高龄女性	15.9				
母子单亲家庭	41.3	40.2	17.6	0.6	0.2
其他：包括父子单亲家庭	20.8	31.7	42.6	4.1	0.5

资料来源：厚生劳动省大臣官方统计情报部编．平成13年国民生活基础调查卷1. 2001.

图7-1显示了母子单亲家庭、父子单亲家庭和一般家庭的年收入状况，母子单亲家庭年收入为299.9万日元，父子单亲家庭为623.5万日元，父母家庭为734.7万日元。母子家庭与父子家庭以及一般家庭的年收入相差甚远。调查中还

发现，母子家庭平均收入可处分收入在贫困线以下者占 51.4%，父子家庭占 22.9%，一般家庭占 5.9%。一半以上的母子家庭处于极端贫困状态，需要接受社会救助才能够维持基本生存。

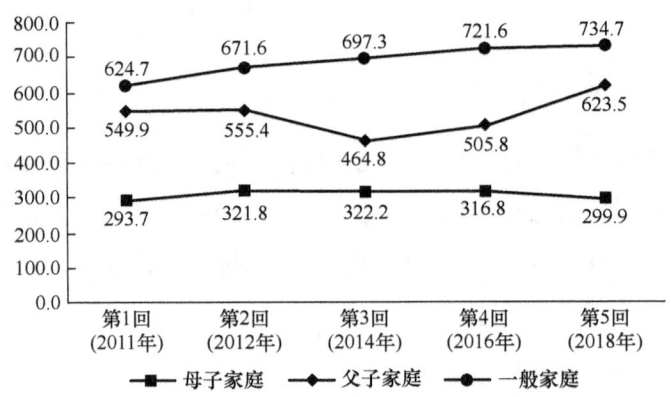

图 7-1　单亲母（父）子家庭与一般家庭收入比较

资料来源：子どものいる世帯の生活状況および保護者の就業に関する調査 2018（第 5 回子育て世帯全国調査）．独立行政法人 労働政策研究·研修機構，2019（10）.

另外，关于就业状况的调查还表明，大多数母子单亲家庭的母亲为了获取经济收入，从业比例比较高。表 7-2 显示母子家庭的母亲属于正式雇佣者占 43.0%，钟点工占 29.7%，合同工占 16.9%，无业者占 10.4%。一般家庭的母亲就业状况为正式雇佣者占 23.5%，钟点工占 36.0%，合同工占 13.6%，无业者占 26.9%。与一般家庭母亲的就业状况相比，可以发现单亲家庭母亲的就业率接近 90%，远远高于一般家庭，同时母子单亲家庭就业方式中正式雇佣占 43.0%，而一般家庭只有 23.5%，专心家务的无业者中，单亲家庭占 10.4%，一般家庭占 26.9%。此外，在调查没有就业原因时，母子单亲家庭回答，准备寻找工作者占 40%，患病无法工作者占 19.0%，需要照顾年幼的孩子者占 15.6%。

表 7-2　　　　　　　　　不同家庭中女性的就业方式比较

用工形式	母子家庭	父子家庭	一般家庭
正式雇佣	43.0	70.4	23.5
钟点工	29.7	1.9	36.0

续表

用工形式	母子家庭	父子家庭	一般家庭
合同工	16.9	20.4	13.6
无业者	10.4	7.4	26.9

资料来源：子どものいる世帯の生活状況および保護者の就業に関する調査 2018（第 5 回子育て世帯全国調査）．独立行政法人 労働政策研究・研修機構, 2019（10）．

造成母子单亲家庭贫困的主要原因不是由于不就业，而是患病以及照顾年幼子女而无法就业以及来自性别歧视和工资结构等原因。首先，雇佣和工资报酬体制中存在的性别歧视。日本的工资计算以家庭为单位，即父亲一人工作可以养活全家。但是，母亲一人工作却不能够养家糊口，因为女性工资过低。其次，男主外、女主内的传统观念的影响。按照日本家庭一般的观念，家务和养育子女的主要任务是女性承担。大多数女性结婚生了孩子以后就辞掉工作，专心操持家务。而这一年龄阶段又是离婚风险较高的时期，一旦婚姻破裂，女性不仅面临养育子女需要花费大量精力，还面临再次寻找工作时难以找到合适职务的问题。最后，雇佣制度中的男女不公平现象也是一个重要的因素。根本性的解决方法是从社会保险体制、雇佣工资报酬体制、社区支援体制等方面制定综合的社会政策对应。

（二）单身女性老人的贫困

高龄女性的贫困与家庭结构有直接关联，单身女性老人贫困问题显著。如表 7-3 所示，一人独居高龄女性的相对贫困率所占比例最高，2012 年占总体的 44.6%，2015 年为 46.2。其次是单亲老年人和未婚子女构成的家庭，2012 年占 30.2%，2015 年为 24.8%。而三代同堂家庭相对贫困率最低，2012 年占 12.5%，2015 年为 10.6%。根据日本国势调查数据，2015 年独居老年人家庭中，女性占 4 003 万户，男性占 4 924 万户；2020 年，女性占 4 590 万户，男性占 2 435 万户。[①] 由此推测，陷入贫困状态的独居高龄女性数量，将比男性高出 1 倍之多。

---

① 内閣府．高齢社会白書. 2003：23.

表7-3 65岁以上高龄女性相对贫困率与家庭构造（2012年与2015年比较）　　（%）

年份	一人独居家庭	夫妇空巢家庭	夫妇与未婚子女家庭	单亲与未婚子女家庭	三代同堂家庭	其他
2012	44.6	14.8	12.7	30.2	12.5	15.3
2015	46.2	15.4	12.8	24.8	10.6	15.6

资料来源：阿部彩.日本の相対的貧困率の動態2012-2015年［J］.貧困学のフロンティアを構築する研究報告,2018.

造成女性老年人贫困的主要原因是，老后的经济收入存在性别之间的差异，主要表现在养老金制度存在结构性问题上。日本推行了夫妇养老金制度，非正式雇佣女性的养老保险与丈夫同一账户，女性没有独立的养老保险，在社会保障给付上男女之间拉开了差距。另外，退休之后，男性老人参加再就业相对来说比较容易，因为社会为男性老人提供了较多的就业机会，而女性老人的就业就比较困难，显示在收入上男性的劳动收入比女性老人的收入高出4倍或者5倍。在财产分配上，男性依然优越于女性。根据日本民法的规定，结婚以后夫妇需要同姓。虽然法律规定了既可选择男方姓氏，也可选择女方姓氏，但是，按照旧的习俗，除了"倒插门"女婿之外，几乎一律地选择男方姓氏。"倒插门"女婿选择女方姓氏的时候，在法律程序上需要办理一个作为女方养子的手续，以获得财产上的继承权。而女性则没有这样的权利，结婚以后要选择夫家的姓氏，这一法律规定，给女性在财产继承上带来非常不利的因素。因此，女性老人在财产分配上获得的经济利益普遍低于男性。

根据《单身女性老年人与贫困》的调查，涉及有单身女性老年人贫困与婚姻状况关系的问卷项目，其中离别原因导致的贫困率为最高，达到42.3%，终身未婚导致的贫困率为35.2%，死亡原因导致的贫困率为29.9%，有配偶者的贫困率为14.0%。[①] 死亡原因的贫困率低于离别原因是因为日本年金制度设计是夫妇年金，配偶一方死亡之后，另一方如果没有年金或者年金额度达不到平均水平，可以继承配偶死亡后的遗属年金。但是离婚的原因则难以享受遗属年金待遇。

---

① 公益财团法人日本学术协力财团.高齢単身女性と貧困.2018.

（三）无家可归女性的贫困

2003年，日本厚生劳动省对无家可归露宿街头的人群进行调查的时候，专门列出了女性无家可归栏目和调查项目。调查表明，无家可归流浪女性在2.5296万人的总数中有749人，占总体的3%。总体人数虽少，却是多年来所少见的社会现象，它引起了社会的关注，此后在每年的调查中都专门列出无家可归女性的数据。根据2018年无家可归人员调查，露宿街头的女性有177人，与2003年相比，大幅度减少。其中女性福利机构的改革和完善是无家可归女性减少的主要原因。

根据调查，女性被迫离家出走露宿街头的原因主要有：第一，婚姻契约的不履行。比如，男方的离家出走、离婚、死亡等原因，使女性失去生活的基础，不得不离家出走。第二，职业不安定所引起的失业以及失败。比如，在风俗业和零售业工作的女性，由于复杂的原因和事业的失败，失去生活所需要的基本条件，不得不露宿街头的女性者并不少见。第三，来自配偶的暴力。由于不堪忍受来自丈夫或者恋人的暴力，逃离出走，但是又没有属于自己归宿的地方，不得不流浪街头。根据上述原因，可以看到，露宿街头的女性面临的压力主要来自社会的性别歧视和社会的不宽容。

露宿街头的女性与同样处境的男性不同，她们不仅面临生存的危机，还随时面临着来自男性性暴力的危险。目前，政府所采取的福利援助措施，一是为她们提供常设型的帐篷，并同时援助与其具有相对稳定同居关系的同居人，以达到对其进行保护的目的。二是为单独生活的流浪女提供移动型住所，移动的目的也是为了防止来自性暴力的袭击。

露宿街头女性问题从社会性原因分析，可以概括为两点：第一，女性的非安定就业是导致她们走向无家可归之路的一个主要原因。福利政策应该立足于保护女性的劳动权利，即使是从事风俗业界工作的女性，也应该从法律上保护她们的人权和劳动权。第二，家庭内部暴力问题也是将女性推向流浪生活的原因之一。家庭内部暴力是一种侵犯人权的、非人道的违法行为，这一行为的社会含义并没有被社会所充分认识。社会政策应从制度、法律、意识观念上确立行之有效的援助方法。

二、女性福利援助事业与援助机构

（一）女性福利援助对象

女性福利援助对象根据上述有关女性福利的法律规范，通过认定审查程序予以确定。依法规定的援助对象主要分为六种：（1）有卖淫行为经历、经过认定确认处在需要保护和需要援助状态者；（2）虽然没有卖淫经历，但是根据本人的生活经历、性格倾向以及生活环境判断，有陷入卖淫危险或者有其倾向者；（3）配偶者以及同居者的暴力受害者；（4）家庭关系破裂导致生活陷入困穷，无法维持正常生活急需予以保护者；（5）人身买卖受害者；（6）跟踪、性骚扰受害者。

（二）女性福利援助机构

女性福利援助机构根据法律规定以及承担的功能，大致分咨询、协调援助机构和入住保护原址机构两种类型。

1. 咨询、协调援助机构

（1）"妇人咨询所"。妇人咨询所在女性福利援助事业中发挥着重要作用。根据《防止卖春法》第34条的规定，作为一项法定义务每个都道府县必须设置妇人咨询所，1956年以后伴随着法律的实施，各个地方政府陆续设置该机构，实现了至少拥有一家以上的妇人咨询所的目标，作为对应女性福利问题的行政窗口，发挥着独特的功能。妇人咨询所的主要职责是，接受相关领域的咨询，并对需要保护女性给予医学的、心理的指导以及身心状态评估；对其家庭以及社会关系进行调查访问，对处于危机状态的女性进行临时保护；对临时保护对象的状况进行调查和评估，确认是否需要长期进行援助并协调社会资源提供长期保护方案和计划。

根据2018年统计，由都道府县地方政府设置的"妇人咨询所"共计47所，同时并设有妇人咨询全国联络协议会，实现全国信息和资源共享。妇人咨询所根据《防止卖春法》第35条配置"妇人咨询员"专业职务，在解决女性福利问题当中起到重要作用。妇人咨询员不仅配置在各个妇人咨询所，在性暴力受害者援助中心以及福利事务、地方政府的社会福利业务窗口也配置此项专业工作人员。

妇人咨询员接受有关女性福利事务的咨询、协调以及提供信息、进行普及教育等。根据2019年统计，全国共设置妇人咨询员1 447名。

（2）"性暴力受害者援助中心"。近年来，为了将《防止配偶间暴力及保护被害者法》《规制跟踪行为法》的原则具体落到实处，推出了诸多实施计划，比如，2015年制定"第四次男女共同参画基本计划"时，将地方政府设置性暴力受害者援助中心数量目标列入计划。2015年已新设性暴力受害者援助中心25家，2017年设置"创建性暴力受害者援助中心"专项经费，当年拨款1.6亿日元，作为中心的建设费、运营费和宣传费等。根据2019年统计，"性暴力受害者援助中心"已经突破了47所，基本覆盖了各个都道府县。援助中心的主要功能在于，对性暴力受害之前的预防保护和受害之后进行援助，具体分为接受咨询、对身处危险处境者进行临时保护、紧急治疗；为受害者身心恢复协调生活保护以及医疗治疗资源等。援助中心可以根据各地方政府的现有资源因地制宜设计，现在运行中的援助中心可以分为三种类型。

第一种类型是以医院作为据点的援助中心。以妇产科医院为据点的实例比较多，它有利于对突发的性犯罪和性暴力被害者进行急救、持续性治疗，同时也有利于提供犯罪和受害状况的物证和证言，及时推动制定对受害者进行保护计划。

第二种类型是以咨询中心为据点。这一类型的长处是以性暴力受害者咨询中心为轴心，咨询、调查、紧急保护、生活援助等形成一条龙的应对方式，能够保证行政效率。咨询中心与医院和律师以及社区通过签署契约形成一个援助网络，有利于协调政府、社区以及家庭资源，对受害者提供多方位的保护援助。由咨询中心进行资源调配、制订援助计划，能够保证行政效率。

第三种类型是协同组织型。这种形式主要集中在人口较少且比较偏远的地区，地方政府资源受到一定限制，采取官民协作多方参与的协同组织形式。

2. 为保护女性的公共福利设施

（1）临时庇护所。临时庇护所根据《家庭暴力防止法》和《防止卖春法》中对身处人身危险状态的女性予以紧急保护的原则，于2002年开始在全国各地普及。根据日本内阁府2017年统计数据，公立以及政府通过购买形式的民办临时庇护所已经超过 325 家，2016 年接受保护人数 8 642 人，女性本人 4 624 人，同伴家属 4 018 人（主要是子女），平均庇护日期为 16.3 日。

表 7-4 显示了 2007 年至 2016 年妇人咨询所接受临时庇护人数的推移状况。2002 年《家庭暴力防止法》推行之初，包括同伴家属接受保护人数 8 200 人，但是 2007 年至 2009 年期间，接受保护人数上升，2010 年以后出现逐步减少趋势。

表 7-4　　　妇人咨询所接受临时庇护人数推移（2007—2016 年）　　　（人）

年份	2007	2008	2009	2010	2011	2012	2013	2014	2015	2016
合计	12 007	12 145	12 160	11 866	11 246	11 565	11 623	11 082	9 694	8 642
同伴家属	5 529	5 532	5 535	5 509	5 187	5 376	5 498	5 274	4 577	4 018
被保护女性	6 478	6 613	6 625	6 357	6 059	6 189	6 125	5 808	5 117	4 624

资料来源：厚生劳动省. 妇人保护事业的现状. 2019.

关于女性接受临时庇护原因，日本内阁府定期进行社会调查，据 2018 年厚生劳动省公布数据，如图 7-2 所示，在被保护女性 4 624 人中间，虽然原因各不相同，但来自配偶暴力的理由为最多，占总体的 69.5%，其次是没有住处的原因占 10.7%，最后为来自子女、父母或者亲属的暴力占 8.2%。由此看来，威胁女性身心安全的最大威胁是来自家庭内部暴力问题以及经济贫困问题。

女性临时保护事业每年都有国家预算，2018 年政府投入的财政金额为 10 亿日元，其中，中央政府和地方政府财政各自负担 50%。

妇人咨询所主要职能是提供咨询服务，但是对有紧急保护需求的女性还提供临时住宿和生活援助。因为是临时庇护，庇护时间依法设定在两周左右，在两周之内需要对接受庇护的受害者的基本情况进行调查、评估，制订出援助计划。鉴于妇人庇护所和妇人咨询所的业务是紧密协作关系，临时庇护所与妇人咨询所两个机构并设在一起的例子很常见，它有利于及时发现问题、进行紧急保护，预防女性或者母子受到人身危害。在接受庇护期间，以妇人咨询所为核心联合性暴力受害者援助中心、福利事务所、警察、行政等机构展开调查和制订保护计划。需

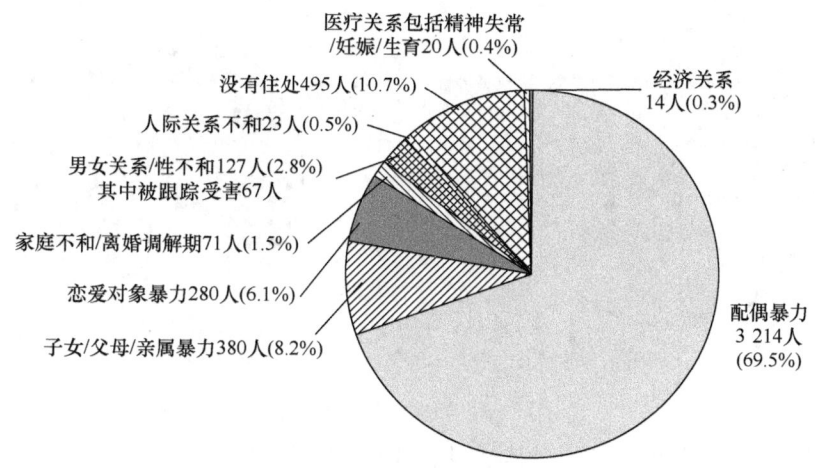

图 7-2 女性接受临时庇护原因

资料来源：厚生劳动省. 妇人保护事业的现状. 2019.

要长期给予保护和生活援助的女性以及子女，根据协同制订的保护计划，由妇人咨询所协调被庇护女性以及同伴家属入住可以长期利用的女性福利设施等。为子女就学方便或者不愿意入住福利设施者，相关部门协助安排安全的民居，费用由女性保护福利财政支付。

（2）妇女保护设施。《防止卖春法》第36条规定，都道府县必须依法设置1家以上提供女性福利服务的妇女保护设施，目前全国共有47所，设施经营方式如图7-3所示，公建公营22所，民建民营17所，公建民营8所，民营主体占据多数。

根据内阁府对妇女保护设施入住女性以及同伴家属的调查，来自配偶暴力的原因为最多，占总体的42.9%，其次是没有住处占23.4%，经济贫困据第三位占9.9%。① 入住妇女保护设施者除了家庭暴力原因之外，经济困穷无家可归也是妇女面临的主要问题。

妇女保护设施与临时庇护设施所承担的功能不尽相同，其设施主要功能在于

---

① 厚生劳动省统计情报部. 妇人保护事业. 2019.

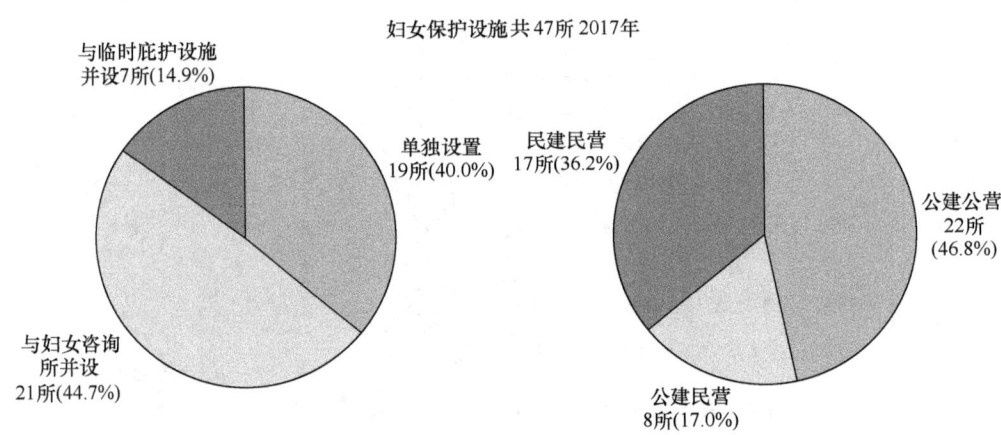

图7-3 妇女保护设施状况

资料来源：厚生劳动省统计情报部. 妇人保护事业. 2018.

对入住女性以及同伴家属的生活性问题进行援助，包括衣食住行以及儿童的养育和教育，同时，注重心理性的治愈和疏导。对有劳动能力者进行职业教育和职业训练以及职业介绍，最终达到生活自立的目的。

入住女性保护设施的女性，由于种种原因患有各种疾病者占据较大比例，根据2018年调查，入住女性保护设施4 624名女性当中，健康状况良好者占据52.7%，身体病弱者占21.3%，持有精神残疾证者占10.8%，持有身体残疾证者占2.8%，持有发育残疾证者占12.4%。入住者中间近半数的女性还有各种各样身体上的或者精神性的残障。健康援助也是其设施的一项很重要的工作。

（3）单亲母子家族生活援助设施。母子生活援助设施的法律依据主要是《母子父子及寡妇福利法》和《儿童福利法》，主要目的是援助由于种种原因导致生活贫困，或者养育儿童环境恶劣不利于儿童健康成长的母子、父子单亲家庭。可以提供母子同时入住的福利援助设施称为母子生活援助设施。

根据表7-5母子生活援助设施状况显示，2016年度保有设施234所，入住母子家庭户数3 820户，2008年度设施有278所，入住母子家庭户数4 028户，与2008年相比设施数以及入住家庭户数都有大幅度的减少。

表 7-5　母子生活援助设施状况（2008—2016 年）

年份	2008	2009	2010	2011	2012	2013	2014	2015	2016
入住家庭数（户）	4 028	4 002	3 850	4 214	3 861	3 975	3 851	3 954	3 820
设施数（所）	278	272	269	269	256	250	248	238	234

资料来源：厚生劳动省统计情报部. 妇人保护事业. 2019.

关于入住母子生活援助设施的原因，参考表 7-6，来自配偶暴力的比例最高，而且从 2006 年到 2016 年之间没有出现明显减少趋势。无住处、无去处也占据较高比例，导致无住处的原因仍然是经济困难，如果与经济贫困原因加在一起计算，贫困原因占据总体的 35%～30%。

表 7-6　母子生活援助设施入所原因调查　　　　　（单位:%）

年份	2009	2010	2011	2012	2013	2014	2015	2016
配偶暴力	54.1	53.7	56.1	55.0	54.4	57.9	56.6	55.4
无住处/无去处	18.1	19.3	17.5	18.3	17.5	17.7	17.2	17.6
经济贫困	16.0	14.7	14.4	11.5	13.5	10.9	11.3	12.2
家庭环境恶劣	7.0	6.8	7.0	9.1	8.3	7.0	7.8	8.1
母亲身心不安定	2.9	3.4	2.2	3.8	2.9	3.5	3.2	3.7
其他	1.9	2.1	2.8	2.3	3.5	3.0	3.9	3.0

资料来源：厚生劳动省统计情报部. 妇人保护事业. 2018.

母子家庭自立生活援助设施的主要功能有生活援助、育儿援助、心理援助、自立援助四大项。

（沈洁　日本女子大学）

参考文献

[1] 橘本宏子. 女性福利论 [M]. 京都：ミネルヴァ書房，1996.

［2］前田信彦. 仕事と生活［M］. 京都：ミネルヴァ書房，2010.

［3］林千代，沈洁. 女性福祉とは何か：その必要性と提言［M］. 京都：ミネルヴァ書房，2004.

［4］总理府内阁官方厅. 男女共同参画白皮书. 2009-2019.

第八章　日本社区福利

本章侧重对日本社区理论和服务供给体系以及社区社会工作进行解析。第一节主要对日本社区福利服务的开展以及社区福利理论的发展过程进行梳理。日本的社区福利始于20世纪60年代，冈村重夫于1970年出版的《社区福利论》是早期总结和整理第二次世界大战后日本社区福利概念具有代表性的著作。铃木五郎、右田纪久惠、井冈勉提出了各自的社区福利构成要素论，野口定久对"以往"和"今后"的社区福利所需的必要条件进行了分析和阐述。第二节对社区福利行政与居民主体参与进行阐述。日本的社区福利服务的组织机构有社区福利协议会、社会福利法人组织、特定非营利组织、民生委员和儿童委员。居民参与社区福利有多种渠道，如参与提供福利服务，通过参与制订社区福利计划反映居民需求和推动计划实施，通过发现社区需求向地方政府相关窗口或社区社会工作者提供信息来实现居民参与等。第三节从社区福利服务的视角对构建区域综合照顾体系的要点进行了整理，阐述了日本社区福利服务体系的发展，并通过具体案例对社区福利服务的开发与社区社会工作的关系进行说明。第四节主要从评估、制订支援计划和实施、跟踪观察（Monitoring）与评价、外展工作、社区福利计划的制订与社区社会工作的方面介绍日本社区社会工作的具体操作及实践。第五节阐述了日本的社区福利的经验得出的几点参考。

第一节　社区福利服务展开以及理论化过程

一、背负期待开辟社会福利新道路的社区福利

从20世纪40年代后期的"福利三法"时代到60年代经济高度发展期的

日本社会福利

"福利六法"的发展过程来看,日本的社会福利走的是一条由制度、法律主导进而发展机构福利的道路。但是,随着20世纪70年代、80年代经济发展形势所引发的社会变化等影响,社会福利发生了很大的变化,其中最大的问题是社会福利的财政基础由强变弱,需要通过社会福利的方式来解决的问题已经不仅仅是个人的贫困问题,地方城市与乡村的人口减少和大城市的人口过密问题、公害等生活环境恶化等问题,促使社会福利的需求在不断向多样化和高度化发展,家庭、地域社会基础变得薄弱的同时人口老龄化不断发展。随着经济和社会背景的转变,社会福利需要迎来一个转型期,对制度背景下的以机构福利为中心的社会福利需要重新认识,日本社会福利的发展方向需要新的思路。

20世纪80年代日本出版了《社区福利讲座》系列丛书,丛书第一册名为《社会福利的新道路》,书中对日本从第二次世界大战后到20世纪80年代后期的社会福利发展道路及问题进行了系统整理,提出可以通过融汇社区照顾(Community Care)、常态化(Normalization)和居家福利服务开辟社会福利的新道路。①。

日本社区福利的理论谱系源于社区照顾,在精神医疗领域最早开始引入社区照顾的理念及实践。社区福利作为社会福利的新理念和新方法开始受到关注,它提出了让需要护理的残疾人或老人能够尽可能地在居家或社区的环境中享受服务。同时,引导日本社区福利创新的另一思想基础是常态化理论。常态化理论于20世纪60年代在丹麦、瑞典等北欧国家开始普及,1981年国际残疾人年提出"完全参与和平等"主题,促使常态化理念在日本普及,让更多的人理解残疾人在社区里应当与一般的居民一样获得同样的生活条件,为社区福利带来了新的视角并衍生出新的对策。

日本的社区福利是现在日本社会福利理论与实践的重要组成部分。2000年通过修订《社会福利事业法》而制定了《社会福利法》,在《社会福利法》第1条中明确加入了"推动社区福利"的表述,代表了社区福利的主流化倾向②;也可以看出社区福利在日本社会福利框架中的重要定位。其实早在19世纪90年代日本就已经出现了社区福利实践的萌芽,并且那时出现的"方面委员"制度为

---

①② 右田纪久惠・高田真治. 地域福祉讲座:社会福祉の新しい道[M]. 東京:中央法規,1986.

现在的社区福利普及起到了重要的推动作用，也为民生委员制度奠定了坚实的基础。

从第二次世界大战后社会福利政策的视角来看，社区福利始于20世纪60年代。随着经济高速发展带来的地方城市与乡村的人口减少和大城市人口过密等问题、公害等生活环境不断恶化等问题，地域共同体瓦解的过程中政府提出了对地域社会的重建政策。

1969年，国民生活审议会公布的《社区——于生活场所里的人性恢复》，指出传统社区在不断瓦解，从而在社区层面出现了各种各样的问题，因此需要建立可以应对和解决这些问题的新时代的社区。期待新时代社区发挥以下两点作用：一是确保社区居民的社会共同生活所需的物质生活环境水准；二是充实人与人的交流、居民参与、市民意识等可以被称为社会水准的内容。

1971年，当时的中央社会福利审议会向厚生大臣①公布了《社区形成与社会福利》报告，该报告指出快速的经济成长带来了社区居民生活方式和生活意识的转变，生活环境的变化带来了地域社会的解体，社区的形成对提高国民生活福利水平是必不可缺的。其中，社会福利主要是以社会福利协议会（又称社协）②为主体的社区组织化活动，以社区福利中心为主的社区福利机构提供居家照顾从而维持和发展社会福利对象的能力，需要通过社区居民的参与来制订社区福利计划。

20世纪70年代后期，日本各都道府县出现了提供居家福利服务的各种试点，1979年全国社会福利协议会（又称全社协）居家福利服务发展研究委员会公布了《居家福利服务战略》，对居家福利服务的理论框架和具体服务体系的内容进行了系统梳理，提出居家福利服务这一新的概念，指出居家福利服务是开辟当时

---

① 当时是厚生省，2001年厚生省与当时的劳动省合并，组成了新的机构"厚生劳动省"。
② 社会福利协议会是以推动民间社会福利活动为目的的非营利民间组织。根据1951年制定的《社会福利事业法》（现改订为《社会福利法》）进行配置。该组织联合民生委员·儿童委员、社会福利机构、社会福利法人等社会福利相关机构组织、保健·医疗·教育等相关机构组织，为了居民能够在居住惯了的区域里过稳定的生活，为实现"福利街区建设"开展各种各样的活动，如福利服务、咨询活动、志愿活动等。其中，全国社会福利协议会作为日本的社会福利协议会的中央机构，主要通过全国各地的社协网络，针对享受福利服务的居民、社会福利相关人员的联络、调整或活动援助以及各种制度的改善等开展工作，并推动日本社会福利的进步。

日本社会福利新道路的一项战略性挑战。居家福利服务的系统化开展也是影响日本社区福利发展的一个重要因素。

二、21 世纪日本社会社区福利的重要性

21 世纪社区福利在社会福利领域里的重要性可以从以下几点进行说明。

（一）日本少子化和老龄化日趋严重

少子老龄化的不断加剧给日本社会带来了很多亟待解决的问题，其中最主要的是与社会福利、社会保障相关的介护需求问题。介护需求问题在个人层面关系到老年人及其家人的生活稳定，在政府层面关系到财政运营和满足国民需求的国家治理问题。日本第二次世界大战后婴儿潮一代将于 2025 年全部超过 75 岁，预计介护需求在未来几年仍会不断增加，而现在的护理保险制度无论是在财政运营方面还是在服务供给方面均遇到了一定瓶颈，急需找到关键性的对策。而在人们生活的社区社会里建立综合性的照顾援助体系，构建安定平稳的社区生活可以说是解决各种问题的重要方法之一。

（二）社会福利基础构造改革等社区福利领域的变化

第二次世界大战后，日本经历了战后重建、经济高速发展、经济发展减缓等阶段，在不同的阶段面对的社会问题也不同，20 世纪 90 年代提出了新的社会问题。战后形成的社会福利基础构造中所存在的问题不断凸显。20 世纪 90 年代，日本开始讨论并进行社会福利基础构造的改革，《社会福利法》的制订就是这一改革中的重要环节。《社会福利法》明确指出，把"维护福利服务使用者的利益以及推动社区领域的社会福利（社区福利）"作为社会福利的目的。另外，由于经济社会政策环境变化对日本社会福利基础构造改革的推动和影响，分权式的福利社会需要社区福利来寻求解决对策。[①]

（三）从营建方便生活的稳定社区的角度体现社区福利的重要性

日本战后经济高速发展一方面出现了大城市人口集中过密，另一方面又导致小城市和农村人口减少出现过疏地区，人口减少和老龄化的加剧带来社区交往减

---

① 野口定久. 地域福祉論―政策・実践・技術の体系 [M]. 京都：ミネルヴァ書房，2008.

少的问题以及社区组织化逐渐薄弱的问题。另外,日本传统社区本身也存在一些问题,诸多社区问题在 21 世纪亟待解决。

社会工作可分为个案工作、团体工作、社区工作。其中,只有社区工作是把社区和发生在社区里的各种生活问题作为工作的对象,而个案工作和团体工作主要针对的是"人",即把人作为社会工作的对象。发生在社区层的问题有很多不是通过满足个别的需求就可以解决的,而是需要通过社区工作或社区社会工作来解决社区里存在的具有普遍性的社会问题,从而建立方便的稳定的社区来达到预防社会问题的发生。日本的大桥谦策参考英国的经验,于 20 世纪 90 年代在日本最先引进了社区社会工作的概念,并对如何做社区社会工作进行思考后提出了社区社会工作的定义和构成要素。社区社会工作是社区工作的延伸和发展。社区社会工作的对象不仅是社区和出现在社区里的社会问题,以个人或家庭为对象的个案工作包含在社区社会工作之中,并且社区社会工作需要从解决在社区里的个人的生活问题来发现社区里是否存在类似的个人,他们是否有同样的需求,从而发现社区里存在的问题并和居民一起解决问题。可以说,社区工作、社区社会工作是支撑社区福利的技术体系,是解决社区问题和各种社会问题的重要方法。

三、日本社区福利理论化的进程

1970 年出版的冈村重夫的《社区福利论》一书中最早把社区福利作为解决具体生活问题的实践,为了将来能使"社区福利"作为新的社会福利发展的方向或作为新的服务领域得到发展,他对"社区福利"进行了概念化且系统化。之后,1974 年冈村重夫再度出版了《社区福利论》。在第一版《社区福利论》的基础上,该书明确提出社区福利的服务领域包括儿童福利、老年人福利、残疾人福利和其他领域,强调各种享受福利服务的居民集中在社区这样一个平面或是空间范围内,而以往的以制度为主的纵向福利提供转变为以社区为主的横向关系,并强调重视社区的功能和作用。和冈村重夫在同一时代主张重视社区的还有阿部志郎,也有主张趋向于政策制度建设的右田纪久惠、井冈勉、真田是等学者。20 世纪 70 年代后期至 80 年代,具有代表性的是趋向于重视居家福利的永田干夫和三浦文夫。与他们几乎同期,在 20 世纪 80 年代开始一直延伸到 90 年代初,趋向于主张居民主体形成和居民参与的大桥谦策和渡边洋一比较具有代表性。右田纪久惠主张的自治型社区福利理论具有注重政策制度的特点，其影响从1970年开始一直延续到90年代初期①。

对于上述社区福利的研究框架，日本学者对其进行了总结。其中，冈本荣一总结的"社区福利理论化的过程与相关要因"是具有代表性的研究成果之一。冈本荣一整理了日本20世纪60年代至90年代关于社区福利的文献，对日本社区福利研究的框架与关键词进行了总结和分类。冈本荣一分析日本社区福利构成框架中的相关重要因素包括：一是历史事实与实践方法；二是区域问题与居民运动；三是社区福利理念与思想；四是制度·政策动向；五是国际动向；六是福利以及相关诸研究等六个大的框架。② 基于各个相关重要因素，至20世纪70年代为止被认为是社区福利的形成阶段。并且从20世纪70年代开始，社区福利理论主要可以分为冈村重夫、阿部志郎为代表的重视社区方面的社区福利论与右田纪久惠、井冈勉、真田是为代表的政策制度方面的社区福利论两大类。20世纪70年代末到80年代，又出现了以永田干夫、三浦文夫为代表的不同于以上两大类的强调居家福利的社区福利论，从20世纪80年代前半期到90年代形成了以大桥谦策、渡边洋一为代表的强调居民主体形成与参与方面的社区福利论。20世纪90年代的社区福利论主要是在70年代"政策制度方面的社区福利论"的基础上发展了的以右田纪久惠为代表的自治型社区福利论。特别是右田纪久惠提出的自治型社区福利论把"社区福利"区别于"区域的福利"，并强调"社区福利"的构成要素需要追求"主体性""内发性""自治性"。③ 平野隆之则是以右田纪久惠的自治型社区福利论为基础提出了推动和促进社区福利的理论与方法。④

四、日本社区福利的构成要素

日本学者社区福利的构成要素有多种见解，铃木五郎在其研究中把1973年

---

① 理论研究的分类参考日本社区福利学会．新版社区福利事典［M］．东京：中央法规出版社，2006：11．
② 岡本栄一．地域福祉の考え方の発展［M］//社会福祉士養成講座編集委員会．新版社会福祉士養成講座地域福祉論（第3版），東京：中央法規，2006：14．
③ 右田紀久惠．自治型地域福祉の理論［M］．京都：ミネルヴァ書房，2005．
④ 平野隆之．地域福祉推進の理論と方法［M］．東京：有斐閣，2008．

至 1980 年的社区福利研究领域诸多学者的观点进行了比较，从比较的结果可知社区福利的构成要素主要有六个方面，即居家福利服务或社区照顾；社区的组织化活动与社区福利组织化活动；社区福利计划；作为公共责任的制度、标准的制定；基本的制度体系；福利教育、信息提供等。右田纪久惠将其总结为三大类：维持社区生活的必要条件；针对生活困难采取个别应对措施的构成要素；连接前两者并对其进行组织化、计划化运营的必要条件。

铃木五郎在其著作《社区福利的开展与方法》（1981）[1] 中集中讨论了 20 世纪 70 年代日本社区福利论相关的具有代表性的六位学者的论述，即冈村重夫、三浦文夫、前田大作、阿部志郎、井冈勉、右田纪久惠，并对这六位学者所言的社区福利构成要素进行了整理，见表 8-1。铃木五郎将冈村重夫在 20 世纪 70 年代提出的四项构成要素作为基础，在此基础上对以上六位代表学者所论述的日本社区福利构成要素进行了整理对比。同时对青森县社会福利审议会报告（1979年）、《居家福利服务组织化手册》（全国社会福利协议会，1980 年）等刊物里的社区福利构成要素进行了整理和探讨。通过以上的整理工作，铃木总结出以下四项构成要素，分别是：A. 居家福利服务；B. 社区福利计划；C. 援助对象、志愿者、社区居民参与的社区组强化活动；D. 福利教育服务和信息提供服务。右田纪久惠在此基础上又将四项构成要素整理总结为以下几大要素。[2]

一是能够在区域中生活的基本的必要条件，其中，具体包括三个方面：（1）收入补贴、就业、教育、保健、医疗、住宅及生活环境等相关的公共政策；（2）地方分权化（国家与地方自治体之间的行政财政构造与制度性的居民参与）；（3）行政功能的统合化等。

二是对生活困难群体提供个别应对的要素，其中，主要有日本全国社会福利协议会提出的居家福利服务，但是其对象不仅包括老年人、残疾人，还包括儿童、单亲家庭以及其他的生活上有困难的居民。作为服务的种类主要有预防性的服务、对症疗法服务以及恢复期照顾服务。具体的服务提供方法可以是提供服务的福利机构本身向社会开放，或上门提供的福利服务（家庭护理员、上门护理、

---

[1] 鈴木五郎. 地域福祉の展開と方法 [M] 東京：筒井書房，1981.
[2] 右田紀久惠. 自治型地域福祉の理論 [M]. 京都：ミネルヴァ書房，2005：30-31.

表 8-1　日本社区福利的构成要素

	冈村重夫	三浦文夫	前田大作	阿部志郎	井冈勉	右田纪久惠
对需要保护的对象提供直接的具体的援助活动的社区照顾	A. 对需要保护的对象提供直接的具体的援助活动的社区照顾	A. 为了接受援助的人能够自立生活而提供的援助服务（个别援助活动）	A. 促进在家里生活的需要援助对象人员自立生活的各种社会福利服务的完善，收容照顾福利机构的社会化	A.C. 在居民能够实现共同治理的小区域范围，以通过居民参与开展的福利活动为基础，动员政府机关、福利机构等福利资源，追求不断充实提高区域中的福利需求，共同治理的体系	B. 作为公共责任的基本体系的制度政策性的地域福利标准的制定，行政财政方面的遵守措施	B. 地域福利计划 C. 以居民主体，居民参与、居民运动为内容的区域组织化
一般的地域组织化（社区建设）	C′. 一般的地域组织化（社区建设）	· 预防性的福利活动 · 狭义的社区照顾 · 居家福利服务	B. 地域福利计划（包含 A) 的促进，县·全国的长期福利计划		A. 公私福利服务的体系。预防性的、治疗恢复性的各种服务与社区照顾的网络性配置	A. 制度服务的体系化（预防应对疗法·恢复期照顾·服务、社区照顾）
福利组织化（福利社区建设）	C. 福利组织化（福利社区建设）	A′.C. 为了提高该区域的社会统合性而开展的社会福利	C. 社会福利教育民参与福利性计划	B. 为了方便选择本人未来生活方式享受援助的人	C. 以上体系的有机性调整，发挥作用的组织化·运动化	B. 服务的配置标准 · 以地域福利为目标的方法论·技术论的组织化
预防性的社会福利	A′. 预防性的社会福利	· 物理环境的完善，完善环境制度等活动 C′. 居民对于需要援助人员意识、态度度变化的变化，促进居民对社会福利的参与，组织化	D. 具有福利性质的地域社会，促进社区的形成	C. 居民参与		

资料来源：铃木五郎郎：社区福利的开展与方法. 筒井书房，1981:32.

上门保健医疗服务、上门康复训练等）的体系化。这里说的提供服务的机构主要是指提供可往返于机构间享受的服务或短期居住服务的机构。

三是将以上两者进行衔接具体开展组织运营的运营要素的运营要素，其中，包括：（1）制定社区福利的具体化层面的公共责任的制度、标准；（2）区域组织化；（3）社区福利计划；（4）福利教育、信息公开；（5）社区福利方法论、技术论的开发等。

井冈勉提出为解决社区福利问题，通过社会制度、政府的方法体系的视角和理论对祺我福利的构成要素进行了整理和分析，主要提出以下三点：（1）作为补充（代替）社会福利制度、社会政策方面的就业保障、薪金、劳动条件的改善以及基本的收入保障、福利性的保障制度（国民年金、国民健康保险、介护保险），社会补贴（儿童补贴、儿童抚养补贴、儿童抚养特殊补贴等）以及社会救济的政策体系；（2）任为补贴（代替）社会政策与福利性的保险制度、补贴、救济以及社会生活手段和服务的社区福利机构或服务体系；（3）社区福利的组织性推动，即福利街区建设。

另外，野口定久提出，从2007年开始日本人口高峰所出生的一代人[①]陆续进入退休期，需要照顾、护理的老年人不断增多，同时由于少子化带来人口减少与生活、家庭、社区等开始出现弱化的现象已经非常明显。[②] 这些现象随着今后日本社会环境的变化正在影响曾经的社区福利基本框架。以往和今后的社区福利发展所需的必要条件的变化见表8-2。

表8-2　　　　　　　社区福利成立所需的必要条件的变化

要素	以往	今后
理念	·普通化	·社会包容
供给	·居家福利	·区域（全面）综合照顾
方法	·区域组织化	·社区工作 社区社会工作

---

① 大约在1947年到1949年出生的人，是第二次世界大战后日本的第一次婴儿潮出生的人群，日语中也称为"团块世代"。

② 野口定久. 地域福祉論—政策・実践・技術の体系 [M]. 京都：ミネルヴァ書房，2008：11.

续表

要素	以往	今后
参与	·居民参与型福利	·居民的主体性
开展	·外发性的发展论	·内发性的发展论
政策	·政策形成型福利	·政策实践型福利
经营	·行政=社会福利	·新的公共（治理）
运营	·社会福利协议会=残余性的社区福利	·推动社区福利的主体化
财政	·财政补贴、政府购买	·税收、自主资金来源（会费·捐款·事业收入等）

资料来源：野口定久. 社区福利论政策·实践·技术体系. 东京：MINERVA书房，2008：11.

第二节　社区福利行政与居民主体参与

一、社会福利协议会

社会福利协议会是以推动民间社会福利活动为目的的非营利民间组织，根据1951年制定的《社会福利事业法》（现改为《社会福利法》）进行配置。社会福利协议会的组织结构分为三个层次，即全国社会福利协议会、都道府县社会福利协议会、市町村社会福利协议会。该组织联合民生委员、儿童委员、社会福利机构、社会福利法人等社会福利相关机构组织，以及保健、医疗、教育等相关机构组织，为了居民能够在居住习惯的区域稳定生活，实现"福利街区建设"，开展各种各样的活动，如福利服务、咨询活动、志愿活动等。

每一个市町村级别的行政区域都有一个市町村社会福利协议会，主要任务是为了方便包括老年人、残疾人在内的居民能够在社区内实现生活自理而提供各种援助，包括家庭服务员等制度规定的服务，也包括邻里、居民组织等社区资源的有效利用和开创制度外的服务，通过建立社区网络来对有福利需求的居民提供综合援助。

都道府县社会福利协议会（又称都道府县社协）是都道府县层面的社会福

利协议会,对市町村社会福利协议会的工作有支援和指导的作用。例如,对于包括社会工作者在内的从事社区福利服务从业者提供专业培训,推动都道府县区域内志愿者活动的开展以及都道府县区域内的资源整合与开发,都道府县区域内的市町村社会福利协议会之间的整合与衔接工作。

全国社会福利协议会作为日本的社会福利协议会的中央机构,主要通过全国各地的社协网络,针对享受福利服务的居民、社会福利相关人员的联络、调整或活动援助以及各种制度的改善等开展工作,并推动日本社会福利的进步。

二、社会福利法人组织

日本的社会福利法人制度始于第二次世界大战后,是根据当时的《社会福利事业法》设立的不以营利为目的的民间法人,主要从事社会福利领域的服务供给。社会福利法人组织是根据日本民法设立的公益法人发展而来的具有特别性质的法人。社会福利法人有将近90%经营老年人、残疾人、儿童福利等领域的各种福利机构,成为支撑日本社会福利的重要支柱。日本战后的社会福利体系规定,社会福利法人经营的机构接受地方政府的委托,对入住机构的福利服务使用者提供保护和相应的机构服务待遇。但是从社区福利的视角出发,日本的社会福利法人经营的福利机构在20世纪70年代就被指出孤立于社区机构,也就是说机构有很多建在交通不便的地区,即使是建立在社区内的机构也不对社区居民开放,透明度不高,因而处于一种孤立的状态。从社区福利的角度来看,福利机构应该是社区内的重要资源,应该为解决社区内的各种问题发挥作用。目前,已经在各地出现了社会福利法人经营的福利机构融入社区福利服务的实践,例如大阪府社会福利协议会的"生活贫困人员援救业务"和香川县社会福利协议会的"体贴关怀网业务"都发挥着社会福利法人经营的福利机构作为社区资源的作用。①

三、特定非营利组织(NPO)

1998年,日本通过了《特定非营利活动促进法》(又称NPO法),1995年的

---

① 羅佳. 地域包括ケアシステムにおける地域ネットワーキングの有用性に関する研究—香川おもいやりネットワーク事業を手がかりに—[J]. 四国学院大学論集,第158号,2020.

阪神淡路大地震后的志愿者活动是推动该法制定的一个重要契机。现在，不断有新的社区需求和生活需求出现，其中有很多是通过 NPO 的活动来满足需求的。特别是在少子老龄化社会里不仅是老年人，任何人都可能出现处于孤立无援的状态，由于人口减少和老龄化带来的村落的孤立、地方城市里的商店街萧条、大规模住宅聚集区域里的孤独死等问题，各种社区需求不断显现，需要在离人们生活最近的社区层面建立各种关系网络或是居民可以轻松利用的社区据点。NPO 在解决上述各种社区的问题方面可以发挥有效的作用。

四、民生委员、儿童委员等社区内积极分子

民生委员制度源于 1917 年冈山县知事创设的济世顾问制度。1918 年大阪府知事发起了方面委员制度，通过邻里、朋友作为志愿者掌握社区需求而发挥作用，采取分区负责制等，这些都是现在民生委员的雏形。

民生委员基于《民生委员法》的规定，儿童委员基于《儿童福利法》的规定，受厚生劳动大臣的委托开展社区福利工作。民生委员任期为 3 年，可以连任，没有工资，是无偿的志愿者。《民生委员法》第 1 条对民生委员的目的作了以下规定："具有社会奉献的精神，时时站在居民的立场回应居民的咨询，并提供需要的援助，以此来推动社会福利的发展。"民生委员有很多本人就是社区居民，最易掌握社区内居民的生活需求，是衔接居民需求与地方政府相关科室以及福利专业人员（社区社会工作者）之间的重要通道。

五、社区居民参与

社区福利内的居民参与大致分为以下几种形态：一是提供福利服务时的居民参与，例如社区里为老人送餐的志愿者服务。二是制订社区福利计划时，通过地方政府和社区福利协议会联合召开居民意见征求大会等，在社区福利计划制订过程中实现居民参与，并在计划实施开始后参与到计划推动过程之中。三是通过发现社区需求，向地方政府相关窗口或社区社会工作者提供信息以实现居民参与。通过这种形态来实现居民参与的多是社区内民生委员或居民小组长等积极分子。

从社区福利的视角来看居民如何发挥作用，居民可以从当事人的视角推动

社区照顾，也可以基于生活者的视角促进社区内关系网的建立，可以发挥促进服务质量提高的作用，也可以通过满足社区需求和生活需求来促进实现居民自治和地方治理。为了在社区内更好地实现居民参与，需要福利教育的理念和实践。

第三节　社区福利服务体系和经办

一、构建区域综合照顾体系——今后日本社区福利服务发展的重要方向

2000年开始实施的护理保险制度至今已经20年多了，但是为了照顾亲人而辞职的"介护离职"问题，还有独居老人在社区生活的孤立问题等仍没有得到很好地解决。日本内阁公布的最新"老龄社会白皮书"（2018年）指出，在被问到"需要护理的时候最希望在哪里得到怎样的护理"这一问题时，不论男性还是女性"希望在自己家使用专业人士提供的介护服务"的回答所占比例最高。而另一方面，从护理人员和被护理人员的关系上来看，亲属护理者所占的比例最高。而亲属护理者又以配偶提供护理所占的比例最高，其次是儿女。这就造成了"老老介护"（老年人护理老年人）、"认认介护"（认知症患者护理认知症患者）的现实，而这也体现了由亲属提供护理的局限性。

现在，"区域综合照顾体系"的构建在日本很受关注。日本政府提出"区域综合照顾体系"概念以后，有关"区域综合照顾体系"的相关书籍和论文不断被发表，相关讨论和研究主要从两个视角展开：一是护理保险制度下的医疗与护理领域间的资源共享，最早在2003年公布的"2015年的老年人介护——确立给老年人提供有尊严的照顾"文件中被提及。二是社区福利视角下的区域综合支援体系构建，早在20世纪90年代学者大桥谦策就已经提出建构"社区综合支援体系"理念和必要性，早于厚生劳动省提出的政策概念十余年。显然，学术研究较政策现实具有前瞻性。

(一)护理保险制度下的区域综合照顾体系

护理保险制度提出的区域综合照顾体系构建最早在 2003 年 6 月公布的"2015 年的老年人介护——确立给老年人提供有尊严的照顾"文件中被提及,明确提出将区域综合照顾体系构建作为维持生活持续性的新的介护服务体系来建设。2012 年《介护保险法》第三次修订时,提出了为了让老年人在习惯的社区内继续生活,需要医疗、介护、预防、住宅、生活支援各个方面来综合提供服务的设想。随后 2016 年公布的《护理保险制度修订的相关意见》提出了"深化和推动区域综合照顾体系"与"确保护理保险制度的可持续性"的两大支柱是今后制度改革的方向。紧接着日本于 2017 年 4 月 18 日制定了《为强化区域综合照顾体系对介护保险法等进行部分改订的法律方案》(又被称为《区域综合照顾体系强化法案》),以介护保险为首,老年人福利法、医疗法、儿童福利法、老年人防止虐待法等相关法律也相继进行了修订,强调了区域综合照顾体系作为国家的制度、政策的重要性和必要性。

日本厚生劳动省提出的区域综合照顾体系的构成要素包括介护、医疗、预防、生活支援服务、住宅等五个要素。这五个构成要素不是单个提供的,需要通过这些构成要素相关专业领域之间的合作来构建横向联系,基于各个领域可以发挥的作用来满足需要援助的人的需求以进行综合提供。为了介护、医疗、预防这些专业服务供给的实现,需要建立和完善住宅(居住环境)和生活支援服务。

为了在护理保险制度下推动区域综合照顾体系,2005 年修订护理保险制度时规定从 2006 年 4 月开始在市町村层面建立区域综合支援中心。区域综合支援中心是护理保险制度下在市町村级建立的针对老年人的综合咨询支援窗口,中心内配备有保健师(或经验丰富的护士)、社会福祉士、主任护理经理,他们都是专业人士,其中社会福祉士是日本社会工作者的国家资格。这些专业人士从护理、医疗、保健等各个领域进行横向合作来解决老年人的生活问题。但有很多学者指出,区域综合支援中心因为是在护理保险制度下设置并运营,所以综合咨询援助的服务对象局限于老年人,因此很难满足社区内所有居民的需求,实现真正意义上的"区域综合照顾体系"。

（二）社区福利领域的"社区综合支援体系"

如上所述，20世纪90年代大桥谦策就已经提出了"社区综合支援体系"构建的理念和必要性。此后社区福利视角的区域综合支援体系有关研究也在持续开展。在2012年出版的《区域照顾体系系列：区域综合照顾体系——思考方式与挑战》一书中，森本佳树从社区福利的角度概观以往区域综合照顾开展的实践，总结出以下五点区域综合支援体系的构成要素。[①]

（1）目标：不论是老年人还是残疾人，作为社区居民在生活已经习惯的社区内能继续过着尽可能放心且有尊严的生活。

（2）领域：既包括保健、医疗、介护、福利等专业领域，也包括机构、住宅等空间、场合，还包括志愿者组织、社区的互助组织、邻里居民等非正式援助。

（3）内容：不同领域之间的合作，确保连续性、持续性、综合性。

（4）范围：以大约30分钟以内可以赶到的日常生活场所（日常生活区域）为单位。

（5）前提：居家服务的综合化、多功能化；应对新的需求准备"住宅"；通过在社区内开展机构服务的功能来缩小居家服务与机构服务之间的距离；机构中个别援助的实现。

而作为社区综合援助成立的重要条件，需要介护、社区、医疗、看护、保健、康复等领域的服务之间的合作，也需要动员社区内的邻里居民或朋友之间的非正式支援，并需要正式支援与非正式支援之间合作，还需要各种服务、援助之间形成网络与适当的护理管理。[②]

社区福利视角的区域综合援助体系内网络构建是必不可少的。掌握需求和满足需求以及社区社会工作的各个阶段都需要通过网络进行信息与资源的共享。这里所说的网络，包括专业人士和居民之间的网络，也包括各个领域的专业人士之间的网络。野口定久指出区域综合照顾包括三层网络：一是自治会或邻里居民与地缘的网络；二是民生委员、儿童委员或志愿者团体、NPO法人等为推动社区

---

①② 太田貞司．森本佳樹．地域包括ケアシステム—その考え方と課題［M］．東京：光生館，2011：54.

福利的相关人员之间的网络;三是医生、护士、区域综合支援中心、护理福利服务提供商等专业人士构成的网络。这三层网络各具功能,随着这三层网络所出现的社区问题、生活问题的风险加大,提供的援助应该更加专业。[①] 同时需要注意的是,在领域间合作的同时需要共享信息,这些信息有很多是涉及需要援助对象的个人信息和隐私信息,因此在信息共享的时候必须注意什么样的信息可以共享,而什么样的信息需要保护。[②]

二、社区福利服务的开发与社区社会工作

社区社会工作的过程有制定计划的阶段。在日本现有的社会保障、社会福利制度或政策、法律法规框架和服务提供体系下,并不是所有需要援助的人、家庭、社区的问题都能得到解决。特别是从20世纪90年代开始,日本社会出现了诸多与之前不同的新的社会福利问题,人们所面临的生活问题也越来越复杂,例如20世纪80年代开始被关注的多重问题家庭,家庭的每一个成员从老到少都有需要解决的不同的生活问题。[③] 特别是老年人的照顾问题,随着家庭规模缩小,核心家庭逐步增多,老年人的家庭结构逐渐增多,而老年人家庭的核心化又会带来老年人配偶照顾对方的"老老介护"问题,认知症老人的配偶照顾认知症老人的"认认介护"问题等。并且,家庭核心化的最终结果是单身家庭和独居老人增多,独居老人的照顾等问题是日本超老龄社会被关注的问题。日本政府不断出台社会福利方面的新政策,一般是在问题已经出现并且涉及范围大的情况下出台政策,而在政策出台之前需要社区社会工作者在社区层面针对社区居民或社区本身出现的新需求而开发新服务。

位于日本香川县琴平町的社会福利协议会的日常工作中就包括开发福利服务。例如,社会福利协议会的工作人员想到通过送餐可以确保援助对象每天能够吃到食物。又如,一位独居男性说自己一年365天都是一个人吃饭,因为这一句话,社区就开始了聚餐服务。再如,一位独居男性说不需要派上门服务的护理人

---

①② 野口定久. 地域福祉論—政策・実践・技術の体系 [M]. 京都:ミネルヴァ書房,2008.
③ 小松源助. 多問題大家族へのアプローチ(社会福祉実践シリーズ1)[M]. 東京:有斐閣,1985.

员做饭,只要能吃到有人亲手做的便当就行,因此琴平町社会福利协议会开始了送餐服务。①

开发社区内的服务需要支持服务开发体系。例如,位于日本岛根县的松江市以小学校区为单位召开"社区生活援助会议",专业人员和社区居民聚在一起共享信息,也传达了需要居民们留意关照的个案,或对个别援助对象的服务进行调整等。②又如,大阪府的丰中市以中学校区为单位召开"社区福利网络会议",在这个会议上没有解决的问题通过市政府课长级别的工作人员组织"生命安全网络综合调整会议"再进一步讨论解决。③

第四节　社区社会工作实操

一、评估

评估(assessment)是社区社会工作开展的首要阶段。社区社会工作的评估阶段是指为了实现在社区内的自立生活,明确需要服务的人及其家人的个别需求,以及与他们的需求类似的社区内的福利需求或各种需要解决的问题,最终明确应该解决的问题的阶段。④此外,为了满足需求并解决问题,需要制定援助计划。因此,这一阶段是明确社区内的社会资源(在日本的社会工作中,只要是能够满足福利需求的人、物、钱,都可以被看作社会资源)和地区特性的阶段。

社区社会工作实践的评估包括个别评估和社区评估两大部分。个别评估是指对需要援助的对象及其家人的评估。社区评估不是一般的对社区进行评价,而是针对援助对象及其家人的生活困难或需求,社区能够提供什么样的援助,从这样的视角进行社区评估,这也是社区评估的重要特征。

---

①②③④　日本地域福祉研究所,中島修,菱沼幹男. コミュニティソーシャルワークの理論と実践[M]. 東京:中央法規,2015.

(一)社区社会工作实践中个别评估的特征

1. 需要从生活功能的整体性视角来进行评估

评估生活功能的指标有以往的 ADL（Activities of Daily Living，日常生活活动）和 IADL（Instrumental Activity of Daily Living，工具性日常生活活动）。另外，2001 年 5 月世界卫生组织（WHO）通过的 ICF（International Classification of Functioning, Disability and Health，《国际功能、残疾和健康分类》）是现在对需要援助的个人进行评估时被提倡使用的重要评估指标。ICF 重点关注生活功能，也就是在生活方面能做到的部分或已经在做的部分，即用积极的视角关注需要援助的人所具有的能力从而进行分析。另外，ICF 的评估指标中除了个人因素以外，还增加了对环境因素的分析。这也体现了日本社会工作理论强调的分析造成个人生活困境的原因不仅需要关注个人的原因，还需要去分析周围或整个社会变化对个人生活带来的影响。

2. 对需要援助的个人及其家人的强项来进行评估

强项视角（strength perspective）是指从一个人的整体来看，疾病或身体残疾等都不是最重要的部分，这些只不过是这个人整体的一部分，社区社会工作者在提供援助时需要与援助对象建立起信赖关系，并对援助对象的强项，即援助对象具备的能力或身体功能等给予肯定的积极评价，而并非只关注援助对象的弱项。

在评估阶段，关注援助对象及其家人的强项不仅对需要援助的当事人有效，还可以让援助对象的家人认识到援助对象拥有的力量和可以发挥的作用，从而改善援助对象及其家人对社会工作专业人员的依赖关系，使他们能够积极主动与社会工作专业人员形成良好的合作关系（partnership）。

社区社会工作的评估在参考 ICF 提出的生活功能分类的同时，还需要从"个别评估""掌握潜在需求"和"社区评估"等视角进行评估。在整个评估过程中，经常需要把"个人"与"社区"相互联系，并不断开发、调整和改善它们之间的关系。因此，需要经常把个别问题放到整个社区内加以考虑，关注整个社区内有没有类似的问题需要解决。另外，进行个别评估时对援助对象本人及其家庭的成员关系以及所处的环境能够予以简单明了的说明，其主要方式有"生态系统图"。

3. 福利需求

布来萧（Bradshaw J.）的社会需求论把人们的需求分成了四大类。作为援助对象自身的诉求有"被感知的需求"和"被表明的需求"，而作为"必要"的需求则有"规范性的需求"和"比较需求"。

在社区福利内，福利需求可以从四个方面来说明。有个别需求（对个别的具体生活上的援助或服务的需求）、集体需求（在一定区域内对于某个福利服务的需求，从定量方面来统计的需求）、社区共同的需求（是指社区居民为了实现自立生活而希望共同改善的需求，如区域内的公共设施无障碍化等与生活环境相关的社区共同的需求）、团体需求（如当事人团体、提供服务的各种机构等为了实现社区福利实践而谋求改善的需求）。这四个层面的需求不是在同一平面上顺次摆开而是立体重叠的。发现社区内福利需求的方法有以下几种。[①]

（1）直接听取援助对象或开展社区福利活动的当事人的意见，或者发放调查问卷了解情况。例如，通过面谈了解日常生活中的个别问题或开展社区福利活动力的需求等，这样的面谈可以是社区社会工作专业人员跟个别当事人进行面谈，也可以是拟定一个主题，将社区居民聚在一起根据这个主题各抒己见进行集体面谈，具体方式可以根据具体情况来决定。此外，需要掌握特定区域社区居民或志愿者的需求或想法的整体倾向的时候，可以通过发放调查问卷等方式来灵活运用统计的手法进行分析。社区社会工作需要进行社区调查，因此要求社区社会工作者掌握和学习开展研究调查的方法。

（2）召开以小区域为单位的居民座谈会听取意见。座谈的内容需要围绕社区福利的问题或需求进行，日本的社区经常以小区域为单位，将区域内的积极分子或是普通居民邀请到一起。小区域的划分有不同的方式，日本学者沢田清方在20世纪90年代就对社区福利内的小区域福利活动进行了系统性研究，研究结果表明小区域的划分可以以町内会、自治会为单位，也可以以村落或地区为单位，

---

① 日本地域福祉研究所，中島修，菱沼幹男．コミュニティソーシャルワークの理論と実践［M］．東京：中央法規，2015：116-118.

还可以以小学校区或中学校区为单位。① 除了小区域的居民座谈以外，还有分组进行座谈的方式。例如，将老年人、青年、妇女等按照居民的属性进行分组，抑或是有照顾认知症老人的经验的或正在照顾认知症老人的家属聚在一起就家属照顾中遇到的问题进行交流等。

（3）社区社会工作者主动实施外展工作来掌握需求。在社区福利领域，外展工作可以理解为社区社会工作者不是在办公室里等着援助对象，而是走出办公室深入社区去发现援助对象，发现和掌握居民以及社区的需求。具体方法有社区社会工作者深入社区内进行个别走访，或是到居民经常聚集的地方去和居民聊天沟通从而发现和掌握新的需求。个别走访可以到有需求的居民家里去通过观察或个别访谈了解需求，也可以到居民聚集的地方，或是居民平时开展社区活动的地方，还可以到居民方便坐在一起闲话家常的地方。另外，外展工作不一定局限在家里或社区内，例如对于住院的援助对象可以通过定期到医院探病，从医生或护士那里收集当事人信息，并根据当事人的情况尽早制定出院后的生活计划等。

（4）根据各种统计数据或日常的社会福利咨询内容分析和总结社区的问题与需求。例如，通过一个社区的相关数据可以分析社区的人口结构特性、社区的资源分布情况、社区提供福利服务的服务供应商的现状等，如果社区的老年人比较多，可以着重关注老年人的需求。同时，在确认社区养老资源的实际情况下分析养老资源是否能够满足社区老年人的生活需求。如果资源不充足，需要社区社会工作者开发养老服务，抑或是社区社会工作者分析自己负责的区域集中出现的问题，从而看出社区或更小区域内存在的生活需求。

（二）社区社会工作实践中社区评估的特征

1. 社区福利需求的明确化

社区所在区域的气候环境、地理位置等自然环境、交通、人口动态、产业构造、相关的社会资源的分布状况、居民的意识、居民的属性、居民自主开展的社区福利活动等需要充分掌握并分析，明确社区福利问题产生的背景或预测问题的

---

① 沢田清方. 小地域福祉活動：高齢化社会を地域から支える [M]. 京都：ミネルヴァ書房，1991：49.

产生、居民的想法以及态度等。这些是以往的社区工作做的工作，也是社区社会工作需要做的工作。因此，需要收集相关资料、数据并进行分析，并且对社区的相关福利服务提供机构或组织、提供过的社会工作咨询活动等的数据进行分析。此外，需要对社区的具体状况进行实地调查，还可以与社区的积极分子或居民通过座谈会的形式了解情况，抑或对提供福利服务的相关人员进行访谈的方式收集信息，或是发放调查问卷等掌握社区居民的福利需求。

在这里所说的社区评估不是一般性的掌握区域特性或分析需求，而是重点要与个别评估的援助对象的具体需求在相关人员之间形成共识，这个形成共识的过程非常重要的。例如，社区社会资源的不足或各种组织机构衔接的不充分、社区居民的不理解或疏远的情况等，这些都是从个别需求的评估中发现的，从这些问题出发使社区的各种社会资源的发展方向或居民处理社区问题的发展方向更加明确，因而需要通过外展工作进一步了解潜在的需求并使其显现。另外，收集的资料或个人信息①需要进行严密的管理，在防止个人信息泄露的基础上，在特定专业人员之间进行沟通以达成共识，从而明确应该解决的社区问题。这个过程是非常重要的，遵循这个过程与提高相关人员在社区开展工作的积极性密切相关。

社会福利领域特别提到援助对象使用社会服务的情况，例如医疗机构的就诊记录、住院记录、住院期间的诊疗记录、介护服务相关人员制定的照顾计划、介护服务的提供记录、投诉记录、事故记录等。另外，即使在援助对象本人死亡的情况下，其相关信息与遗书之间密切相关并能锁定遗属的个人信息时，也需要保密，社会工作者不可以擅自公布于众。

2. 社区评估的必要性及其意义和内容

社区评估的内容有以下几点。②

---

① 这里所说的个人信息，在日本《关于个人信息保护的法律》（2003 年制定，2016 年最终修订）和《关于福利领域里的个人信息保护的指导思想》（2013 年、日本厚生劳动省公布）里有具体的规定。个人信息是指与个人生存相关的信息，相应的信息中所包含的姓氏、出生年月日及其他记述等能够锁定某个人的信息（该法律第 2 条）。具体来说，包括姓氏、性别、出生年月日、地址、年龄、职业、人际关系、个人的身体情况、财产、从业种类、社会地位（头衔）等相关的信息、家庭状况、居住情况等与个人相关的信息，声音、影像也包括在个人信息中。

② 日本地域福祉研究所，中島修，菱沼幹男. コミュニティソーシャルワークの理論と実践［M］. 東京：中央法規，2015.

（1）提供针对个人的援助时开展照顾管理，探索可以灵活使用的社会资源。

（2）检证个人的需求是否是社区的需求（问题的普遍化）。

（3）在解决个人或社区问题时，探索社区所具有的解决问题的能力。

（4）分析需求的倾向和动向。

（5）在谋求居民的理解与合作的时候，把社区的状况作为资料来灵活使用（问题和信息的共享）。

（6）开展居民活动时探索其实现的可能性以及辐射其他活动的可能性。

（7）对开展新的业务提出建议。

（8）探索建立接近理想的街区或社区的必要条件。

社区评估需要从三个层面进行，这三个层面是市町村整个区域、中区域和小区域，根据市町村的规模可以调整为市町村整个区域和小区域两个层面。市町村整个区域的评估内容有通过统计资料获取的人口（包括外国人）、产业、区域内的福利保健教育等机构接受社会福利相关资讯的件数以及服务使用者的统计等，还需要对当地的社区特性（行政区域、地理位置、区域特点、住宅形态、自然环境、产业和就业构造、文化、传统、习俗等）、公共设施（政府机关、社区居民方便使用的文化娱乐体育设施、中小学校、高中、大学、社会福利机构、医疗保健机构、广域避难场所、银行、邮局、派出所等）、保健福利的公共服务（老年人、残疾人、育儿等方面制度上的服务、老年人人才中心、医疗保健机构、维权、成年监护等）、居民组织或各种团体（町内会、自治会、老年人俱乐部等相关团体、小区域活动居民组织等）、生活相关产业（福利相关企业、食材等送货公司、24小时便利店、超市、快餐送餐店、出租车公司等）进行了解。

另外，社区评估与以往的社区工作的社区诊断有所区别，社区诊断主要关注社区所面临的挑战，关注的问题点是社区的不足；而社区评估则是需要对社区进行综合性的评估，既要看清问题，更要从"强项视角"出发看到社区拥有的资源、社区能做的事情、社区自身解决问题的能力、社区的人才等。

二、制订计划和实施

社区福利实践要求社区社会工作的制订计划（planning）与个案工作的援助

计划有所不同。社区福利的制订计划阶段要求，针对特定的需求或问题，在满足相应的需求或解决应该解决的问题来设定目标的同时，用什么样的方法或使用怎样的社会资源制定具体开展实践的过程或日程等。

在计划社区社会工作时，需要注意的是，满足需求或应该解决问题设计的范围非常广，需要满足什么需求或应该解决什么问题，以及设定什么样的目标，都是开始社区社会福利实践之前必须明确的工作，是非常重要的。另外，社区社会工作设计比较广，如社区居民的意识或行为、各种社会资源的开发、提供服务的具体方法、培养居民解决问题的能力等，因此在制订了长期计划后，为了能够更快地接近长期目标，需要制定短期或中期目标。需求或应该解决的问题以及目标设定好以后，需要明确实现目标的具体方法。

在明确社会工作方法时，根据社区的实际情况来设定方法非常重要。此时，不仅需要通过社区评估掌握社区的实际情况，确定社区解决问题的能力，还需要研究能够实现所指定目标的具体有效的方法，并对其预期效果进行事前研究。接下来更加具体的业务内容，如预算、活动场所、开展活动的次数、需要什么机构或团体给予合作、宣传等，都要尽快落实具体的日程以便尽快实施。

需要注意的是，谁来制订社区福利实践计划？制订计划的主体是谁？可能有人认为，专业人员是社区社会工作者，那么制订计划的不应该是社区社会工作者吗？在日本的社区福利实践过程中，社区的确配备有被称为"社区社会工作者"的专业人员，而且专业人员也通过各种教育机构不断进行培养，因此，可以把社区社会工作者定位为制订计划的专业人员。但是在现实中，不是所有的社区都配备了持有社会工作者国家资格的社区社会工作者，因此，不必强调必须由社区社会工作者来制订计划，制订计划其实是一个"团队工作"。在实践中，团队成员的构成根据援助对象及其家属或社区的需求状况不同而有所不同，并且需要一个人去组织和协调团队，起组织和协调作用的这个人需要有社区福利实践的专业知识，需要是社会福利领域的专业人员，在整个团队工作中要发挥核心作用。因此，发挥核心作用的人可以是社区社会工作者，但是，其实制订计划是一个团队工作。

制订计划后进入实施阶段,实施计划的时间、地点、人、内容、方式、实施效果等具体内容都需要明确。实施计划时会受到诸多因素的影响,所以计划实施的时候不一定会按照计划本身原封不动地进行,因此在制订计划时需要考虑到可能会产生的影响因素并制订调整计划。但是,有时也会遇到预想不到的影响因素,这就需要大家一起努力去灵活应对了。

在实施计划时不能疏忽的一个工作就是做记录。记录的内容可以包括时间、地点、人物(援助对象或参加的人数)、主要内容、整体概要、参加的人提出的意见和想法等,也需要记录援助对象的反应或想法以及社会工作者的感想和回应等。社区社会工作需要对每一次咨询、每一个援助对象、每一个社区福利活动等及时、迅速地记录,作为社区福利实践和社区社会工作的重要资料以备日后参考。

三、跟踪观察与评价

跟踪观察(monitoring)与评价是社区社会工作的第四和第五个阶段。跟踪观察和评价的内容主要是以下几点:一是对社区社会工作开展的过程或采取的具体方法是否恰当。二是最初制定的目标是否妥当。三是对实现目标的具体方法等作出评价。这两个阶段的工作有两点很重要:一是评价由谁来做?例如,可以组织一个评价委员会,委员会的成员可以包括援助对象当事人或其家属,当然也需要各个领域的专业人员。二是确认评价的标准。也就是说,用什么指标去评价是否实现了目标?在日本,这个阶段的社区社会工作还比较薄弱,今后还需要不断对理论与实践进行研究,进一步完善评价的标准。[1]

四、外展工作

社区社会工作在很多时候要求社会工作者积极深入社区去掌握和发现需求。外展工作不仅可以直接深入社区援助对象所在的地方提供个别援助,还有机会直接听取居民的声音,并提高居民对开展社区活动的关心程度。外展工作具有代表

---

[1] 日本地域福祉研究所,中島修,菱沼幹男. コミュニティソーシャルワークの理論と実践 [M]. 東京:中央法規,2015.

性的是家庭访问，在社区社会工作的实际过程中，发现需求阶段、援助阶段和跟踪观察阶段都可以顺应需要实施外展工作。

外展工作主要是指社会工作者（社区社会工作者）走出办公室，深入需要援助的人群或社区的生活空间，通过咨询或对话等沟通方式了解和掌握个人以及社区的需求。生活上有困难的人不一定知道到提供社会工作的社会福利援助机构咨询，因为他们其中有的人可能由于某种原因不能亲自到办公室咨询，有的人对自己的困难没有意识到或是觉得自己不需要援助，有的人并不知道社会福利援助的相关信息，不知道遇到困难的时候可以到社区的相关机构找社会工作者商量，另外还有一部分人可能因为曾经的经历对社会工作者或社会福利援助机构有误解等。对于以上几种状况都可以通过外展工作来解决。外展工作可以将社会福利援助的相关信息提供和传递给社区居民，并通过日常沟通让社区居民对社会工作者有正确的理解，从而方便人们在遇到困难时可以随时到社区相关机构咨询。

外展工作不仅针对援助对象个人展开，还可以针对周围的社区居民或社区本身、提供服务的机构等来开展。开展外展工作需要在社区内形成网络。外展工作可以发现需求，提供信息，促进对社会服务的使用，促进社区或街区向更方便人们居住和使用的方向发展。

外展工作在社区社会工作中起到很重要的作用，同时在开展外展工作的时候也有需要留意的地方。例如，援助对象对认识和解决自己遇到的问题缺乏积极性，有可能曾经接受援助的时候或因为错误的信息而有过不愉快的经历，因而对使用社会服务有抵触情绪。因此，社区社会工作者需要认真了解和对待援助对象产生类似情绪的背景，通过提供和耐心讲解正确的信息来化解援助对象对社会工作和社会福利援助的误解，从而提高援助对象解决问题的积极性。社会工作中一直重视社会工作者和援助对象之间建立的相互信赖关系，因此，针对外展工作的登门拜访做家庭访问或是到社区中和居民们进行沟通，需要经常去走访让援助对象感到社区社会工作者对自己的关心，并让援助对象感到社会工作者对援助对象所面临的问题是有同感的。另外，在开展外展工作时为了更多地收集社区信息，需要社区社会工作者在日常深入社区时和居民之间建立相互信赖的关系，并通过这样的信赖关系在社区建立起发现需求的网络。这样，不仅可以尽早发现社区需求,还可以在居民中开展社会福利、社会工作的普及活动达到福利教育的效果,从而让居民们对社会福利、社会工作、社会服务等有正确的认识,促进和提高居民们自我解决问题的意识和能力。

外展工作不是一个社区社会工作者可以实现的,需要社区社会工作者所属的机构作为坚强的后盾给每一位社会工作者提供支持。具体来说,首先需要机构的领导能够认识到外展工作在社区社会服务中的意义和重要性,其次需要加强机构整体员工对外展工作有正确的认识。因为在开展外展工作时,社会工作者需要离开办公室去做家访或深入社区,这个时间需要所属机构认可他是在工作。所以,实现外展工作需要所属机构从领导到每一位社会工作者的支持。

五、社区福利计划的制订与社区社会工作

2000年日本的《社会福利事业法》改名为《社会福利法》,在改名的同时对其内容也做了相应的修订。修订的内容之一就是将"社区福利"作为《社会福利法》的一部分明确纳入法律条文中,并对有关社区福利的内容进行规定,其中之一就是要求制订市町村社区福利计划和都道府县社区福利计划(明文规定是在2000年,具体实施开始于2003年)。《社会福利法》第107条对市町村社区福利计划进行了相应的规定,第108条对都道府县社区福利援助计划的制订进行了相应的规定,具体包括以下三方面的内容:(1)关于推动社区中福利服务适当使用的项目;(2)关于社区中以社会福利为目的的事业的健全发展的项目;(3)关于促进居民参与社区福利相关活动的项目。日本厚生劳动省指出,社区福利计划需要在充分反映居民意见的基础上来进行制订,是今后综合、全面地开展社区福利强有力的支柱。

社区福利计划虽说是市町村和都道府县的行政计划,但是计划的制订方式与其他的行政计划有所不同。一般行政计划多是由政府部门来制订,但是社区福利计划则要求多方听取社区居民的意见,例如在社区范围召开居民意见交流会,大家一起来讨论社区的优点和不足以及社区中已有的资源和需要补充的资源,并对作为社区居民每一个人能做到什么等进行意见交流,需要把这些居民提出的内容融入社区福利计划。此时,需要社区社会工作者(主要是社会福利协议会里的社

会工作者）和地方政府社区福利部门的公务员一起合作来组织筹备和召开居民意见交流会，并通知社区居民参加。交流会召开的时候，社区社会工作者和地方政府社区福利部门的公务员还需要负责当天的会议主持和协调（facilitator）工作。因此，社区社会工作者要有做会议主持和协调的能力，要做到让居民们能够充分地进行交流，让参会的每一位居民都能发言。

（罗佳　日本同朋大学）

参考文献

[1] 中央社会福祉審議会.コミュニティ形成と社会福祉（答申）[EB/OL]（1971）[2019-12-20] http：//www.ipss.go.jp/publication/j/shiryou/no.13/data/shiryou/syakaifukushi/62.pdf.

[2] 岡村重夫.地域福祉論 [M].東京：光生館，1970.

[3] 岡村重夫.地域福祉論 [M].東京：光生館，1974.

[4] 日本地域福祉学会.新版地域福祉事典 [M].東京：中央法規，2006.

[5] 田中英樹.コミュニティソーシャルワークの概念とその特徴 [J].コミュニティソーシャルワーク，2008（1）：5-17.

第九章　日本医疗保健福利

由于癌症患病率的增加以及 75 岁以上老年人增多带来医疗需求的增大，日本医疗费用的支出年年增长，给医疗保险财政带来负担。日本的医疗保健重点逐渐由疾病治疗转向预防和保健；其覆盖人群从儿童到老年人，从健康人群到重大疾病人群；保健服务提供从医院移转到社区。

本章对医疗保健福利政策的制定背景，以及社区保健、产业保健的实际服务案例与实务操作进行详细介绍。

第一节　医疗保健福利制度概要

一、医疗保健福利制度的法律依据和行政管辖范围

日本的医疗保健福利，依托日本《宪法》第 25 条确立了"保障全体国民健康的、文化的最低限度的生活权利。国家有责任增进社会福祉、社会保障和公众卫生"的基本原则。以医学、疫病学领域为核心的"公众卫生"，涵盖医疗保健制度，"社区保健"及"保健福利"也有着相同的含义。根据厚生劳动省的定义，社区保健的目的为"维持和增进社区居民的健康以及公众卫生"。[①] 社区作为推行保健福利的主要载体，具有核心地位。

如图 9-1 所示，社区保健所涵盖的范围广，不仅对人也对物，不仅对个体的居民也对学校和企业，其法律依据也涉及多方面的法律与政策。

---

① 厚生劳动省网页，https://www.mhlw.go.jp/stf/seisakunitsuite/bunya/tiiki/index.html，笔者译。

第九章　日本医疗保健福利

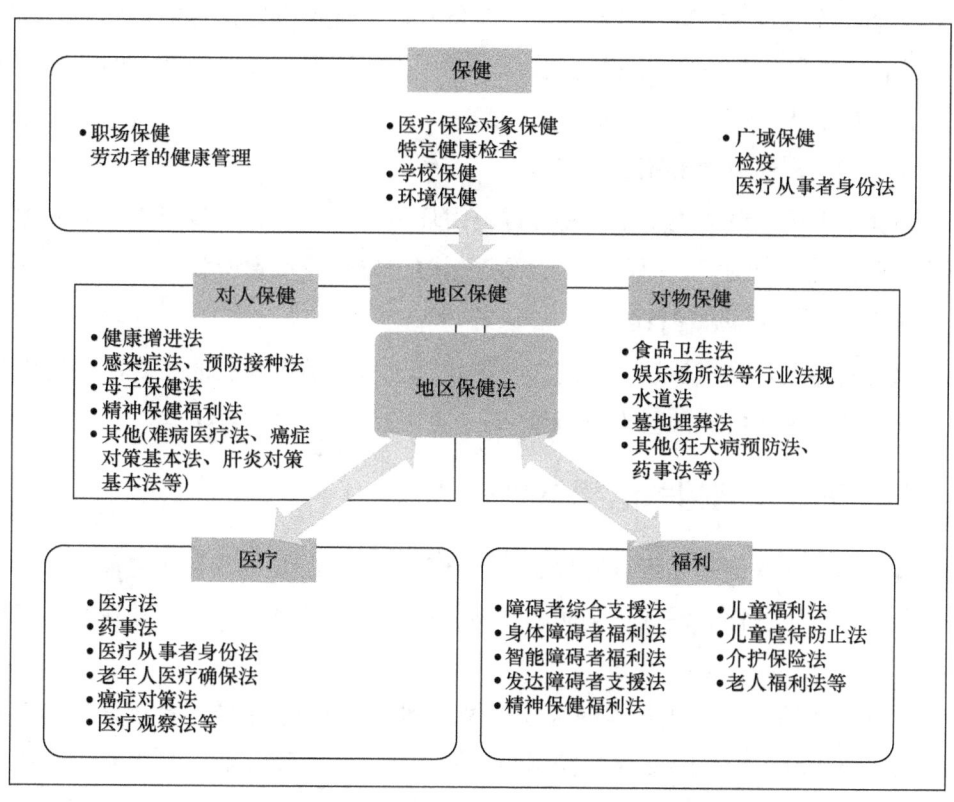

图 9-1　日本医疗福利保健相关法律

资料来源：根据日本厚生劳动省发布的相关文件整理。

在医疗保健福利领域，主要相关的行政机构可分为社区保健行政、劳动卫生行政、环境卫生保健行政、学校保健行政。

（一）社区保健行政

社区保健行政主要负责社区居民个人和团体的健康相关事务，由厚生劳动省统筹，各地方政府执行。厚生劳动省对于社会福利、社会保障、公众卫生、医疗保障等方面进行全面的政策制定和管理。各社区的健康增进，则由保健所承担具体职责。保健所的职能和提供的服务，在下节中详细介绍。

（二）劳动卫生行政（产业保健行政）

劳动卫生又称产业保健，由厚生劳动省劳动基准局统筹，各都道府县的劳动局对于企业等的健康管理和劳动环境的改善进行监督和指导，其中包括为劳动灾害预防计划的制订、企业劳动环境管理、业务内容管理、健康管理等的劳动卫生管理，也包括职业性疾病的预防等。

（三）环境卫生保健行政

环境卫生保健行政主要是对物保健，由环境省和厚生劳动省所管。环境省主要负责政策的综合制定，而用水、食品卫生等由厚生劳动省所管。

（四）学校保健行政

学校保健主要是指从幼儿园到大学的教育机构中学生和教职工等的保健教育和保健管理，主要由文部科学省所管。

二、医疗保健相关法律与政策

日本的医疗保健福利可以起源于明治维新时代。在九一八事变之前，医疗保健的重点着重于急性和慢性传染病的预防，如霍乱、结核、沙眼、花柳病、寄生虫等。

如表9-1所示，近代日本的医疗保健福利从1935年起步，大致分为四个时期。首先是1935年至1942年的富国强兵期。在九一八事变后，日本将国民体力的增强作为国防的根本任务，积极推进母子保健、营养、体育活动等方面的各项举措。1935年设置了保健所，并于1937年颁发了《保健所法》。1938年成立厚生省，并在同年设立了国立公众卫生院。1940年颁布了《国民体力法》，1940年颁布《国民优生法》，并开始推行孕妇手册制度。在这一时期，主要的相关政策均围绕着富国强兵进行。

1945年战败至1958年，为战后恢复期。战败之后，国民的健康水平显著恶化，为改善国民健康状况日本颁布了各项政策和举措。1947年《保健所法》进行了全面的修改，翌年制定《儿童福利法》《食品卫生法》《劳动基准法》《预防接种法》《优生保护法》《性病预防法》《医师法》《齿科医师法》《保健妇助产妇看护妇法》等各项医疗保健方面的举措。1951年，日本加入了世界卫生组织（WHO）和国际劳工组织（ILO），1961年实现了国民医疗皆保险。

1961年后，经济快速发展增进了福利供给，与此同时对健康产生重大影响

第九章 日本医疗保健福利

的环境污染、空气污染等公害以及由于公害引发的"水俣病""四日式喘息病"等问题随之而来。为了解决这些问题带来的危害并予以预防，1967年日本颁布了《公害对策基本法》，1971年设立了环境厅。

20世纪70年代，随着社会进入老龄化阶段，日本开始应对人口老龄化问题。1973年推行老年人医疗费免费。1982年颁布了《老人保健法》，规定对70岁以上老年人实施医疗费的补助，并对40岁以上的居民提供各种保健福利服务。

从2000年开始，各项政策的重点均从预后转为预防。随着经济的增长、国民生活水平提高带来的营养过剩以及生活节奏的加快而导致的运动不足，越来越多的由于生活习惯带来的疾病正在增加，如高血压、糖尿病等。在进入了21世纪后，日本的平均寿命达到了世界第一的水平，而人口老龄化寿命的延长也意味着癌症、心脏病、脑卒中等疾病的增加。

较之高度经济发展期的对策型政策，目前日本将重点放在预防和早期发现方面。作为全民健康举措，日本推出《健康增进法》、积极推行"健康日本21世纪"计划。

表9-1　　日本医疗福利保健相关法律年表（1935年后）

时期	时间	内容
富国强兵期	1935年	开始设置保健所
	1937年	颁布《保健所法》
	1938年	设置厚生劳动省
	1940年	颁布《国民体力法》
	1942年	推行产妇手册制度，颁布《国民优生法》
战后恢复期	1945年	制定营养师规则
	1947年	全面修订《保健所法》 颁布《营养士法》
	1948年	颁布《儿童福利法》《食品卫生法》《劳动基准法》《预防接种法》《优生保护法》《性病预防法》《医师法》《齿科医师法》《医疗法》《保健妇助产妇看护法》各种医疗保健福利等相关法规

日本社会福利

续表

时期	时间	内容
战后恢复期	1950 年	颁布《生活保护法》《精神卫生法》
	1951 年	加入 WHO 和 ILO 修订《结核预防法》 颁布《检疫法》《社会福利事业法》 设置福利事务所
	1952 年	颁布《营养改善法》
	1954 年	颁布《学校给食法》
	1958 年	颁布《学校保健法》
经济高度发展和福利充足期	1961 年	实现国民皆保险
	1963 年	颁布《老人福利法》
	1965 年	颁布《母子保健法》
	1967 年	颁布《公害对策基本法》
	1971 年	设立环境厅
	1973 年	实现 70 岁以上老年人医疗费的免费
	1982 年	颁布《老人保健法》
	1985 年	《医疗法》修订
	1994 年	颁布《社区保健法》
	1999 年	颁布《感染症法》
从预后转为预防期	2000 年	开始"介护保险""健康日本 21"
	2001 年	设置厚生劳动省
	2002 年	颁布《健康增进法》
	2006 年	颁布《癌症对策基本法》《自杀对策基本法》
	2008 年	《老年人医疗确保相关法律》
	2011 年	发生东日本大地震,引起对公众卫生危机管理的必要性
	2013 年	"健康日本 21"(第 2 阶段)的开始 《推进癌症登录等的相关法律》
	2014 年	《对难病患者的医疗等的相关法律》

资料来源:日本厚生劳动省.厚生劳动白皮书资料篇.2015.

三、人口与医疗保健

从平均寿命来看，日本是世界有名的长寿国家，平均寿命多次获得世界第一，并且正在持续延长。然而，平均寿命却不等于健康寿命。如图9-2所示，根据厚生劳动省2017年发布的数据，男性的平均年龄接近81岁，健康寿命则在72岁左右，不健康寿命年数平均为9年；女性的平均寿命为87岁左右，比男性长约6年，然而与健康寿命的差为12年左右，即约有12年处在不健康的状况。

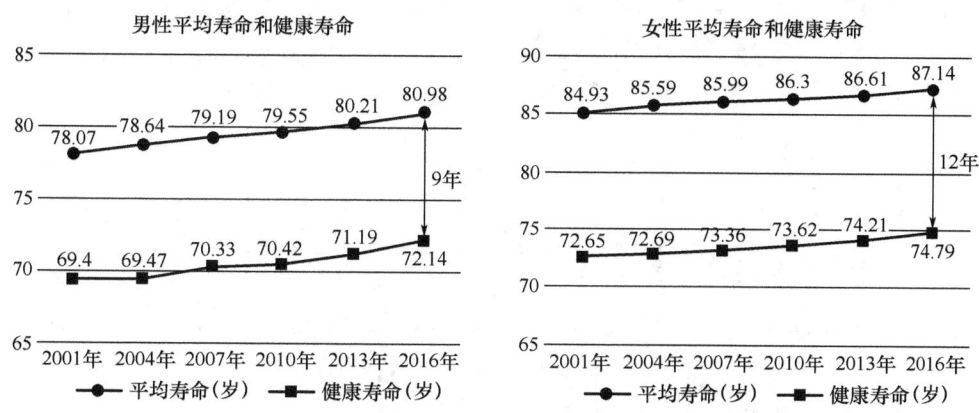

图9-2 日本男女平均寿命和健康寿命

资料来源：日本厚生劳动省《建议生命表》《完全生命表》《健康寿命的预测、生活习惯改善对策的费用效果的研究》《第11次健康日本21推进专门委员会资料》。

如图9-3所示，日本早在1970年就进入老龄化社会，发展至超老龄社会仅耗时24年。根据内阁府发布的《老龄社会白皮书》所示，至2018年年底，65岁人口有3 558万人，占总人口的28.1%。而其中75岁老年人口有1 798万人，约占老年人口的一半。而在2010年之后人口不断减少的趋势之下，预计至2050年，65岁以上老年人将占比37.7%。

75岁以上老年人的增加，即意味着需要医疗和护理人数的大幅度增加。超过75岁，要护理认定率、认知症患病率以及住院率都呈指数上升，如图9-4所示。

为了应对医疗和护理需求，医疗费和介护费用都在不断上升，对国家财政造

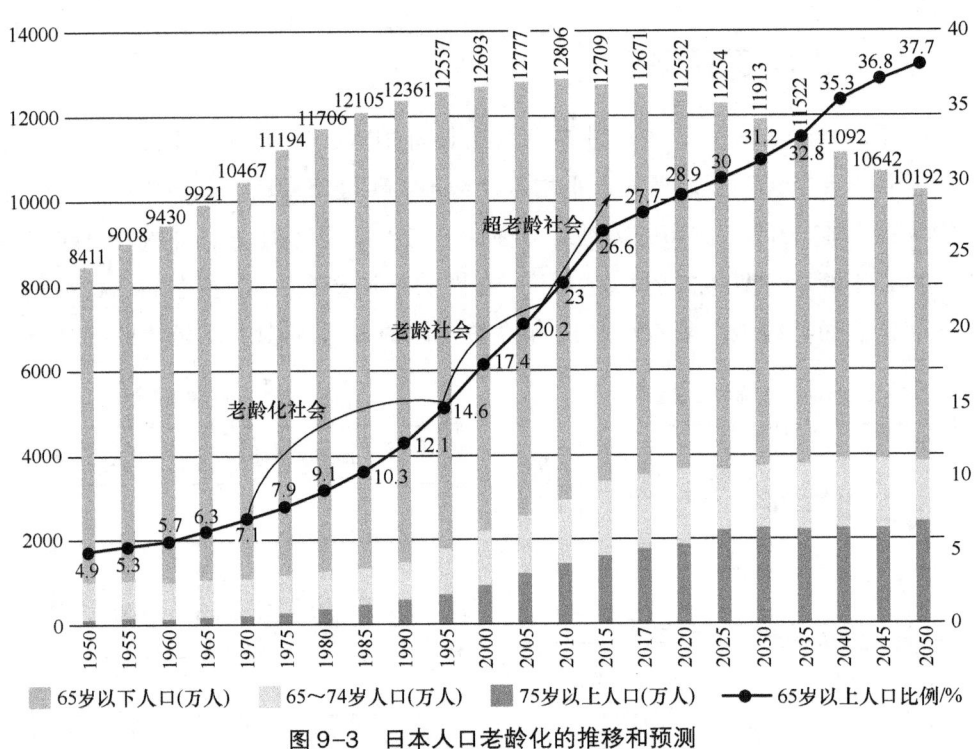

图 9-3　日本人口老龄化的推移和预测

资料来源：2018 年 10 月 1 日总务省发布的《人口推计》。

成了很大的负担。尤其是在 2000 年介护保险开始施行之后，除医疗费的不断上升之外，护理相关费用也在逐年增加，如图 9-5 所示。

而其中，国民医疗费的约 1/3 以上是由占人口 13% 的 75 岁老年人所使用，如图 9-6 所示。

在保证老年人得到充足服务的同时，减少国家医疗费和护理费支出的举措则聚焦为减少对医疗和护理服务的需求，降低要护理度。

四、疾病结构的变化

在 20 世纪 50 年代之前，结核等感染症一直是死亡原因之首，而在 1957 年，结核已不再位于五大死因之中。脑血管疾病在 1980 年位于死因第一位，在 2015 年时位于死因第四位。而肿瘤（即恶性新生物）以及心脏疾病造成的死亡人数

第九章　日本医疗保健福利

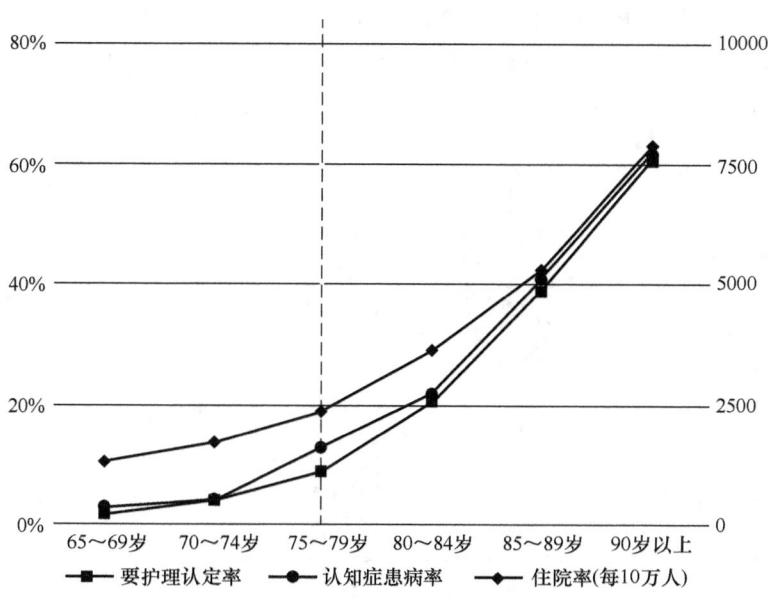

图9-4　老年人口的护理和医疗需求

资料来源：厚生劳动省《介护给付费等实态调查》、患者调查（2017年）；筑波大学附属医院《城市居民认知症患病率和生活机能障碍的对应》。

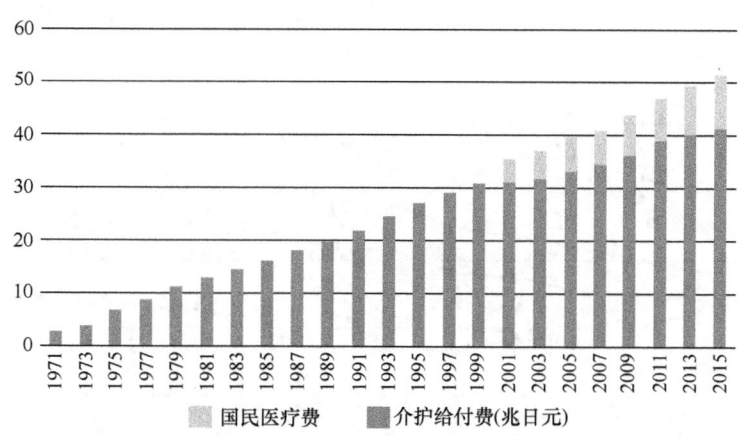

图9-5　老年人口的护理和医疗需求

资料来源：厚生劳动省．国民医疗费的概况．

则持续攀高，目前，肿瘤已经是日本国民死因的第一位，死亡率接近位于第二位的心脏疾病的两倍之多，占全体国民死亡数的28.8%，无疑是日本国民的第一杀手。如图9-7所示。

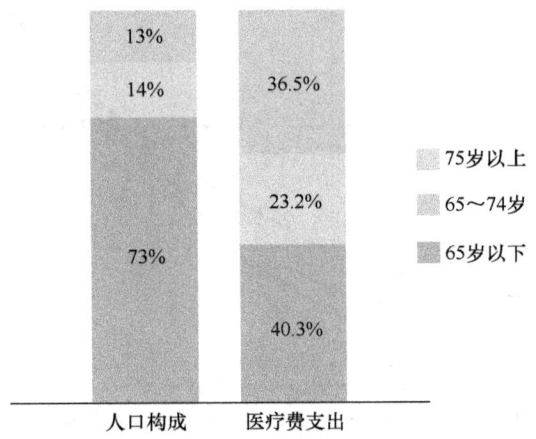

图9-6 各年龄段医疗费支出比例

资料来源：厚生劳动省．国民医疗费的概况．

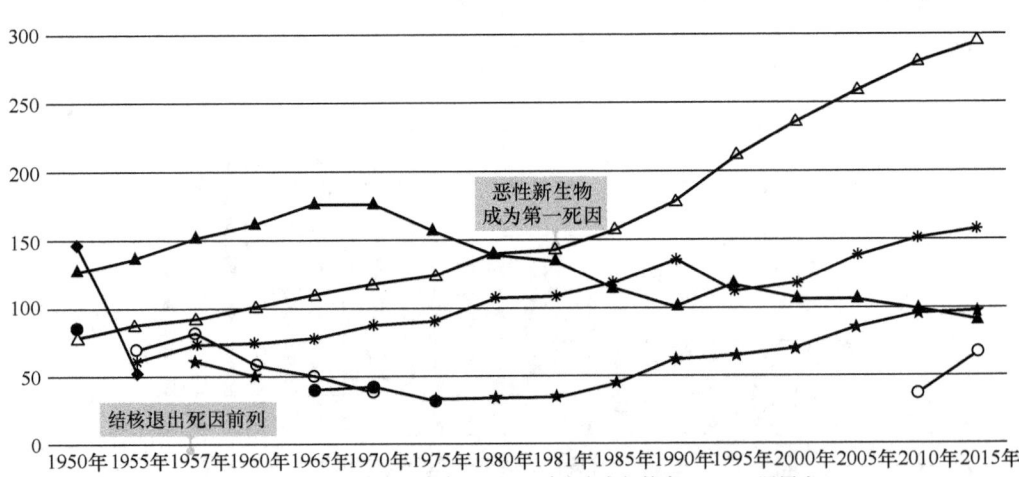

图9-7 主要死因及每10万人相对死亡率

资料来源：厚生劳动省．人口动态统计．

而肿瘤、心脏疾病、肺炎和支气管炎、脑血管疾病等大多与生活习惯密切相关。在第二节中,将会对日本在生活习惯的改善和疾病的早期发现上采取的措施进行具体介绍。

第二节 社区保健福利

一、社区保健福利机构

社区保健福利机构,是根据《社区保健法》而设立的,以增进社区居民的健康为主要目的的基层机构。社区保健福利机构有都道府县所属的"保健所"和下层机构的市町村所属的"保健中心"。

保健所为增进社区的健康,主要承担对人保健和对物保健的职责。对物保健主要有卫生环境等方面,对人保健的主要对象为广义的社区居民和特定人群。保健所对广义的社区居民提供牙科保健运动,传染病、癌症、慢性疾病的早期筛查和早期干预。特定的人群包括母婴、残疾人(包括精神残疾)、老年人。根据《社区保健法》的第6条和第7条,保健所的职责见表9-2。

表9-2　　　　　　　　　　保健所的业务内容

关于社区保健的思想普及和增进	所管社区的保健信息的收集、整理和运用
人口动态统计和其他社区保健相关统计事项	所管社区的保健相关调查和研究
营养改善和食品卫生	齿科疾病和其他厚生劳动大臣所指定疾病的治疗
住宅、上下水道、废弃物的处理、清扫和其他环境卫生	进行试验和检查,提供设备以供医师、牙科医师、药剂师等其他需要进行试验和检查
医疗和医药事务	根据市町村的要求,提供技术支持、为市町村保健中心的员工进行培训和其他必要的支持
保健师相关事项	
公共医疗事业的发展	
妇幼和老年人保健	
牙科保健	
精神卫生保健	

续表

未确立治疗方法的疾病和其他特殊疾病患者的长期疗养相关保健	根据市町村的要求,提供技术支持、为市町村保健中心的员工进行培训和其他必要的支持
艾滋、结核、性病、传染病等其他疾病的预防	
卫生实验和检查	
其他社区居民的健康保持和增进	

资料来源:笔者根据《社区保健法》整理。

保健所所覆盖的面积较广,其职责和业务在行政要求上有所规定,而保健中心则根据当地小范围居民的具体需求而设定主要业务内容和实施举措。保健所有对物保健和对人保健的两种职责,而保健中心则更偏向于对人保健,是提高居民健康水准的具体实施场所,也是社区居民可发挥其主体性保健活动的场所。其主要业务内容见表9-3。

表9-3　　　　　　　　保健中心的业务内容

老年人保健	特定健康检查、特定保健指导
增进健康	健康手册、健康教育、健康咨询 癌症筛查、牙周病检查、骨质疏松检查、肝炎检查 机能训练、体力增进
母子保健	产妇、婴幼儿保健指导、母子保健访问指导 婴幼儿健康检查
预防接种	疫苗等
结核预防	婴幼儿预防、居民检查

资料来源:笔者根据《社区保健法》整理。

根据2017年统计,保健所共有589处,其中总部有469处,分部有120处。市町村的保健中心则有2 456处。[1]

全国的保健所以及市町村保健中心中的专业人员总人数为54 967人,各类专业资格人数见表9-4,以保健师为主要配置人员、管理营养师、药剂师也起到一定的作用。在其他工作人员的15 366人中,为了应对社区的精神残疾人,精神保健福利相关人员也有2 179人。

---

[1] 厚生劳动省,社区保健、健康增进事业报告(2017年).

第九章　日本医疗保健福利

表 9-4　　保健所和保健中心的专业人员人数

专业人员	人数（人）	专业人员	人数（人）
医师	891	护士	757
牙科医师	125	准护士	94
兽医师	2 488	理血疗法士	145
药剂师	3 077	作业疗法士	103
牙科卫生士	704	管理营养师	3 440
诊疗放射线技师	484	营养师	403
诊疗 X 线技师	3	保健师	25 993
临床检查技师	693	助产师	151
卫生检查技师	50	其他	15 366

资料来源：厚生劳动省. 社区保健、健康增进事业报告（2017 年）.

以下，对社区保健的主要内容进行详细介绍。

二、促进健康运动

在第一节中，提及了日本在经历经济高速发展期之后，由于生活习惯而引起的疾病逐渐增多。由各种生活习惯（高摄取和低身体活动、吸烟饮酒的增多、心理压力大等）而引起的疾病，例如高血压、糖尿病等慢性疾病统称为"生活习惯病"，而生活习惯病则会增加心脑血管疾病、癌症等重大疾病的风险。

对此，日本政府于 2000 年提出了"健康日本 21 世纪"的国民健康促进运动。第一期运动为 2000 年至 2012 年，第二期运动为 2013 年至 2022 年。目前正在进行的第二期运动的主要内容和目标见表 9-5。

表 9-5　　健康日本 21（第二期）的主要内容和目标

项目		制定时情况	期中情况	目标
健康寿命和健康差距	健康寿命	健康寿命的延长（无限制的日常生活期间的延长）	男性 70.42 年 女性 73.62 年（2010 年）	—	比平均寿命增加年数多 至 2022 年
	健康差距	健康差距的减小（社区间差距的减小）	男性 2.79 年 女性 2.95 年（2010 年）	—	各都道府县间差距的减小

续表

项目		制定时情况	期中情况	目标
生活习惯病（节选）	癌症	75岁未满癌症死亡率的减少（每10万人）	84.3（2010年）	81.3（2012年）	73.9（2015年）
		癌症筛查体检率的增加	胃癌男性36.6% 女性28.3% 肺癌男性26.4% 女性23% 大肠癌男性28.1% 女性23.9% 子宫颈癌女性37.7% 乳腺癌女性39.1%	—	总体50%（胃癌、肺癌、大肠癌首先以40%为目标）（2016年）
	循环器疾病	脑血管疾病、缺血性心肌病的死亡率的减少（每10万人）	脑血管疾病 男性49.5 女性26.9 缺血性心肌病 男性36.9 女性15.3 （2010年）	脑血管疾病 男性44.8 女性24.6 缺血性心肌病 男性35.6 女性14.2 （2014年）	脑血管疾病 男性41.6 女性24.7 缺血性心肌病 男性31.8 女性13.7 至2022年
		高血压、血脂异常的减少	—	—	—
		肥胖和肥胖预备群的减少	月1 400万人（2010年）	月1 403万人（2011年）	较2010年减少25%
		特定健康检查、特定保健指导的实施率增加	健康检查实施率41.3% 保健指导实施率12.3% （2011年）	健康检查实施率44.7% 保健指导实施率15.0% （2013年）	健康检查实施率70%以上 保健指导实施率45%以上 （2017年）

续表

项目			制定时情况	期中情况	目标
生活习惯病（节选）	糖尿病	糖尿病并发症的减少	16 247人（2010年）	16 119人（2012年）	15 000人（2022年）
	COPD	COPD认知度的向上	25%（2011年）	30.5%（2013年）	80%（2022年）
心理健康（节选）	自杀	自杀的减少（每10万人）	23.4（2010年）	21.0（2012年）	根据自杀综合对策大纲而定
	心理咨询	配备心理咨询的工作环境	33.6%（2009年）	47.2%（2012年）	100%（2020年）
儿童、老年健康（节选）	儿童	一天三餐饮食儿童的增加	小学5年级89.4%（2010年）	—	接近100%（2022年）
		肥胖儿童的减少	小学5年级肥胖儿男孩4.60%女孩3.39%（2011年）	小学5年级肥胖儿男孩4.82%女孩3.45%（2012年）	减少倾向
	老年人	介护保险使用增加的控制	452万人（2012年）	589万人（2013年）	657万人（2025年）
		认知功能低下的掌握	0.9%（2009年）	3.9%（2012年）	10%（2022年）
		运动器症候群认知度的增加	17.3%（2012年）	36.1%（2014年）	80%（2022年）
		低营养倾向（BMI低于20）老年人增加的减少	17.4%（2010年）	16.2%（2012年）	22%（2022年）
社会环境（节选）	社会交往	认为自己居住社区有互助文化的比例	45.7%（2009年）	50.4%（2011年）	65%（2022年）
	健康增进活动	参加健康或医疗相关志愿者活动比例	3.0%（2006年）	—	25%（2022年）

续表

项目			制定时情况	期中情况	目标
生活习惯的改善（节选）	营养	主菜、主食、配菜的饮食1天2次以上比率增加	68.1%（2011年）	63.3%（2012年）	80%（2022年）
		食盐摄取量的减少	10.6g（2010年）	10.4g（2012年）	8g（2022年）
	运动	有运动习惯的人数增加	20~64岁 男性26.3% 女性22.9% 65岁以上 男性47.6% 女性37.6% （2010年）	20~64岁 男性26.5% 女性21.5% 65岁以上 男性49.6% 女性39.4% （2012年）	20~64岁 男性36% 女性33% 65岁以上 男性58% 女性48% （2022年）
	休息	保持充足睡眠的比率	18.4%（2009年）	15.6%（2012年）	15%（2022年）
	饮酒	一天酒精摄取量男性40g、女性20g以上人数比率的减小	男性15.3% 女性7.5% （2010年）	男性14.7% 女性7.6% （2012年）	男性13% 女性6.4% （2022年）
	吸烟	成人吸烟率的减小	19.5%（2010年）	20.7%（2012年）	12%（2022年）
	口腔健康	口腔功能的维持（60岁咀嚼能力良好比率增加）	73.4%（2009年）	86.7%（2011年）	80%（2022年）

资料来源：笔者根据厚生劳动省《健康日本21的目标项目和现状》整理。

在期中报告中，由于生活习惯引起的疾病死亡率有所下降，其效果主要归功于特定健康检查、特定保健指导的实施率增加。

为实现以上目标，在社区保健机构、学校、职场等各种环境中采取了各项举措。其中，预防概念中，有一次预防、二次预防、三次预防。

一次预防，是指以良好的生活状态和预防疾病为主要目标，主要是在日常生活中，注意良好的生活习惯和改善环境、预防接种等。一次预防的对象是全体国民。

二次预防，是指对疾病风险高的人群，以早期发现早期治疗为目标，主要是通过防癌筛查等。

三次预防，是指对于已经患上某种疾病的对象，通过康复来达到功能的恢复以及防止复发，也包括回归社会等举措。

为了预防生活习惯病，作为一次预防，日本实施特定健康诊查和特定保健指导。特定健康诊查以《老年人医疗确保相关法律》为根据，对40岁至75岁的国民进行每年一次的健康检查。此检查的目的是发现代谢症候群（metabolic syndrome），从而对高危人群进行早期介入，以预防更重大的疾病。

代谢症候群是指有多种容易引发生活习惯病的情况，日本是指为内脏脂肪积蓄加上高血压、高血脂、高血糖等的疾病。根据日本的判断标准，内脏脂肪面积超过 100 cm² 相当的腰围（男性 85 cm 以上、女性 90 cm 以上）是绝对条件，再加上另外如果符合以下条件中的 2 项，则判断为代谢症候群：①空腹时血糖 110 mg/dL 以上；②血脂中性脂肪 150 mg/dL 以上或高密度脂蛋白不足 40 mg/dL；③血压收缩压 130 mmHg 以上或舒张压 85 mmHg 以上。

图 9-8 是判断标准和流程的举例。

在筛选出代谢症候群对象后，提供动机支援和积极支援两种服务。

动机支援是以有轻度生活习惯病倾向的人群为对象，对他们改善生活习惯的动机提出建议和支援。其具体方式是由专业人员进行检查后的 1 次咨询和 6 个月后的跟踪评价。

积极支援以生活习惯病风险较大的人群为对象，以自主改善生活习惯和持续性的改善为目标。此支援具体由专业人员提供 3 个月以上的行动计划和实践指导，并且在开始 6 个月后进行跟踪评价。

另外，各社区根据《癌症对策基本法》，实施二次预防的防癌筛查。进行筛查的场所，可以是该社区的医院、诊所、医疗保健机构等，由国家承担费用。

防癌筛查作为普遍性检查，对健康但高危的人群进行初步筛查。在发现有征兆时，患者会通过精密检查确诊，并进行后期治疗。目前，防癌筛查的主要内容为胃癌、子宫颈癌、肺癌、乳腺癌、大肠癌。以这 5 种癌症作为义务筛查的对象，主要出于以下几点原因。

日本社会福利

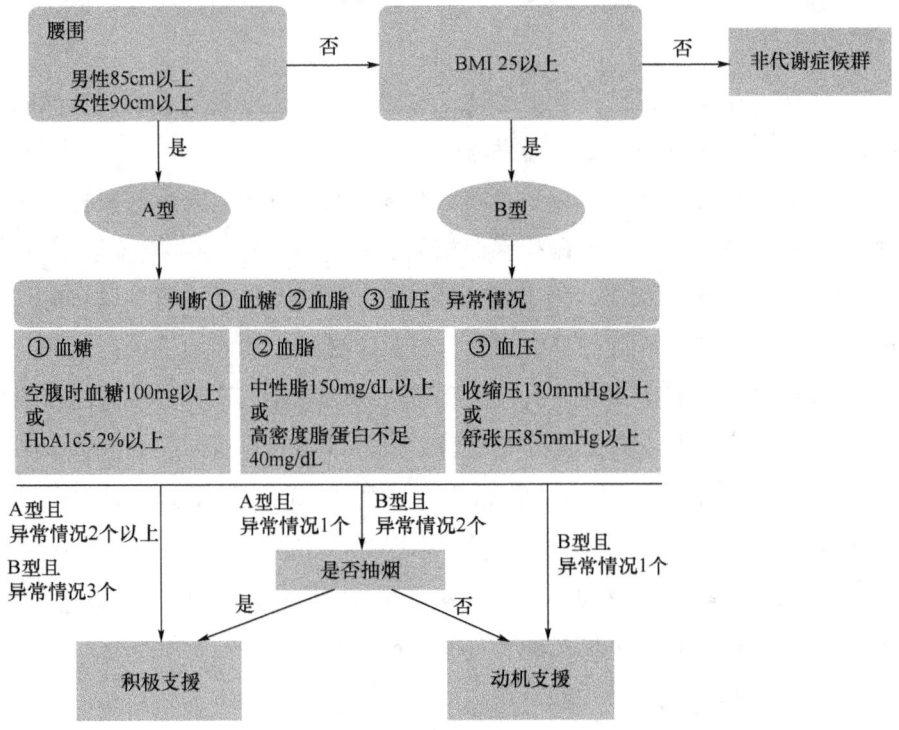

图9-8 代谢症候群判断标准和流程

资料来源：神奈川县医疗从事者健康保险组合官方网站。

（1）患病率或死亡率高。如表9-6所示，从患病率的角度来说，大肠癌、肺癌、胃癌是男女共同的患病率高的癌症。男性特有的前列腺癌和女性特有的乳癌及子宫体癌也位居前列。

表9-6　　　　　各部位癌症患病率（每10万人口）

全体		男		女	
乳腺癌	57.6	大肠癌	49.1	乳腺癌	57.6
大肠癌	38.9	肺癌	41.4	大肠癌	29.6
前列腺癌	35.4	胃癌	40.7	胃癌	16.0
肺癌	27.5	前列腺癌	35.4	肺癌	15.6
胃癌	25.5	膀胱癌	15.1	子宫颈癌	15.1

资料来源：International Agency for Research on Cancer. GLOBOCAN 2018.

如表9-7所示,肺癌、大肠癌、胃癌是患病率和死亡率均高居前列的疾病,乳腺癌是女性死亡率最高的疾病。但相较于患病率,死亡率远远低下的其中原因,也可以推测为早期预防和早期治疗的成效。

表9-7　　　　　各部位癌症死亡率(每10万人口)

全体		男		女	
肺癌	16.2	肺癌	26.5	乳腺癌	9.3
大肠癌	12.0	大肠癌	15.2	大肠癌	9.2
胃癌	9.5	胃癌	14.3	肺癌	7.8
乳腺癌	9.3	胰脏癌	9.5	胰脏癌	6.2
胰脏癌	7.8	肝脏癌	8.6	胃癌	5.6

资料来源:International Agency for Research on Cancer. GLOBOCAN 2018.

(2)通过早期发现,可明显减小死亡率。癌症筛查的主要目的是通过早期发现来减小此类癌症的死亡率。通过早期发现,能够进行切实的早期治疗,并且通过早期治疗能够切实治愈或延长生命周期。例如前列腺癌,虽在男性中患病率较高,但对于减小死亡率的影响不大,故目前不列入义务筛查的范围。

(3)检查方法便于普及且精度较高、检查比较安全。由于是对全体国民的筛查,对于在特定的机构或极少数专家才能检查的疾病,此法不适合。检查所需要配备的器械、场所、专业人员是基本条件,便于普及是重要的因素。防癌筛查的主要目标是早期发现癌症或患癌风险,尤其是对生命产生重大威胁的癌症,所以一定程度的检查精确度非常重要。另外,由于基本是对健康人群进行的检查,故由于检查而产生的并发症或对人体的伤害较少的方式方法比较适用。

(4)发现后有明确的治疗方法。通过筛查发现了癌症后,其治疗方法在医学上已经是确立且可行有效是必要条件。

防癌筛查的对象、方法和频率见表9-8。

表 9-8　　　　　　　　　防癌筛查的主要内容

项目	方式	目标人群	频率
胃癌	X 线检查或内窥镜	40 岁以上	每年 1 次
宫颈癌	细胞诊查	20 岁以上	每 2 年 1 次
肺癌	胸部 X 线和咳痰细胞检查	40 岁以上	每年 1 次
乳腺癌	乳腺钼靶	40 岁以上	每 2 年 1 次
大肠癌	便潜血	40 岁以上	每年 1 次

2018 年全国接受市区町村实施的癌症筛查的比例见表 9-9。

表 9-9　　　　　　　　　防癌筛查的人数和受诊率

	胃癌	肺癌	大肠癌	子宫颈癌	乳腺癌
筛查人数（人）	1 643 782	3 469 659	3 962 860	3 548 256	2 344 305
受诊率①	7.8%	6.8%	7.7%	5.7%	17.0%

资料来源：厚生劳动省. 社区保健、健康增进事业报告（2019 年）.

在癌症筛查后，根据结果需要精密检查以及通过精密检查后发现是癌症患者的人数和比例见表 9-10。

表 9-10　　　　　　　　2017 年精密检查和发现癌症的情况

	胃癌	肺癌	大肠癌	子宫颈癌	乳腺癌
筛查人数（人）	1 761 678	3 685 801	4 168 930	3 625 872	2 413 232
要精密检查人数（人）	119 831	60 122	236 719	82 821	157 548
精密检查受诊率	85.4%	83.1%	70.3%	75.0%	89.2%
发现癌症人数（人）	2 227	1 123	6 802	1 031	7 240
癌症人数对筛查人数比例	0.13%	0.03%	0.16%	0.03%	0.39%

资料来源：厚生劳动省. 社区保健、健康增进事业报告（2018 年）.

三、母婴保健

母婴保健主要依托于《母子保健法》，此法律是为了增进母亲和婴幼儿的健康

---

① 受诊率根据实际检查人数/符合筛查对象人数算出。其中，胃癌为 50 岁至 69 岁。子宫颈癌为 20 岁至 69 岁，其他为 40 岁至 69 岁。

第九章 日本医疗保健福利

于1965年颁布的。《母子保健法》规定了市町村须承担以下职责：知识的普及、保健指导、新生儿的访问指导、健康检查、营养摄取的援助、妊娠备案和母子健康手册、妊产妇的访问指导、体重超低儿的援助、养育医疗费等援助。保健所或保健中心，可以说承担了出生前的母子保健援助，以及出生后的各项母子保健服务。

1. 母子健康手册

在确定了怀孕之后，可在居住地的保健所或保健中心申请母子健康手册①。母子健康手册制度早在1942年就开始实施，记载着母亲和婴幼儿的重要信息，包括出生证明、产妇的健康状态、妊娠中的各项过程记录、婴儿出生记录和出生后母婴的健康和生活情况、婴幼儿的预防接种和成长过程等信息。其中，有母亲自身记录的项目，也有医疗人员的记录。通过母子健康手册，不仅使母亲自身能详细掌握情况，尤其是在搬家或更换医疗机构时，医疗人员也可以通过手册了解整体过程，以便提供更精准的治疗。近期随着智能手机的普及，亦有母子健康手册的应用软件，更方便了记录和查看，如图9-9所示。

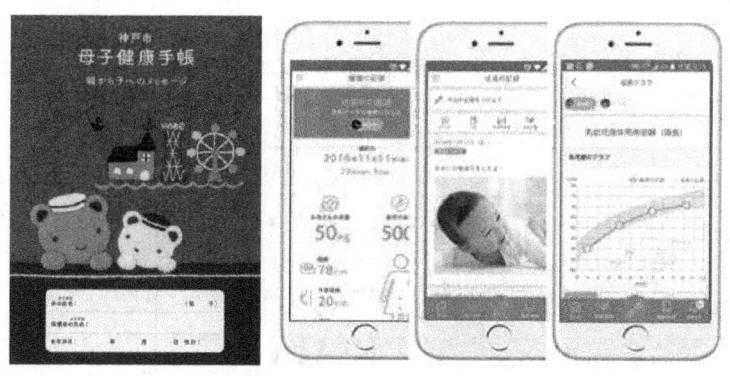

图9-9　母子健康手册纸板和App版

资料来源：神户新闻NEXT网、母子健康手册App官网。

2. 产妇健康检查

产妇的健康管理对于母亲和胎儿的成长都至关重要，所以保健所或保健中心

---

① 母子手册的模板可参考厚生劳动省网页：https://www.mhlw.go.jp/stf/seisakunitsuite/bunya/kodomo/kodomo_kosodate/boshi-hoken/kenkou-04.html。

承担了产妇的健康检查和健康管理以及保健指导的功能。根据妊娠阶段,需要检查的频率不同,通常 24 周未满时 1 次/1 月、24 周至 36 周时 1 次/2 周、36 周至分娩 1 次/1 周、产后 1 次。同时,根据检查的结果将会提供相应的保健指导。

根据《地域保健·健康增进事业报告》,在 2017 年接受了一般健康检查的孕期母亲有 1 202 301 人,接受了精密健康检查的有 11 322 人,接受了一般健康检查的产后母亲有 168 023 人。

3. 婴幼儿健康检查

对于婴幼儿的健康检查,社区不同实施的次数也不同,一般来说在婴儿阶段则分为 1~2 个月、3~5 个月、6~8 个月、9~12 个月 4 次。另外,在 1 岁 6 个月和 3 岁时也会进行健康检查。1 岁 6 个月时,儿科医生会进行身体检查之外,还会有牙科检查,也有运动、精神、言语发达能力的问诊和观察,并同时确认预防接种的情况。在 3 岁时进行的检查中,除了 1 岁 6 个月的内容之外,还会加上视觉和听觉有无异常等项目。2017 年在保健所或保健中心接受检查的婴幼儿人数和受诊率见表 9-11。

表 9-11　　　　　婴幼儿健康检查情况(2017 年)

	对象	人数(人)	受诊率(%)
婴儿	1~2 个月	244 765	64.6
	3~5 个月	949 973	95.5
	6~8 个月	351 519	84.0
	9~12 个月	704 262	84.2
幼儿	1 岁 6 个月	978 831	96.2
	3 岁	984 233	95.2

资料来源:厚生劳动省. 社区保健、健康增进事业报告(2017 年).

4. 保健(访问)指导

保健指导中既有针对母亲的内容也有针对婴幼儿的内容。在产妇怀孕过程中,往往有很多的疑问和困扰,保健指导的职责则是对于母亲的健康管理以及养育中的疑问进行解答。另外,对于婴幼儿的营养饮食、健康建议方面也是保健指导中的重要内容。目前,日本正在实施婴儿家庭全程访问事业,即对出生后

4个月以内的婴儿家庭进行访问。访问时的保健指导通常由保健师、助产师进行，营养师、心理咨询师、牙科卫生士等也会参与。2017年保健指导的人数见表9-12。

表9-12　　　　　　　　保健指导的人数（2017年）

对象	保健指导人数（人）	访问指导人数（人）
产妇（出生前）	846 905	34 350
产妇（出生后1年）	261 389	732 888
新生儿	—	240 517
早产儿	—	49 362
婴儿	713 283	582 301
幼儿	854 627	155 148

资料来源：厚生劳动省. 社区保健、健康增进事业报告（2017年）.

四、精神保健

日本精神疾病/精神残疾的人数在不断增加，尤其是精神分裂症（日本已从"精神分裂症"更名为"统合失调症"）、抑郁症等不断增加。而日本的精神保健福利正在经历从住院为主转为社区、居家生活的"去机构化"阶段。

在日本，精神疾病患者逐年增加，至2017年患者总人数达到419万余人，如图9-10所示。其中，精神分裂症和抑郁症、躁郁症的人数增加尤其明显。对于精神疾病的预防，以及即使患上精神疾病也能更好地生活、工作的措施尤其重要。

然而，由于精神疾病而住院的患者逐年减少，1996年至2014年减少了11%，其中，精神分裂症、脑血管疾病等的住院减少尤其明显，如图9-11所示。

以精神分裂症为例，目前青年及中年的精神分裂症患者住院大幅度减少。其原因为，精神类药物与治疗方法的进步，以及社区基本资源的配备，使得这部分患者无须住院即可满足医疗以及生活的需求。而高龄的患者由于老年痴呆、身体并发症以及长期入院的历史残留问题却难以出院，如图9-12所示。

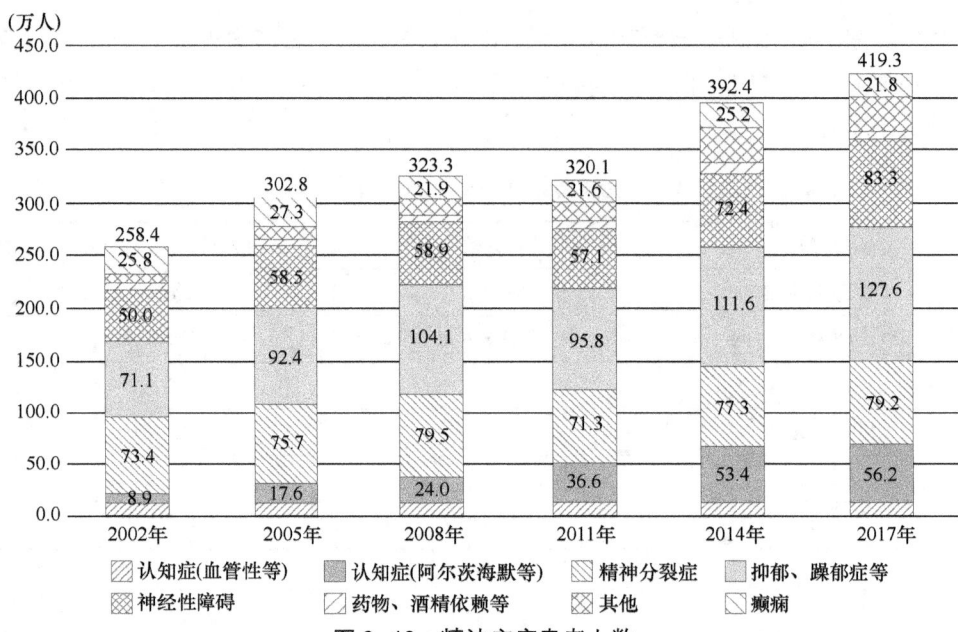

图 9-10 精神疾病患者人数

资料来源：厚生劳动省. 患者调查.

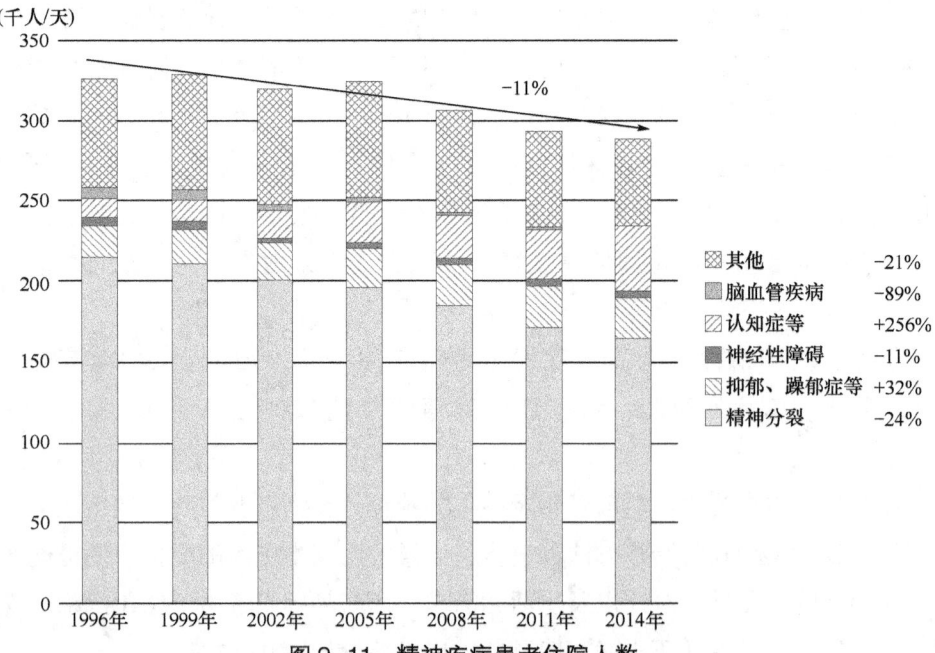

图 9-11 精神疾病患者住院人数

资料来源：厚生劳动省. 患者调查.

第九章　日本医疗保健福利

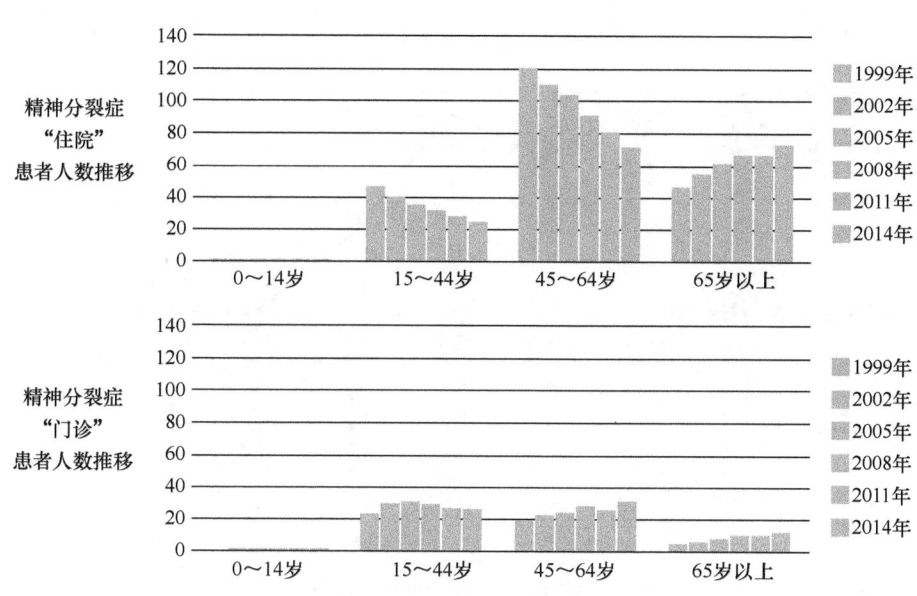

图9-12　精神分裂症患者住院和门诊人数

资料来源：厚生劳动省. 患者调查.

日本在20世纪40年代大规模建造精神科医院，推行长期住院隔离政策，引起诸多社会、伦理问题以及导致国家医疗费负担过重等问题。并且长期入院会引起患者的社会功能、身体功能的退化，从而导致ADL、QAL下降。为了改变上述状况，日本于21世纪开始实施促进精神病患者的出院和社区康复以及回归社会政策，使得精神科病床快速及大幅度减少，并且住院天数也逐渐减少，如图9-13、图9-14所示。

为了支持精神疾病患者回归社会，日本对于精神疾病患者的社区支持涵盖了居住、生活、就业、医疗等方面。保健所和精神保健福利中心作为社区的窗口，对精神疾病患者或其他居民直接提供咨询服务。另外，保健所也承担着提供医学指导与患者家属会、患者自助会等的支持和指导。

对于精神疾病患者，有着针对日常生活支持的"护理给付服务"和针对功能训练与生活训练的"训练等给付服务"，见表9-13。

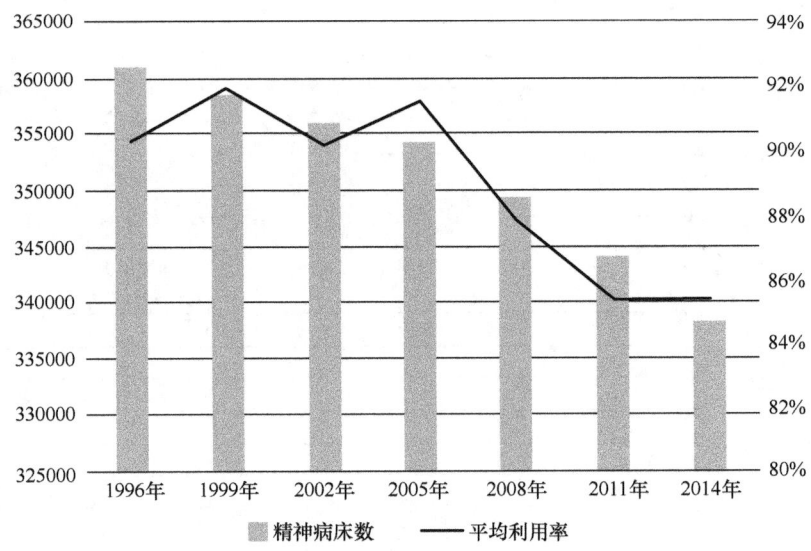

图 9-13　精神科病床数与平均利用率

资料来源：厚生劳动省．患者调查．

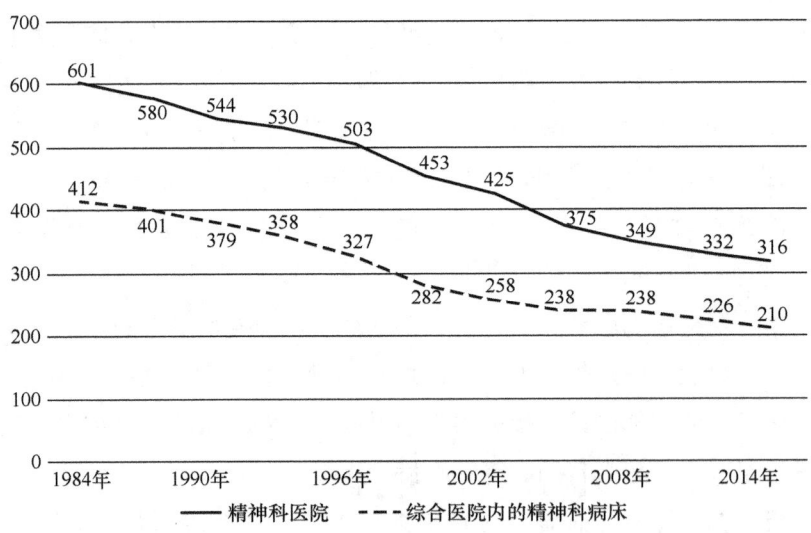

图 9-14　精神科病床数的住院天数

资料来源：厚生劳动省．患者调查．

第九章 日本医疗保健福利

表 9-13　　　　　　　精神残疾人福利服务详细内容

福利服务		内容
护理给付	居家护理	居家环境中提供入浴、排泄、饮食的护理
	重度访问护理	重度的肢体残疾或重度的智力残疾或精神残疾，在行动上有明显苦难的人群，提供入浴、排泄、饮食的护理，并且在外出时提供支持
	行动支持	在自身判断能力有限时，为避免危险提供外出时的支持
	重度残疾人的包括性支持	对护理程度高的人，提供居家护理等各方面的包括性支持
	短期入住	在一时性居家生活有困难时，提供短期间或仅夜间的短期入住和护理服务
	疗养护理	常需医疗和护理的人群，在医疗机构提供训练、疗养管理、护理和日常生活的支持
	生活护理	常需护理的人群，提供日常生活的护理以及创作活动或生产活动的机会
训练给付	自立训练	在一定期间，提供促进日常生活能力和社会生活能力的身体机能和生活行为训练
	就业介绍支持	对希望在一般企业就业的人群，在一定期间提供就业需要的知识和能力提升的训练
	继续就业支持	对在一般企业就职有困难的人群，提供工作场所和工作机会，并且提供知识和技能的训练
	共同生活援助	共同生活的居住场所，提供各项日常生活护理的服务，并为促进其社会性提供入住者的互相交流，且保护个人隐私

资料来源：根据《障害者综合支援法》《精神保健医疗福利白皮书 2017》整理。

以上的服务，需要在取得残疾人证和各项功能评定的基础上，决定患者使用的服务以及接受服务的频率等，根据服务计划并取得本人和家人的同意，才能开始提供服务。具体流程为，先于市町村的窗口进行申请，对身心情况进行 106 项的系统性评估。而后根据残疾程度和医师的意见书进行判定，并且了解其具体生活形态，包括社会交往、就业、活动、护理提供者、居住情况等。在听取和征求本人的意见后，决定使用的服务，并制订就业、训练、服务的计划，从而使得服务生效。

得益于社区的福利服务，即使是精神疾病患者也能够在自己熟悉的社区生活，并通过专业人员的帮助，重新获得就业。

五、老年保健

如第一节所述，日本在人口老龄化上采取了诸多举措。面对未来老年人口的增长以及劳动人口的减少而带来的诸多问题，日本制定了一系列对应政策，而作为今后的发展方向，提出了"机构养老转向社区养老和居家养老""以事后对应为主转向事前预防为主"的方针。

老年医疗保健所相关的法规主要有《后期高龄者医疗制度》《老人福利法》《介护保险法》。

社区综合护理这一概念是由当时广岛县尾道市御调国保医院的山口升院长提出的。20世纪70年代，在介护保险开始之前，对于老年人的护理是基于医疗模式。山口升院长发现，来院治疗康复后回到家中的老人，常有在1~2年后状态恶化重新住院的情况。甚至有一部分老人再住院时，会有褥疮或尿失禁等问题，经调查后发现其背后的原因是老人在家中得不到足够的护理。山口升院长随即开始了访问医疗，与医生、护士、理疗法士等专业团队到老人家中访问，提供医疗、护理、康复等服务，并且对老人的家庭环境进行诊断，配备相应的用具，另外也对老人家属进行护理指导。40年之后，社区综合护理体系逐渐成为老年医疗保健服务提供体系的一个中心概念。而社区综合护理体系上升为目前护理政策的核心思想，其主要原因有三点：第一，医疗、护理费用的财政负担；第二，满足老年人居家生活的愿望和增进QOL的；第三，可持续性护理体系的建构。

同样是享受医疗和护理的服务，住院1个月的财政压力较之于居家疗养高达3倍，如图9-15所示。

日本对于老人生命最后阶段希望在何处度过的调查中，发现无论是医疗护理专业从业人员，还是一般国民，接近70%的人均是希望在自家度过生命最后的一段时间。然而能实现愿望在自己家中的老人仅有12%，如图9-16所示。

另外，老年人与年轻人有所不同的是，住院会引起老年人的生活能力和生活治疗的急促下降。

关于社区综合护理体系的构成要素，主要归纳为以下五点，如图9-17所示。

第九章 日本医疗保健福利

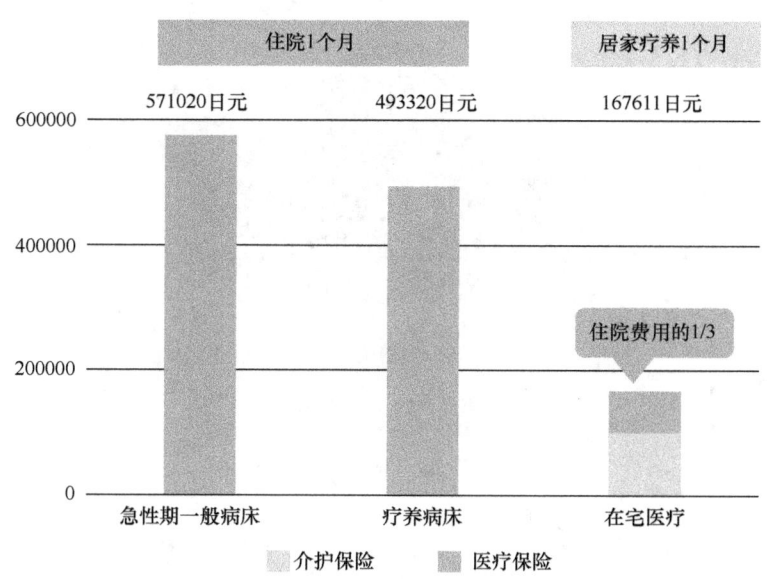

图 9-15 住院费用与居家费用的比较

资料来源：大石佳能子. 设计100年人生.

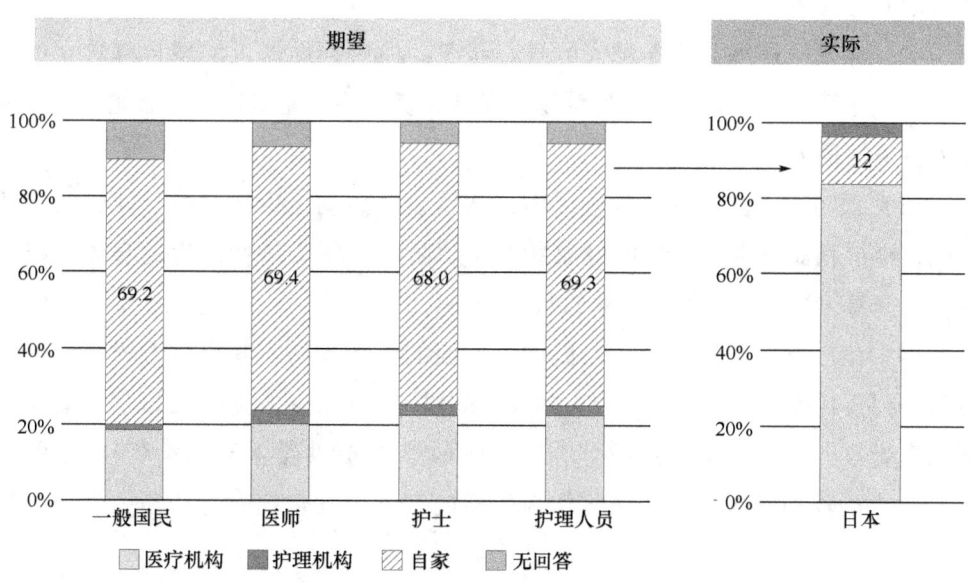

图 9-16 期望和实际度过最后阶段的场所

资料来源：根据《对人生最后阶段医疗的意识调查》《人口动态统计2000年》整理。

图 9-17 社区综合护理概念图

资料来源：厚生劳动省资料笔者制作。

（1）医疗·护理（医疗看护）：具有急性期、恢复期、慢性期、临终的医疗和护理的功能。从急性期转到慢性期时，各医疗机构和专业人员之间无缝链接保持治疗的连续性。

（2）康复·护理：根据老人的身心状况，提供帮助老人实现自尊自立的养老服务。并且在日常生活中的各种场景提供康复训练，提高日常生活能力，发挥老人自身的最大能力和潜力。

（3）预防·保健：在日常生活中，从饮食、活动、生活习惯、社会关系等层面，维持和提高身体精神的健康状态。预防由于年龄增加产生的身体机能下降，提高身体能力尽量维持自立的状态。

（4）生活支持·社会福利：提供各方面的生活支持，其提供方式可以从收费服务到公共服务，或是社区邻里的互相问候等的非正式服务。社区居民既是服务的享受方也是提供方。对于生活有困难的老人，提供社会福利体系下的服务。

（5）居住和居住方式：居住作为生活的基本，既包括有无住所，也包括居住方式。

以上关于老年人的生活方式、居住方式、服务的选择等，体现当事者和其家人的选择和愿望是基本前提。

实现社区综合护理，主要有"自助、互助、共助、公助"资源，如图9-18所示。

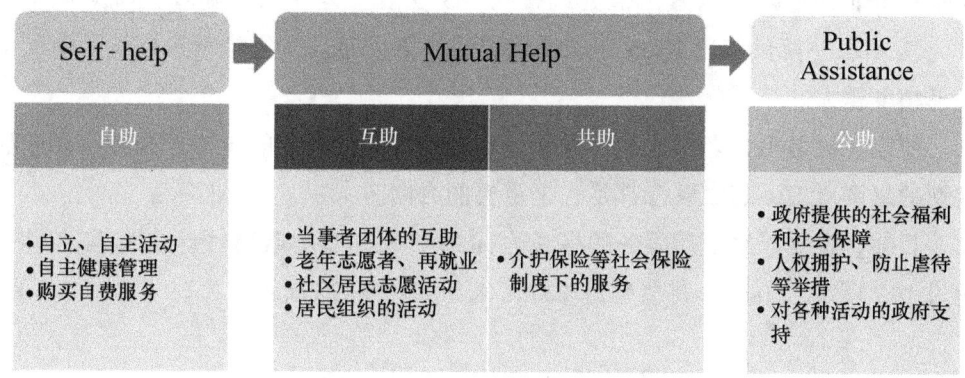

图9-18 社区综合护理体系的资源

资料来源：根据厚生劳动省资料笔者制作。

社区综合护理体系除了在老年人生活区域内须备有主要的医疗、保健、护理等功能，还强调各功能之间的相互衔接和使用方式的灵活，如图9-19所示。

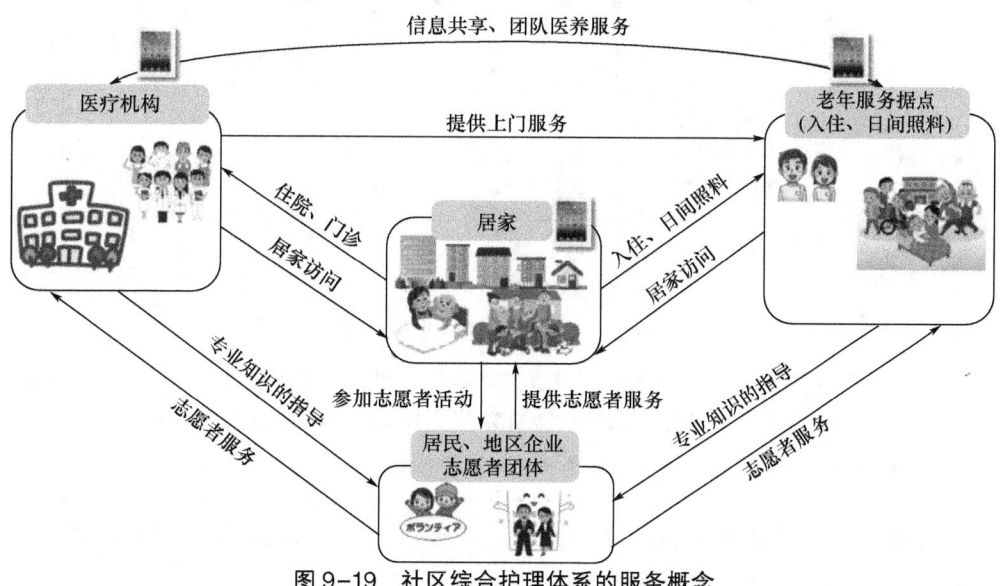

图9-19 社区综合护理体系的服务概念

资料来源：根据厚生劳动省资料笔者制作。

如上文所述，为了实现老年人在家中度过晚年的愿望，为居家老人提供必需的医疗服务至关重要。同时，由于长期住院产生的老年人身体功能低下的问题，也是一个非常重要的因素。根据调查①，65 岁以上老年人，随着住院期间的延长，其 ADL 下降的程度是 65 岁未满人群的 3 倍，而且，住院时间越长，ADL 的下降幅度越大。

所以无论是出于老年人的自身愿望、老年人身体功能的维持还是减少国家医疗费的财政支出，居家医疗都是一个重要的方向。

目前，接受居家医疗服务的患者约有 75 万人，日本政府预计在 2030 年将会超过 100 万人，2040 年将会超过 120 万人，如图 9-20 所示。

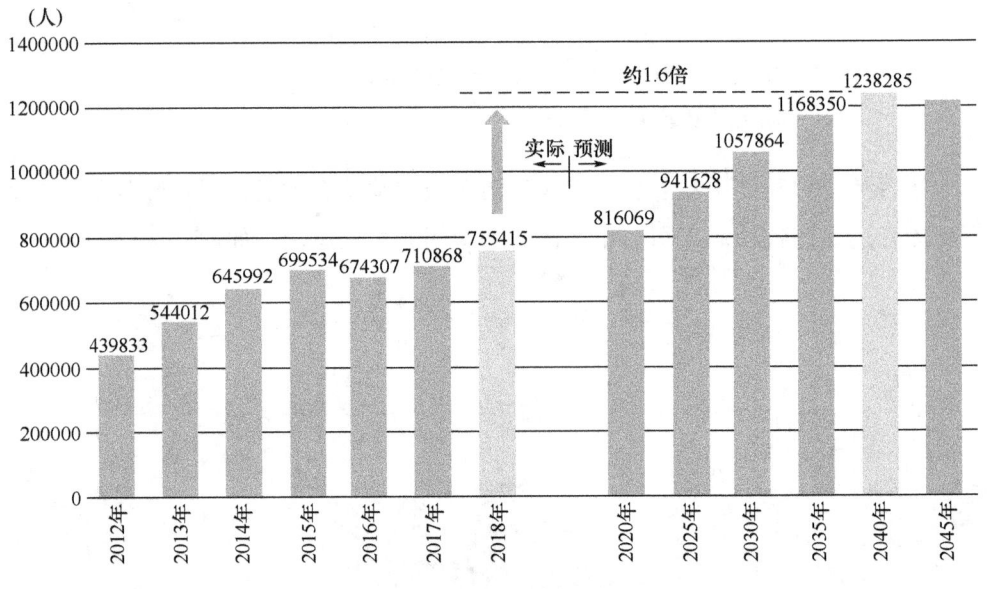

图 9-20　未来居家医疗患者的预测

资料来源：实际数值为《社会医疗诊疗行为统计》中的"居家患者访问诊疗的算定件数"。预测数值为国立社会保障·人口问题研究所《日本的各社区将来人口预测》（2018年）、2017 年社会医疗诊疗行为各年龄阶层受诊率的推测。

目前，实施居家医疗的医疗机构也正在逐渐增加。2006 年实施居家医疗的

---

① 厚生劳动省. 2013 年度第 7 回住院医疗等的调查、评价分科会.

诊所有 9 434 家，而到 2019 年为止就有 14 269 家。2008 年实施居家医疗的医院仅有 7 家，而在 2019 年就有 1 409 家。①

然而，实际上能确实接受到居家医疗服务的患者人数还较少。供给与需求之间存在着一定的差距。另外，老年人所期待的能在家中完结生命的人数比例也还很少。

实际上，供给远不能满足需求的原因主要有以下几点原因。

（1）居家医疗的实现，对运营能力的要求较高。例如，需要与其他的医疗机构和养老服务的相互协作；根据规定，居家医疗机构需要提供 24 小时 365 天的随时对应机制；医师、护士、药剂师等的多职种的合作；居家访问的人数有限，对医疗机构的运营效率要求高，运营能力不足的医疗机构易陷入收支不平衡的情况。

（2）居家患者的需求多样，在医疗服务层面上对医生的综合能力要求高。居家患者往往有着多种疾病，医疗服务团队需要对癌症或各类疾病提供综合治疗方案。并且，居家患者不同于住院患者，后者的重点是治愈和治疗，而前者的重点是生活视角。能出于生活视角对患者给予一定的医疗帮助的专业团队较少，其原因也是因为在医学教育过程中更偏重于对疾病的治疗。

以下，介绍一例有效实施居家医疗服务的诊所——位于日本东京世田谷区的 Urban 诊所。Urban 诊所是开业于 2000 年的深入社区的家庭医生诊所，对社区的居民提供了初期诊疗，于 2009 年成立了居家医疗团队。目前，医生 20 名、护士 26 名、药剂师、社会工作者、介护士等多职种团队，为社区 2 874 名患者提供居家医疗，为 389 名老人和癌症晚期患者提供临终缓和治疗。

目前，患者的 90% 以上为 70 岁以上老年人，主要诊断疾病为癌症的占 14%，心脑血管疾病的占 21%、认知症的占 21%，除主要诊断疾病外也伴随多种其他疾病。

在对患者进行居家访问时，医疗团队会带有常用药和多种备用药，便携式超声波、X 线等设备和处置用品，对患者进行诊疗。在进入患者家中后，与本人及

---

① 厚生劳动省. 主要机构标准的报备情况.

其家属进行面谈，了解患者情况。进行诊疗和处置后，出具处方，以便其家属在附近的药局取药。另外，医疗团队也会对其家属进行居家护理的说明和指导。如果患者有其他的护理团队或常见医生等，居家医疗团队会在患者的联系簿上留下信息并查看其他团队留下的信息，以便信息共享。在访问后，医师通过手机的软件等，快速录下患者情况的语言，并将语言传送给其他办公室人员，由办公室人员快速记录下病历。在夜间，医师轮流担任紧急联系人，在患者有突发情况时随时准备驱车前往进行相应处置。

居家医疗的提供，省去了老年人就医难的困扰，即使是癌症晚期或多发病症，也能够实现居家生活的愿望。

第三节　产业保健福利

生产活动，作为人类社会基本的活动，是推动社会和经济发展的重要因素。从事生产活动的个人的健康，关系着企业的成长，而保护个人的健康亦是企业的义务和责任。在日本，将劳动者职业健康相关医疗保健和劳动环境改善称为产业保健。1995年，世界卫生组织与国际劳工组织共同将产业保健定义为"促进和保持从事所有职业活动的劳动者在身体上、精神上以及社会上的健康；预防由于工作条件而使劳动者失去健康；在工作中保护劳动者免受对健康有害因素的伤害；安排并维护劳动者在其生理和精神心理上都能够适应的环境中工作"。

一、产业保健的基本内容

在日本，基础的产业保健是基于《劳动安全卫生法》的规定，其目的为减少和控制由于工作环境造成的风险，管理劳动者的健康和安全并防止劳动灾害。产业保健主要对劳动卫生进行以下三个方面的管理。

（一）劳动环境管理

劳动环境管理是指确保劳动环境中的有害物质和环境因素（噪声、室内温度等）在标准范围以内，通常需配备测定人员并进行定期确认和管理。

（二）劳动管理

劳动管理是指规定减少有害因素的暴露或劳动负荷减轻的方法，并根据规定有效实施。例如，通过劳动时间、业务范围、人员分配的调整，减轻工作的负担以及由于工作姿势对身体的影响。为防止业务过重，劳动时间以及防止长时间加班等的管理也非常重要。另外，为防止劳动中接触有害物质，在劳动中需提供劳动保护护具。

（三）健康管理

健康管理主要通过健康体检，对劳动者个人的健康状态进行定期检查，尽早发现其健康状况的异常，并对其恢复健康提供相应的医疗、保健服务或劳务管理措施。在产业保健中的健康体检主要分为一般健康诊断和特殊健康诊断。

一般健康诊断主要为雇佣时的健康诊断、定期健康诊断、海外赴任时的健康诊断等。有50名雇员以上的企业，必须对其所有的员工提供健康体检。其中，雇佣时的健康诊断，一般须在雇佣前或入职后3个月以内进行；定期健康诊断，规定为1年1次；海外赴任时的健康诊断，是对须在海外滞留6个月以上的员工提供的。健康诊断项目主要有身高、体重、血压、肝功能、血脂、血糖、尿检、腹围等基础项目，另外也需要包含国家防癌筛查的内容。除此之外，根据各企业和健康保险组合的情况，各企业通常会将健康体检作为员工福利的一部分，从而增加一部分的体检内容。

特殊健康诊断是对于在有害环境中进行工作的劳动者进行的有针对性的检查，一般是每6个月检查一次。其内容主要是涉及有机溶剂、放射线、蒸汽、噪声、震动、粉尘等。检查后，用人单位须根据检查结果实施改变劳动场所、改善劳动环境等举措。

为确保以上三个方面的有效进行，企业通常还需要对劳动者进行劳动卫生教育，以及实行职场环境巡视等统筹管理功能。

另外，有雇员50人以上的用人单位，必须配备"产业医生"和"统筹安全卫生管理者"。产业医生是具有医师执照，并且具有劳动安全卫生知识，是劳动环境和劳动者健康管理的中心人物。产业医生主要有以下7个主要职责：（1）健康诊断和面谈指导的实施以及根据其结果进行的跟踪；（2）劳动环境的维持和管理；（3）劳动管理；（4）以上3点之外的劳动者的健康管理相关事宜；（5）通过健康教育和健康咨询增进和保持劳动者的健康；（6）卫生教育；（7）调查劳动者健康障碍的原因以及预防等。产业医生原则上1个月1次以上对劳动环境进行巡视，确认是否有引发健康障碍的劳动方式和卫生状态。

近年来，除了一般的职业病如放射线引起的机体功能障碍、职业性腰痛等以外，职场的心理健康也备受关注。由于长时间劳动、工作负担、不稳定的雇佣、人际关系等因素，造成心理健康问题的人数增加，通过劳动灾害补偿的精神健康疾病的件数有所增多。

厚生劳动省1998年发布的促进劳动者身心健康的指针《Total Health Promotion Plan》中，对心理健康有所强调。厚生劳动省也发布了《为保持劳动者的心理健康的指南》，提及了劳动者和用人单位需进行4个方面的心理健康维护：（1）自我维护：劳动者自己感知自身的压力并适当采取措施。（2）管理监督人员对职场中的压力因素有所感知并改善职场环境，对劳动者的不适有所发现，并提供援助，为劳动者的复职提供支持。（3）产业保健工作人员提供的服务：产业保健工作人员为个人的自我维护和劳动环境的改善提供帮助，并且有义务保护个人健康信息，与用人单位之外的资源形成信息共享和合作，为劳动者的复职进行支持。（4）职场外资源：职场外的资源（如医院、精神残疾相关社会福利机构等）提供信息和支持，为复职相互合作。

为了尽早发现劳动者的压力和使劳动者对自身的压力有所察觉，从2015年起，《劳动安全卫生法》中规定了企业需每年对其雇员提供压力测评和后期跟踪。在压力测评后，产业医师或保健师将测试结果通知雇员，在测试结果显示需要后期跟踪时，征求雇员同意后告知企业。在由产业医师提供面谈的同时，企业需根据情况调整雇员的劳动时间和劳动内容，必要的时候与其他医疗机构进行合作。

二、健康经营

除了以上产业保险中规定的基本原则性举措，经济产业省将职工作为不可或缺的资产，在2016年设立了"健康经营优良法人"的认证制度，企业实行"健康经营"的理念。经济产业省主张，通过对劳动者的健康进行投资，在未来不仅能改善和增进企业的价值，也能对社会有所贡献。健康经营整体概念如图 9-21 所示。

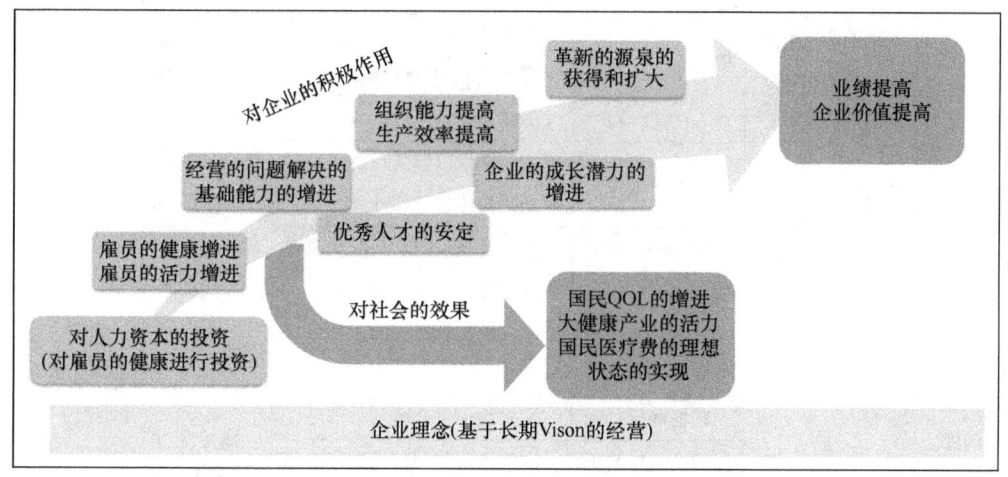

图 9-21　健康经营整体概念图

资料来源：经济产业省商务情报政策局. 健康经营推进的举措.

经济产业省为了鼓励各用人单位推进健康经营，推进了表彰制度，将符合一定条件的企业授予"健康经营优良法人"的称号。具体的评价内容和评价指标见表 9-14。

表 9-14　　　　　　　　　　健康优良法人认定标准

大科目	中科目	小科目	评价内容	大企业条件	中小企业条件
经营理念（经营者的自觉）			与公司内外积极发布"健康宣言"，经营者自身定期体检	必须	必须
组织体制		经营阶层的体制	董事级别成员担任责任人（中小企业设置相关负责人）	必须	必须
		与健康保险的合作	与健康保险组合等的合作		

续表

大科目	中科目	小科目	评价内容	大企业条件	中小企业条件
制度、措施的执行	把握职工的健康问题和检讨必要的对策	健康问题的把握	①100%的员工接受定期健康体检	满足左方①~⑮中12项以上	满足左方①~④中的2项以上
			②鼓励早期诊疗		
			③压力测评的实施（50人未满的企业）		
		对策的检讨	④制定增进健康和防止过度劳动的具体目标和计划		
	奠定健康经营的基础和广泛参与	健康意识的增进	⑤对管理阶层和一般职工提供健康增进相关教育机关		满足左方⑤~⑧中的1项以上
		工作与生活的平衡	⑥实施实现适当的工作方式的举措		
		职场的活动化	⑦实施促进交流的举措		
		病病治疗与工作的两立	⑧实施工作与疾病治疗的两立的举措（除⑮）		
	职工的身心健康的具体对策	保健指导	⑨实施保健指导和提供特定保健指导的机会		满足左方⑨~⑮中的3项以上
		生活习惯疾病预防的健康增进	⑩实施饮食改善的举措		
			⑪实施增进运动机会的举措		
			⑫实施关于被动吸烟的对策（此项目为必须）		
		传染病的预防	⑬实施对职工传人病预防的对策		
		过劳的预防	⑭实施对于长时间劳动者的相关举措		
		心理健康的对策	⑮对有心理健康困扰的职工进行干预		
	举措的品质提保	专业资格人员的确保	产业医生或保健师参与健康增进方案的制定和改善	必须	不要

续表

大科目	中科目	小科目	评价内容	大企业条件	中小企业条件
评价、改善		举措的效果验证	对实施的健康保持或增进的举措的效果验证	必须	提供40岁以上职工体检的数据（有要求时）
法令遵守、危机管理			定期体检的实施	必须	必须
			特定健康检查、特定保健指导的实施		
			压力测评的实施（50人以上的企业）		
			职工对健康管理相关法令无重大违反事项		

资料来源：经济产业省健康产业课. 健康经营的推进（2018年）.

在此举措推行以来，越来越多的企业开始关注雇员的健康，关注的主题也越来越丰富。以往，一般会关注健康体检结果以及后期跟踪，或是肥胖和三高问题，而近期女性工作人员的健康以及工作环境也被提出了作为重点关注对象。

提供让女性不论在任何人生阶段，都能顺利参加工作的社会环境，成为当前的政策课题。在日本，职场女性不但面临着自身的健康问题，如经期的生理不适、女性特有疾病的治疗和工作的平衡、更年期障碍的影响，也面临着由于生育和育儿而难于重返职场的社会问题。关注女性的健康和工作环境，对于工作效率的提高、人才的安定、激发工作热情都有着积极作用。

以下介绍一家企业健康经营的具体举措。

株式会社MEDIVA是一家2000年建立的大健康行业的咨询公司。其业务范围除主要对医疗机构和行业产品进行经营战略咨询和代理运营之外，也对健康保险组合进行保健指导。主要员工构成中，医疗保健（包括医师、护士、药剂师、保健师、营养师、理学疗法士、临床心理士等）和社会福利（社会福祉士、精神保健福祉士等）相关人员约50人。在推进产业保健和健康经营时，该公司充分运用了公司内资源和员工的主动积极性，创造了自主循环的健康经营模式。

株式会社 MEDIVA 开展健康经营的主要目标和举措有：①提高员工健康意识；②健康体检的广泛实施：为所有员工及其家属提供高度的健康体检，每年须体检1次；③改善生活习惯：为所有需要保健指导的员工提供指导、体检后产业医生提供疾病管理、吸烟率0%；④改善工作方式，促进生活和工作的平衡；⑤对健康有效的活动提供补助，如慢跑、网球、攀岩等各项员工团体活动；⑥如果有员工或家属患有重大疾病，运用公司内部和合作伙伴的力量提供支持。

在推进体制上，健康经营以社长为主要推行人，负责主要推行方向和公司内体制的建立。各部门管理层负责部门间的协调。设立健康管理团队，配置产业医师1名、保健师3名、临床心理士1名、营养管理士3名，主要负责产业保健活动，包括健康体检后的跟踪和保健指导、压力测试和后续跟踪等。另设健康推进自主小组，由员工自主选取主题和组成小组。目前有由员工自主组成的饮食组、运动组、肩颈腰痛对策组、信息共享，共4个小组。

健康经营的具体活动，主要由各小组的相关成员自主进行。饮食组主要由保健师和营养师进行活动，例如1个月1次的健康食堂，由营养师制作营养均衡的午餐，并公开制作方法。通过公司内部邮件，提供健康饮食相关专业资讯和疑问解答。运动组组员有医师、护士、理学疗法师等，举行了正确的行走姿势和方式的教程，也举办为期3个月的活动量比赛。在肩颈腰痛对策组，由医师介绍推广护眼、缓解肩颈腰痛的方式方法，眼疲劳测试，工作时姿势的改善等。另外，实施睡眠相关讲座、办公室突击检查（午餐的营养均衡、工作时的姿势等）、女性健康讲座、公司内休息室等。

为正确了解员工的健康需求以及观测以上举措的效果，每年进行问卷调查。通过以上举措，16.8%的人睡眠有所改善，有15.8%的人提高了改善生活习惯的意识，其中新增养成每周2次以上运动习惯15人，新增养成早餐习惯11人。

从健康体检数值上来看，脂质代谢（17.7%，全国32%）、肝功能（10.7%，全国15.2%）、贫血（5.7%，全国7.8%）、血压（5%，全国15.7%）等各项指标的患病率均低于全国平均水平。可以说，健康经营的推行，提高了员工的健康意识，从而改善了生活习惯，也促进了员工的健康。

由上可见，积极推进健康经营的企业，均建立在产业保健相关措施已经得到很好实施的基础上。健康经营的范围更为广泛,除一般的产业保健所覆盖的内容之外,还有一些具有各行业独特性的举措。另外,与产业保险的自上而下、注重管理的方式有所不同,健康经营往往涉及的职工更多,也更多采用自下而上、自发性活动的方式,由此,也更有效地激发了职工的自主健康意识和团队意识。在职场的医疗保健福利中,日本的一系列活动跨域了不同的政府管辖部门,也从单方面的福利提供逐渐转为强调自助和团体组织。

(鲍柯含　日本 MEDIVA 医疗保健咨询机构)

参考文献

[1] 厚生劳动省. 精神保健医疗福祉白皮书. 2017.

[2] 柳井洋,尾岛俊之. 公众卫生学 [M]. 东京:医齿药出版株式会社,2019.